田中一彦
Kazuhiko Tanaka

忘れられた人類学者《ジャパノロジスト》

エンブリー夫妻が見た〈日本の村〉

忘羊社

「たて糸は事実の糸であり、よこ糸は理路の糸であるとしても、固有の熱い思いいれの結び目にあわないかぎり、事実も理路も使われぬまま捨てられてゆく」（吉本隆明『柳田国男論』）

【凡例】

・本書では、ジョン・フィ・エンブリーによる『Suye Mura：A Japanese Village』の引用は、日本経済評論社刊『日本の村　須恵村』（一九七八年、植村元覚訳）、エラ・ルーリィ・ウィズウェルとロバート・ジョン・スミスによる『The Women of Suye Mura』の引用は、御茶の水書房刊『須恵村の女たち――暮らしの民俗誌』（一九八七年、河村望、斎藤尚文訳）を使用した。ただし訳書には明らかな誤訳や文意が不明な箇所、部分的な省略があるため、必要な場合は最小限修正し、適宜ルビを付した。

・文中、『日本の村　須恵村』は『須恵村』、『須恵村の女たち――暮らしの民俗誌』は『女たち』と省略した。

・夫妻が残したフィールドノートからの引用については、筆者が直接引用した場合は「ノート」、『女たち』に引用された個所の孫引きの場合は『女たち』の表記通り「日録」とした。

・夫妻の呼称は、須恵の人々が今もそう呼ぶままに、ジョン・フィ・エンブリーは「エンブリー」、妻のエラ・ルーリィ・ウィズウェルは「エラ」と表記した。

・『女たち』の引用に登場する村人の名は、同書の序文で断られているように、実名でなく仮名をそのまま使った。筆者が話をうかがった須恵の人々については、基本的には実名を紹介したが、場合に応じて匿名とした。

・引用文に差別的用語とみられる表現が使われているが、当時の歴史を理解するため、あえてそのまま使用した。

・なお、当時の貨幣価値については、白米の価格は「十キロ二円五十銭」という記録がある。現在五千円前後なので、米換算では当時の一円は二千円ほどということになる。「そば十銭」は現在約五百円、「精肉百グラム四十銭」だと約千円、「新聞購読料月一円」は三千五百円、「銀行員の初任給七十円」は約二十万円というところ。当時の一円は今の三千〜四千円ほどと推定される。一九三五年の為替レートは一ドル＝三・三三円。

忘れられた人類学者《ジャパノロジスト》

エンブリー夫妻が見た〈日本の村〉

プロローグ　忘れられた人類学者《ジャパノロジスト》

「素敵な所ね」。「そうだね。とても面白そうだ。僕たちの調査にふさわしい村かもしれない」。

熊本県南部の球磨《くま》盆地にある〝熊本県で一番小さな村〟須恵《すえ》村（二〇〇三年の合併で現在あさぎり町須恵）。自転車を駆ってやって来たのは、少し疲れた様子の若いアメリカ人夫妻だ。一九三五（昭和十）年九月下旬、今にも秋雨が落ちてきそうな夕曇りの空とは裏腹に、二人の表情は晴れ晴れとしていた。

村の南部を横断する球磨川の清流を見渡し、向こう岸に広がる肥沃な田んぼでは刈り入れを待つ稲穂が揺れている。

二十七歳の夫は、シカゴ大学で社会人類学を学ぶジョン・フィ・エンブリー。妻エラは二十六歳。二人はシカゴ大学から日本農村調査のために派遣され、八月中旬に日本に到着した。下旬から調査地を探し始めて約一カ月、各地の村を訪ね歩いた末のことだった。

二人はひと目で須恵村が気に入り、程なく調査地として正式に決定。十一月二日に覚井《かくい》部落に居を構え、十二月で二歳になる娘クレアと三人の田舎暮らしがスタートする。村が欧米人を迎えたのは初めてのことだ。以来まる一年、若い二人は、村民に助けられながら、慣れない日本農村の暮らしに沿い、エネルギッシュに調査に奔走した。

その果実として、ジョンは千二百七十六ページ、エラは千五ページに上る英文タイプのフィールドノート（日誌）及び千六百八枚の写真を含む貴重な資料を残し、あさぎり町にもプリントが保管されている。アメリカに帰国後、ジョンは『Suye Mura : A Japanese Village〔日本の村　須恵村〕』（一九三九年、以下『須恵村』）を刊行。「須恵」の名を世界に知らしめた。日本語が達者なエラ（後に再婚しエラ・ルーリィ・ウィズウェル）も、共著者ロバート・ジョン・スミス（コーネル大学教授、一九二七〜二〇一六）の助けによって、困難な中にも奔放に生きる女性たちを描いた『The Women of Suye Mura〔須恵村の女たち〕』（一九八二年、以下『女たち』）を著した。二冊とも日本語に翻訳され、日本農村研究の名著として読み継がれている。

夫妻の本に魅せられた私は、二〇一一年十月から二〇一四年七月まで三年足らず、熊本県あさぎり町に住み、須恵を自転車で走り回った。取材や調査というより、ただ須恵の人々と語り合い、一緒に酒を飲み、暮らしぶりを教えてもらった。二〇一四年一月には夫妻の資料が保管されているコーネル大学を訪問し、二人のフィールドノート計二千二百八十ページあまりを複写するなど、足跡をたどった。

本書は、八十年前に夫妻が経験した須恵と、八十年経った今の須恵の人々の暮らしを通じて、豊かになった今の日本が、その豊かさゆえに失い、また失いつつあるもの、あるいは幸いにも引き継がれているものをあぶり出し、書き残そうとする試みである。

私が須恵のことを知りたいと思った理由は幾つかある。まず何と言っても『須恵村』と『女たち』の面白さが第一だ。次に、昭和初期のムラの機能や構造を描いた『須恵村』が、戦前では外国人による唯一の人類学的な日本研究書として世界中から注目されたこと。三番目は、「調査者と住民のあいだにある種の親密さが保たれていた日本の村落はもはや存在しない」（『女たち』）ために、夫妻のようにありのままのムラの暮らしをつづったノートは二度と書かれないだろうこと。そして最後に、それらに対する評価が内外で非常に高いということがあった。

例えば日本では、人類学者の今西錦司《きんじ》（一九〇二～一九九二）が、『村と人間』の序で、「一村の全貌をつたえるという点で、『スエムラ』の向こうを張るようなものは、まだわずかしかない」と評した。今西は、一九四七年に奈良県平野村で行った自身唯一の国内調査に当たり『須恵村』を参考にしたことを明かしている。

また、民俗学者の宮本常一《つねいち》（一九〇七～一九八一）は『私の日本地図11　阿蘇・球磨』の中で、一九六二年に須恵村を訪れたことを紹介。「外国人のすぐれた調査記録として、当時学会に大きな反響をよんだ。その当時博士の住いになった家がそのままのこっている」などと回顧した。

国立民族学博物館長だった梅棹忠夫（一九二〇～二〇一〇）もまた、日本語版『女たち』の帯で「日本の農村研究は須恵村からはじまったといえる」と評した。梅棹は後に来日した『女たち』の共著者スミスと対談している。

さらに哲学者の鶴見俊輔（一九二二～二〇一五）は『須恵村』と『女たち』を併せ読むことを勧めた。

一方、アメリカの文化人類学者ルース・ベネディクト（一八八七～一九四八）による有数の日本論『菊と刀　日本文化の型』（一九四六年）には『須恵村』の引用が多数見られ、ベネディクトは「日本の村落に関する唯一の人類学者の実地研究である、ジョン・エンブリーの『須恵村』は非常に貴重な文献」と紹介している。『須恵村』と違い日本を訪れずに書かれた『菊と刀』に対しては批判もあるが、天皇制擁護など、その分析と主張は戦後の日本占領政策に強い影響を与えたとされる。

須恵村滞在中のジョン・エンブリー、エラ夫妻と村民(1936年10月)

また、あまり知られていないが、戦後に皇太子時代の平成天皇の家庭教師を務めたエリザベス・ヴァイニング夫人（一九〇二～一九九九）も離日前の一九五〇年十月に須恵村を訪問。エンブリー夫妻が住んだ住居に立ち寄り、著書『皇太子の窓』でそのことに触れている。加えて須恵村は、滞在中のエンブリー夫妻を訪問し取材した『フォーチュン』誌記者によって、『須恵村』刊行より一足先に一九三六年九月の同誌日本特集号でアメリカに紹介されている。

こうした過去の専門家だけでなく、今も内外の研究者が毎年数人、調査のために須恵を訪問する。『須恵村』も『女たち』も、今なおアメリカをはじめ各国の日本研究者の必読書であり、大学の人類学や民俗学の教科書として使われているのだ。その現代的意味はなお色あせていない。

エンブリー二十七歳、エラ二十六歳という須恵入村時の年齢を考慮すれば、若さゆえの記述の浅さ、未熟はやむを得ないだろう。誤りも散見される。しかし、好奇心にあふれた取材の綿密さ、骨身を惜しまぬ行動力、村民との親しい交流、ムラの暮らしへの溶け込み方、そして鋭い観察力・洞察力に驚かされる方がはるかに大きい。農村社会学者・鈴木榮太郎（一八九四～一九六六）が『須恵村』刊行一年後に書いた書評で「外国人としてこれ以上に日本農民の心を読みとる事はおそらく望み得ないであろう」と舌を巻いた通りだ。

それなのに、エンブリー夫妻や須恵に関する総合的な研究が、日本にも海外にもほとんど見当たらない。一九五〇～六〇年代の須恵村を調査した熊本商科大学（現熊本学園大）教授の牛島盛光（一九二一～二〇〇四）の仕事が唯一と言っていい。エンブリー夫妻の須恵滞在から八十年経った。当時を知る須恵の年寄りから話を聞くチャンスはもうすぐなくなる。私は、書き残すには今しかないと思った。

『須恵村』に通底するテーマを一言で言えば、「協同（co-operation）」ということに尽きる。女性の生き方に迫った『女たち』のテーマも同じである。社会を形作っている「協同」は、ムラがムラであることの必須の要素、それがなくなればムラとは呼べなくなる条件だ。夫妻は、須恵村でムラの「協同」の実状を徹底して追求し観察した。

だから、本書の中心となるテーマも「協同」である。そして「協同」は、私が須恵で初めて出合い、大事な言葉となった「はじあい」と重なった。

「はじあい」とは、「助け合い」「支え合い」「分かち合い」を意味する、須恵にしかない独特の言葉である。この土語に込められた意味は、ムラの人々の関係、そして自然との関係が、直《じか》に補い合い、共に生きるものとしてある、という思いだ。

戦後の高度成長を経て、人々の暮らしから、そして記憶からさえ次第に希薄になっているように見える「協同（はじあい）」。インターネットで簡単に「つながる」たぐいの手軽な「絆」ではない。エンブリー夫妻が八十年前に体感した、そんな古くて新しい社会のありようを再確認する作業は、そのまま現代とはどういう時代か、人は何を拠り所に生きているのか、幸せとは何かと問うことでもある。

本書では、『須恵村』の分析を軸に、『女たち』に登場する村人の生身の言葉で補足しながら、エンブリーとエラのヒューマニズムを、そして二人の目と感性に映じた須恵村を、具体的な暮らし方に即してもう一度現代によみがえらせてみたい。そして、三年の間、須恵に身を置いて分かった今の須恵を報告することによって、当時と現在の〝記憶録〟として、「協同（はじあい）」の物語を紡いでみたい。

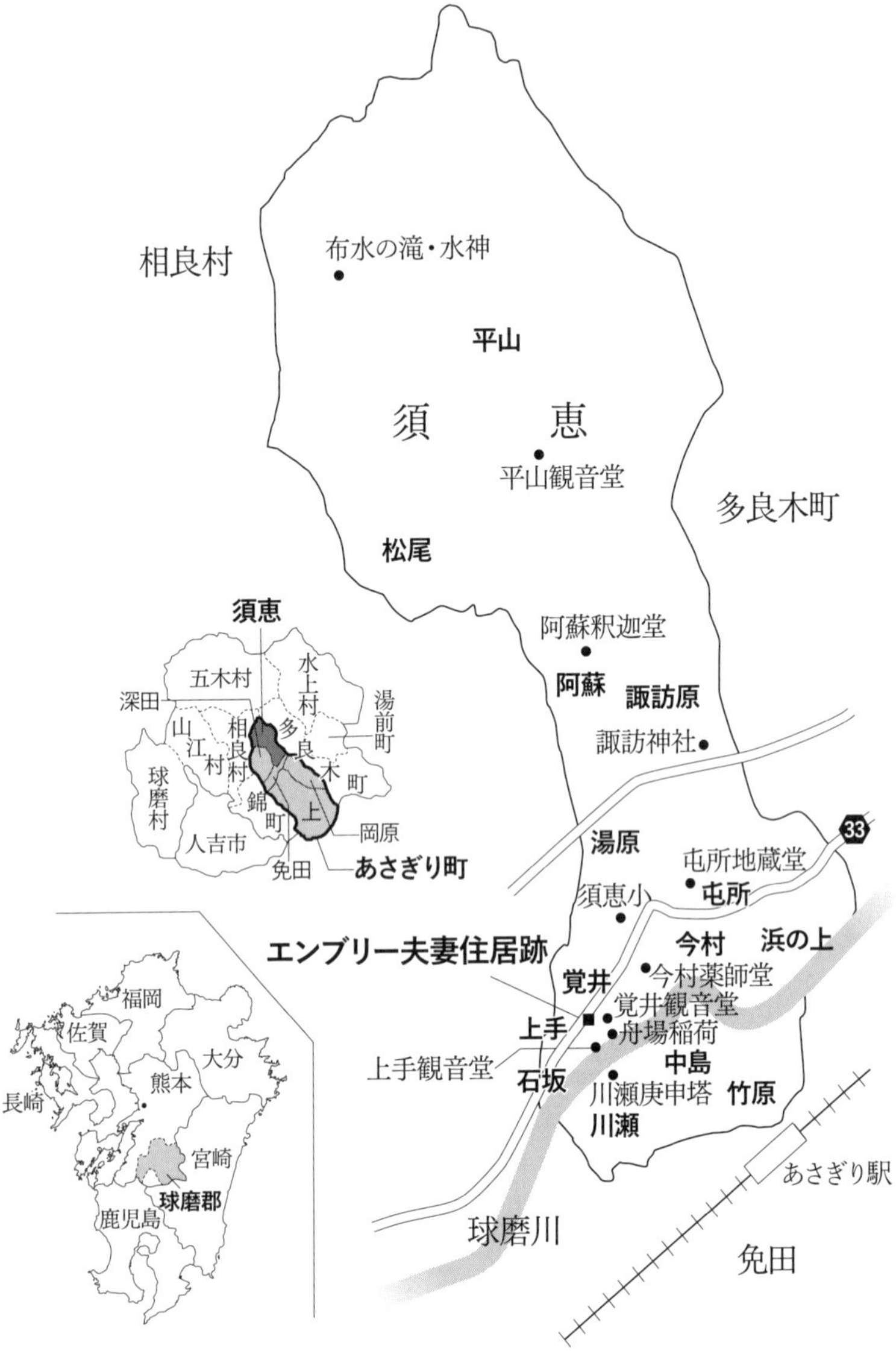

相良村
布水の滝・水神
平山
須　　恵
平山観音堂
多良木町
松尾
阿蘇釈迦堂
阿蘇
諏訪原
諏訪神社
湯原
33
屯所地蔵堂
須恵小
屯所
今村
浜の上
エンブリー夫妻住居跡
覚井
今村薬師堂
覚井観音堂
上手
舟場稲荷
上手観音堂
中島
石坂
川瀬庚申塔
竹原
川瀬
あさぎり駅
球磨川
免田
須恵
五木村
水上村
湯前町
深田
山江村
相良村
多良木町
上
球磨村
錦町
岡原
人吉市
免田
あさぎり町
福岡
佐賀
大分
熊本
長崎
宮崎
球磨郡
鹿児島

第一章　稲作の理想郷

「この肥沃な球磨の平野は、稲作の理想郷であり、ここから日本で最もいい米が産出されるのもふしぎではない。広汎な氾濫原は、球磨川とその支流を利用した灌漑溝の大きな網の目を成している」（『須恵村』）

満ち足りた〝ムラ〟

須恵村に到着したエンブリー夫妻がまず目を見張ったのは、球磨川と流域に広がる田んぼだった。「球磨川の流水によってできた氾濫原」の一部である須恵を含む球磨地方は、当時も今も有数の米どころとして知られる。

「肥後は――球磨を含めて――ケンペルによれば、『十分の焚き木や建築用材、それに住民の欲望を満たすに足りるだけの穀物、豆類、魚類そのほかの必需品を算出する中ぐらいの豊沃な地方』として記されているところである」。

エンゲルベルト・ケンペル（一六五一～一七一六）は、江戸時代に『日本誌』を著したドイツの博物学

球磨川の釣り

者。「中ぐらいの豊沃な地方」という表現は、焼酎（球磨焼酎）でさえ米で作るこの土地柄から考えると、むしろ控え目すぎるかもしれない。事実、続けてエンブリーが「肥沃な球磨の平野」を「稲作の理想郷」と評している通りだ。

須恵は、二〇〇三（平成十五）年に、近隣の免田《めんだ》町、深田《ふかだ》村、上村《うえむら》、岡原《おかはる》村と合併して、「あさぎり町」の一部になるまでは「須恵村」と呼ばれていた。平成の大合併によって消えた村の一つだった。

エンブリーは、須恵村を「球磨郡の十九の村（筆者注・現在は四町五村）のうちの一つとして、その東部地区に位置している。村の南部は球磨川流域の平坦な水田地帯であり、……村の多くの面積は山と森になっている」と描く。今もそのまま、林野面積が七割を占める。

私が住んでいたあさぎり町免田地区から北へ、右手に市房山《いちふさやま》のやや厳しい頂を眺め、後ろに白髪岳《しらがたけ》のなだらかな稜線を感じながら、球磨盆地の広々とした田畑を通り抜ける。エンブリー夫妻が何度も往復した道である。すぐに須恵に入り、球磨川にかかる川瀬《かわぜ》橋を渡る。市房ダムが以前の清流を濁らせ、鮎の量も減らしたが、水鳥たちがのんびり川面に漂う。

須恵は、南北約八キロの細長い形をしている。『須恵村』によると、「村の面積は六・五平方哩《マイル》、人口は千六百六十三、戸数は二百八十五」で、熊本県で最も人口が少なく、夫妻が一年間で調査するのに好都合な小ささだった。現在の須恵地区の面積は当時とほぼ同じ十七・九八平方キロ、人口千二百九人、四百十三世帯（二〇一六年十一月末現在）である。

当時の須恵村の農家は、二百八十五戸のうち二百十五戸、七十五％を占めた。内訳は地主三十二、自小作百十二、小作七十一戸。主要な調査対象の七部落百五十二世帯では、うち百二十二世帯、八十％が農家だ。林業従事者は平山部落の五戸にすぎない。二〇〇五年農業センサスによると須恵村の農家は百五十二戸で四十三％。現在は須恵だけの数字はないが、その割合はさらに減少したとみられる。それでも全国平均の約五％に比べるとはるかに高く、「稲作の理想郷」のイメージは変わらない。

夫妻が気候に悩まされることはなかったようだ。

「初霜は十月の終りか十一月の始め、晩霜は四月で、十二月から三月までは寒いが、雪が一度に二、三インチも積ることは、めったにない。秋の夜は霧が深く谷間にたちこめ、朝の空気を冷たくするが十時か十一時までには日が当たって暖かくなる」。

二〇一六年一月には氷点下十三・八度という寒波に襲われたが、地球温暖化のせいか、近ごろは「以前は十月二十日ごろだった初霜が半月ほど遅くなった印象」と話す人もいる。合併後の響きの良い町名に違《たが》わず、周りを山で囲まれた球磨盆地を深い霧が覆う日は多い。

「寒い冬の季節には村人は着物を何枚も着ぶくれて、戸外に焚火して集まる。暖かくなると一枚一枚脱ぎすて、夏には男も女も腰まで半裸となる」。

エラは、須恵村の四季の移り変わりに感動した。『女たち』の美しい一節。

「秋には、村は紅葉と赤く輝く柿に燃え、春には、白い桃の花の霞が村に祭りの舞台を与える。夏には、水田は深い緑となり、川面は暑い太陽にきらめく。しかし、冬は寒々とし、ときには雪が吹きつけた。暖

稲の収穫。背景には球磨盆地を取り囲む山々がある

かい着物を何枚も重ねて着ても、この季節の村民たちの挨拶は『寒かね』であった」。

ところでエンブリーは、須恵という地名の由来について、「球磨の地名には、多良木《たらぎ》（多くの良い材木）、深田（深い水田）のように分かり易いものが多いけれど、須恵村の地名はその意味と成立の年代および由来は不明であり、球磨の歴史にも重要な役割を演じてこなかったようである」と意外に冷ややかだ。しかし、これは誤解だ。

『須恵村誌』によると、須恵村の地名は、古代の土器である須恵器と関係している。須恵器は、紀元四〇〇年ごろ大陸から日本に伝わった素焼きの土器とされる。この地域では八〇〇年ごろ生産が始まり、古代から中世初期にかけて須恵郷の豪族だった須恵氏の名の元にもなった。須恵器にちなんで「すえ」と読む地名は、陶、末、須江などの表記を含め全国に十数カ所存在する。

地名の由来がどうであれ、すぐ「村民はそんな事にはかかわりなく、自分の村に十分満足している」と続けているところが面白い。エンブリーの関心は、歴史や由来より村民の暮らしぶりそのものにあった。経済的には「とくに裕福でも貧困でもない」と映っていたようだが、現在とは比較にならない過酷な労働の半面、「満足」という言葉にエンブリーが感じた村民の主観的な幸福感が表われている。エンブリーは須恵村移住三カ月半後にシカゴ大に最初の報告書を送っているが、そこにも「須恵村の人々は全体としてまずまず幸せに見える」との印象が記されている。

『女たち』の一節が象徴的だ。エラもエンブリーと同じ思いだった。

「すべての部落で、ほとんどの人が自分たちの食べる野菜を栽培し、毎日十分に使えるだけの漬物を一年分作っていた。そして、もし余分ができれば、それを隣町に売りに行った。水田を区切る畦《あぜ》に植えられた大豆からは、醤油と味噌汁のもとになる味噌が作られた。味噌汁はスープで、食事のなかでの主要品である。季節ごとに、果樹は桃、梨、梅、柿を実らせ、また栗も実る。魚や小さな海老や蟹は川や水田で採れた。だが特別の場合には、村民は多良木から須恵村にくる魚屋から買った。肉はたまにしか食べなかったが、いつも町で買うことができた。卵は鶏を飼っている家から買えた。髪油は女たちも男たちもふんだんに使ったが、それは椿の実から女たちがしぼりとったものであり、椿の美しい花は須恵村の美観の一つとなっていた」。

浸透する貨幣経済

当時の須恵村の最も重要な作物はもちろん米で、村全体で年に九十四万円の生産額だった。菓子、餅、焼酎も米で作られる。また、貨幣として使用され、葬式や宴会などの贈り物になる。

十月、収穫した芋茎（サトイモの茎）を運ぶ男性

次いで麦、三番目が養蚕とされるが、『須恵村』の巻末資料では養蚕農家は百四十四戸で「村民の約半数」が営んでいた。生産額は二万九千円で麦（一万二千円）の倍以上あった。片倉、鐘紡の二紡績会社が繭《まゆ》を買い上げていたが、戦後は一九五〇年の七十六戸をピークに、一九八〇年代に村から消えた。

鶏は一軒で五、六羽以上飼育しており他村より多い。

「果実を結ぶもの」として、椿、棕櫚《しゅろ》、桑、茶、栗、桃、梨、柿、西洋李《すもも》があり、ほとんどの農家で馬や牛が飼われ、荷物の運搬に使われていた。農具の大部分は木製で、機械製のものはまだ少ないが、次第に機械時代の影響が忍び寄っていた。

農業以外に幾らかの職人がおり、店屋が数軒あり、大工と菓子屋が重要だった。豆腐屋も各部落に計十軒ほどあり、お針屋、石屋、鍛冶《かじ》屋、製粉所があった。他に教師、役場の吏員がいる。唯一の工場は「六調子《ろくちょうし》」という覚井の焼酎醸造所だ。「それでも一方でいくらかは農業をやっている」と記されているように、専業農家以外では、今で言う「半農半X《エックス》」が当たり前の世界だった。

社会の変化を注視するエンブリーは、ムラに浸透する貨幣経済の状況に強い関心を持った。

「普通の農家の生計費は約五十パーセントは貨幣で支払われ、他の必要品（米はその最大唯一の項目）は家で作られる。ところが店屋は貨幣で米を買わねばならないので全生計費の約九十パーセントが貨幣で支出される。農家では草履や筵《むしろ》は自家生産し、女は羽二重《はぶたえ》を織ると共に免田の町（筆者注・当時は村。一九三七年四月に町制施行）から綿糸を買ってきて木綿を織り、男は籠や農機具を作る。肥料は産業組合から買うが、大部分は人糞を溜めて使うのである。以前は農家の生活費は多分十パーセント以下の貨幣支出であったようであるが、今日では町の店に電気具・タバコ・薬品・砂糖・塩を現金で支払わねばならない」。

逆に須恵村からは、「燃料や野菜を持って売りに行く」。

養蚕を営む農家。左側の女たちが繭を掛けようとする蚕を選り分け、右側の男たちが蚕棚の準備をしている

また、村にやって来る四季折々の「渡り職人」がいた。春の鍛冶屋、夏の桶屋、春夏冬の馬の獣医、夏の鋳掛《いかけ》屋、夏の履き物直し、夏のアイスケーキ売り、毎月の台所用品の行商人、毎日の魚売り、それに富山の薬売り、巡礼などだ。彼らは、須恵村外の文化やニュースの貴重な情報源でもあった。

では、エラが調査の対象とした須恵村の女性たちの生のありようはどうだったのか。『女たち』にある次の文章は、その実相を捉えて象徴的である。

「彼女たちは、煙草、酒、性に楽しみを見いだしていた。……彼女たちのユーモアは土くさく、性的な関係についての話は率直で、隠しだてのないものだった。……年とった女性の多くは、酒をたくさん飲み過ぎていたが、彼女たちは、アルコールが、若者の公の行動にたいする社会的圧迫によって、あまりに長く禁じられていた激情を発散させるのによいことを知っていた。……結婚した女性はときどき不貞を働いたが、それは、そのような行為をするのは通常、夫だけだという、この時代の日本において一般に承認された知識ときわだった対照をなすものだった」。

そんな須恵村は、エンブリーには、「古い時代の感覚をもった特徴的言葉や、社会形態が保存されていて、どうかすると大都市の近郊農村とは十年ないし十五年ぐらい遅れているようである」と感じられた。

軍靴の音

比較的自立的な村に見えた須恵村だったが、エンブリーは「須恵村をもって純粋に自給自足的な未開社会にくらべられるものとすることはできない」と釘を刺すことも忘れなかった。農村が、農業生産、祭り、暦、社会のあり方において「経済生活を統御して上から法令を強制し、とくに最近は愛国的な学校教育を要求する、より大きな国家の一部をなしている」と、近代化と国家主義の影響を指摘する。農村の変貌ぶりは、やはり、明治以降の西欧化、近代化に負うところが大きかった。

エンブリーは、明治維新による「急激な変化」として、神仏混交の廃棄、国家神道の採用、移動の自由、四民平等の宣言、電信・新聞や郵便、鉄道、ガス・電気の普及、小学校開設・義務教育導入、太陰暦から太陽暦への改暦、徴兵制の導入、政党の結成などを列挙している。ほかに廃藩置県、七万余から一万六千への大規模な町村合併も、地方農村を大きく揺るがした。

では、昭和初期の日本の時代背景、そして農村の状況はどうだったのか。

『須恵村』では、歴史や政治経済について多くは触れられていない。しかし、二月にシカゴ大に送った最初の報告には「愛国心、天皇崇拝、兵役」をテーマとした一節もあり、日本を取り巻く当時の政治状況に関心がなかったはずはない。初稿段階では五百ページに上った『須恵村』の原稿を三百ページに短縮した際に省略したのかもしれない。ここで短く振り返っておこう。

一九二七（昭和二）年の金融恐慌によって始まった昭和の時代。しかし景況は一九三二年には回復し、三二―三九年の実質GNPの平均成長率は年七％に上った。軍事費も急増したが、そのしわ寄せを受けた農村は悲惨だった。一九三〇年は豊作貧乏と呼ばれ、農産物価格の下落による農村恐慌が荒れ狂っていた。

免田駅前で満洲からの帰還兵を迎える人々。子どもたちの姿も見える

「一九三五年に、球磨の農民は世界不況を強く意識した。米国の不景気の結果、生糸の価格が暴落し、そのため農民の収入は大きく影響を受け、部落生活に重要な宴会や祭礼を取り止めたり、切り詰めたりした」（『須恵村』）。

比較的安定していた米価は、一九三〇年七月に一石当たり三十円四十銭だったのが、十一月には十七円五十銭まで下がった。米だけでなく、野菜や果物、さらに「村が裕福になるか否かを決定する」生糸価格の下落は養蚕・製糸業にも大きな影響を与えた。

エンブリーが須恵村を去る一九三六年からインフレがひどくなるが、それまでの十二年間は逆に急激なデフレ状態だった。一九三一年の東北・北海道の冷害が追い討ちをかける。政府は「自力更生運動」を持ち出すが、これはムラ

校庭のラジオ体操

の協同や自治に委ねる、精神主義に等しい弥縫《びほう》策に過ぎなかった。

同年九月には満洲事変が勃発。関東軍による満洲国の設立、中国支配は、「王道楽土、五族協和」のスローガンの下、その侵略性をカモフラージュされた。

こうした状況の中で一九三六年二月、青年将校らによる二・二六事件が起きた。だが、エンブリー夫妻がいた球磨郡は、東北ほどの困窮はなかったとみられる。「稲作の理想郷」という表現からは、悲惨な状況は感じられないし、東北では常態化していた身売りも、『須恵村』では「芸者」の節でわずかな記述があるだけだ。『女たち』では個別の事例が紹介されているが、ともに身売りを個人的な事情による出来事として処理している印象が強く、社会的事件として取り上げてはいない。

二・二六事件についてエンブリーは自注で、「須恵村での研究の進行中に、一九三六年二・二六事件の暗殺が起こった。たかだか数人の役場の吏員と学校の先生が、この事件を大いに論じていたが、村の多くの人にはそれほどまで関心がないようなふりであった」とごく簡単に触れているにすぎない。

同年十一月には日独防共協定が締結され、国民統制、軍国主義化が一気に進んだ。翌三七年に盧溝橋事件が起こり、日中は全面戦争に突入する。徴兵検査、出兵、帰還はあったが、それでも多くの農村の日常は平穏だった。

「機械時代」の影響

一方、近代化の波は明治維新から七十年経った須恵村にも押し寄せていた。教育や祭りといった精神的な領域にも変化をもたらしたが、直接影響があったのはもちろん技術や産業的な分野が先だった。「須恵村に機械時代が来ていることは明白である」。エンブリーはそのことを痛感し、『須恵村』ではたびたび「機械化」「機械時代」という言葉を使って指摘している。

自転車で部落をまわる魚屋

「須恵村の機械」の一覧表が面白い（次ページ参照）。当時、自転車は百六十台もあった。リヤカーも荷物運搬に使われている。製粉機は水車一、電力三機。家庭では挽《ひ》き臼《うす》で精米するところもあり、簡単な木製の道具、熊手、籠は自家製。鉄製の器具は免田や産業組合から買った。足踏み式の脱穀機が各戸に一台はあり、旧来の脱穀に取って代わった。

時計は各家にあり、ラジオは五台、自動車は一台もないがオート三輪車が一台。電気は十一年前、電話は一九三六年に初めて役場に設置された。多良木と免田への道路は十二年前に設けられ、バスは二年前に通ったとしている。電気が初めて点灯したのは浜《はま》の上《うえ》部落だった。

「三十年前まで農耕はすべて手わざでなされた。

須恵村の機械（『須恵村』より）

機械	使用数	最も古い使用年数
水車の製粉所	1	20
電力の製粉所（個人持ちの古い水車（山の部落に今も多い）に代りつつある	3	7
足踏脱穀機	各家に1台	20
ガソリンエンジン	7（3は個人持ち、4は部落農業組合持ち）	10
ガソリンエンジン脱穀機（現代足踏脱穀機になりつつある）	18（8は個人持ち、10は農業組合持ち）	10
毛塵取機	各養蚕家に1台	10
蚕の綱あみ機	各養蚕家に1台	15
ウドン製造機	30	9
製縄機（数軒で協同）	60	20
バリカン	100	30
自転車	160	25
リヤカー	47	10
自動車	0（但し深田に医者が1台保有）	
ミシン	4	30
ラジオ	5	5
蓄音機	20	30
電話	1（村役場）	1（1936）

注）電気は11年前に、アイスケーキは多良木に3年前、バスは2年前に、多良木と免田への道路は12年前にそれぞれ設けられた

ガソリンエンジン式脱穀機を使っての脱穀作業

肥料は人力で集められ、輸送は足や馬や舟でなされ、着物は手織りであった。山間部の平山部落は、今日でも電気がついていないばかりか、どのような近代的動力もない。機械が採択されるにつれて、球磨以外の世界との接触さらに依存関係が増大してきた。自転車は町々をより接近させたし、バスで人吉《ひとよし》の町に行きやすくなった。都市との接近、それに小麦などの新しい換金作物や養蚕業は、それだけ貨幣の使用を増加させた。機械は数軒の協同を要する肉体労働に代わろうとする傾向があり、しだいに村の協同組織のいくつかを分化させていく機縁をもつようになっている」。

もちろん、変化があったといっても、地方農村は、今と異なって中央や都市からの情報伝達速度は極めて緩やかであり、その変貌もゆっくりしたものだった。「農具の大部分は木製で機械製のものは少なく、ちかごろになってこの地方にも少しずつ移入されたにすぎない」。それは昭和初期に至っても、まだあまり変わらないスピードだったと思われ、エンブリーは「変化の中にあって著しい安定性を保持してきた」と述べている。

　ところで、当時の九州の僻地・須恵村まで、どんな交通手段だったのだろう。エンブリーは、須恵村を紹介するに当たって、東京から須恵村までの自身の旅を通じて「地理的位置」を描くことからスタートしている。

免田駅。帰還兵を乗せた列車が到着したところ

　エンブリー夫妻は、午後三時発下関行きの夜行の急行に乗って東京を出発。車窓から美しい田園風景を眺めながら十六時間。下関からフェリーで関門海峡を渡り、門司から八代《やつしろ》まで再び鉄道で八時間。「途中、福岡の工業地帯を通過する」。工業地帯の中心はもちろん八幡製鉄所である。

　八代で乗り換えのため、人吉行きの列車に一時間待ち合わせ。小さな食堂が「通り過ぎの客に食事をだすがサービスは悪く、ウェートレスは美人ではない」。人吉までは二時間、「球磨川のふちに沿って走る……豪しゃな景色の旅」。この肥薩《ひさつ》線、春には球磨川沿いの桜並木が美しい。

　そして、午後五時ごろ人吉に着く。人吉から須恵村に行くには、直通バスか、免田か多良木行きの汽車。「汽車は安いが駅から三十分ほど歩かねばならない」のでバスに乗る。バスは十二マイル（約十九キロ）の距離で朝昼晩の一日三便、エラには「車ががたつき、つかれるものだった」。四十五分で終点の覚井部落の夫妻の家の真ん前に到着。「ここにはホテルも食堂もない。バスを降りた人はここの住民か、あるいは彼を迎える友人の家をもつ人である。六時ごろであり、疲れた旅行者は焼酎を飲み、漬け物と御飯の夕食をとり、そして熱いお風呂でくつろぎを楽しむ」。

東京から二十七時間の旅。やっと着いたという安堵感が伝わってくる。人吉から湯前《ゆのまえ》までの湯前線は、一九二四（大正十三）年に開通した。須恵の年寄りによると、県道沿いに免田駅ができたことで、それまでは須恵より寂しかった免田が栄えることになったという。近代化の象徴の一つである鉄道が、須恵村の景色を徐々に変えていった。現在は「くま川鉄道」と名称を変え、地域の足として存続している。

第二章　導かれた二人

「私たちがこの村を選んだのは、村が風光明媚なところにあり、規模も小さく、そして、村の人たちが親切で、まったく見知らぬ私たちを心暖かく迎えいれてくれたからである。……小さな平和な村で、美しい球磨川の渓谷によこたわって、みごとな山々に囲まれていた須恵村を、私たちはすぐに気にいった」（『女たち』）

少年期の日本体験

九州の無名の農村に過ぎなかった須恵村との縁を、どうやってエンブリー夫妻が築いたのか、二人の略歴をひも解きながら、須恵村に至る足跡をたどってみたい。

ジョン・フィ・エンブリーは、一九〇八年八月二十六日、父エドウィン・ロジャーズ・エンブリーと母ケイト・スコット・クラークの長男として、アメリカ北東部のコネティカット州ニューヘイブンに生まれた。「ジョン・フィ」の名は、父エドウィンが強い影響を受けた母方の祖父（エンブリーの曾祖父）

の名から取られた。

　エンブリー家については、ジョンの九代前のロバート・エンブリーが四十代半ばの一六六五年に、フランスのノルマンディからアメリカのコネティカット州フェアフィールドに移った、との記録がある。一六二〇年にイギリスの清教徒ピルグリム・ファーザーズがメイフラワー号に乗って新大陸に移住して四十五年後のことである。

　エンブリーには二人の妹がいた。二歳年下のエドウィナはジョンの死後、『女たち』の共著者であるエラとロバート・スミスが初めて出会う機縁を作った。十一歳下のキャサリンは戦時中に日系アメリカ人強制収容所で働き、回顧録を残している。

　父親のエドウィンは、慈善事業団体ロックフェラー財団に一九一七年から十年間在籍。事務局長、副理事長まで務めた。ユリウス・ローゼンウォルド基金の初代理事長を経てリベリア財団理事長として生涯を終える。

　エンブリーは、リンカーン高校時代の一九二六年二月に両親に連れられ初めて日本を訪れた。日本の外務省には、エドウィンが同年一月三十一日にプリンストン大学の著名な生物学者E・G・コンクリン教授とともに東京、仙台、鎌倉、京都、神戸を訪問した記録が残っている。エドウィンの肩書きは「ロックフェラー財団研究員長」とある。その後、中国からインド、フランスまで五カ月掛けて歴訪。アジアのさまざまな民族や文化に触れる貴重な体験をした。十七歳という多感な時期のアジア旅行がエンブリーに与えた影響は容易に想像できる。

　社会学者でもあったエドウィンは、ロックフェラー財団の業務として頻繁に海外旅行を繰り返し、フィールドワークに没頭。特にアジア太平洋地域や恵まれない人々の良き理解者だったという。北京の医科大学設立にも関わった。進歩的でアカデミックな家庭環境にあったエンブリーは、そんなリベラリストの父親に強く感化されて育った。

その後エンブリーは一九二九年にカナダ・モントリオールのマッギル大学からハワイ大学に移り、三一年に同大で学士号を取得。翌年六月から九月まで再び日本を訪問し、軽井沢で過ごす。そのころのエンブリーは文学に興味を示し、コロンビア大学で英語を研究したいという希望があったが、この旅行で日本に対する関心を再確認し、社会人類学への道を選ぶことになる。軽井沢滞在時の日誌がコーネル大学に残されているが、詩的な文章が随所に見られ、端正な手書きの文字がエンブリーの性格を映し出している。

帰国後再びカナダへ戻り、トロント大学で人類学を学ぶ。その年の十二月にエラと結婚、翌三三年十二月二十八日には、一人娘クレアが誕生。日本育ちのエラとの暮らしの中で、エンブリーはさらに日本への関心を深めていく。

須恵村訪問の前年一九三四年にトロント大学で修士号を取得した後、ロックフェラーが設立したシカゴ大学に進む。シカゴ大学人類学部では、構造機能主義人類学の基礎を築いたアルフレッド・R・ラドクリフ＝ブラウン教授（一八八一〜一九五五）の指導を受けた。

そして三五年八月、大学院生のエンブリーは、社会科学科の東アジア調査の一環として、妻子とともに三度目の訪日を果たす。二カ月に及ぶ調査地探しの末、十一月二日に須恵村覚井《かくい》部落に居を構え、まる一年掛けて調査研究を行った。エンブリー夫妻の最初の調査報告は三六年二月十五日付でエラと連名で須恵村から、最後は帰国後の翌三七年一月付でシカゴ大学に送られている。

帰国後、人類学的日本研究ではアメリカで初めての博士号を同大学で取得した後、同年八月に一家でハワイに移住。ハワイ大の人類学講師・助教授として、ハワイ島のコナ地区でコーヒーを栽培する日系移民の文化変容に関する研究を行った。

三九年十月にシカゴ大学から『須恵村』を出版。戦前の日本農村を分析した貴重な研究書として戦中戦後のアメリカ政府当局の参考書となった。

ハワイ大では四一年八月まで教え、その後トロント大に移る。

四一年十二月の日米開戦以降は、日本研究者として軍や政府の仕事に関与。戦後はバンコク、サイゴン滞在を経て、五〇年に故郷ニューヘイブンにあるエール大学の東南アジア研究所長に就任する。

悲劇はその年の暮れ十二月二十二日、雪の日の夕刻に起こった。娘のクレアとクリスマスツリーを買いに出掛けたエンブリーは、ニューヘイブンの北隣の町ハムデンの横断歩道で飲酒運転の車にはねられ、父娘とも即死。エンブリーは四十二歳の若さ、クレアは十七歳の誕生日直前だった。

妻エラは、横浜市中区山手町の外国人墓地に夫と娘の墓をこしらえ、遺灰を納めた。入口から、フランス、ユダヤ、ロシア地区など立ち並ぶ墓の間を縫って坂を下った奥まった場所にその墓はある。エラの家族ルーリィ家の大きな墓の前、縦五十センチ、横三十センチほどの小さな墓石に、エンブリー、娘クレア、エラの順に名と生年月日、死亡年月日が刻まれている。その石刻は、自身の死後、自らの遺灰も納めてもらい、前夫と娘の名の下に刻んでもらったものだ。夫と娘の墓を作る時、エラがそのことを予定していたことが見て取れる。

エンブリーが残した著作は『須恵村』のほか『The Japanese Nation—— A Social Survey〔日本国家——ある社会調査〕』、小冊子の『The Japanese〔日本人〕』『Japanese Peasant Songs〔日本の民謡〕』『The Eta〔穢多《えた》〕』のほか、衛生や健康問題、食、宗教など日本の慣習や文化に関する論文が多い。『須恵村』以外の邦訳としては、須恵村滞在中に訪ねた五家荘《ごかのしょう》（熊本県八代郡の旧五村の総称＝現在八代市）のリポート「Gokkanosho : A Remote Corner of Japan」の抄訳「五家荘・日本の僻地」が、郷土誌『五家荘』（五家荘の会）に四回（一九八八年一二月〜八九年六月）連載された。戦中戦後は、アメリカの自民族中心主義や対日占領政策に批判的な評論を雑誌に数多く寄稿したが、まとまった著作として刊行されることはなかった。

ロシアから来日したエラ一家

須恵村を離れた後、戦中戦後のエンブリーの仕事は第十章に譲るとして、妻エラの略歴に移ろう。自身の『女たち』や教え子だったハワイ大学ハミルトン図書館のロシア書誌学者パトリシア・ポランスキーによるエラの伝記などを頼りにたどってみよう。

エラ・メイエロブナ・ルーリィは、一九〇九年一二月二十日、ユダヤ系ロシア人の水産貿易商メーエル・モイセーヴィッチ・ルーリィとライサ・ロマーノヴナの娘として、極東の港町ニコラエフスク・ナ・アムーレ（通称ニコラエフスク）に生まれる。エラによれば昔かたぎの父親で、兄が二人いた。父が主にサケやイクラを扱っていたこともあり、エラもそれらが大好物だったという。

一九一七年のロシア革命後、一家は一九年に日本に移住。横浜の山の手に住んだ。異国の外国人社会が生活の中心だったとはいえ、エラの日本語との接触は十歳から始まった。父の会社の支店が函館にあった関係で、函館の家にもたびたび訪れた。一九二三年の関東大震災の際は一家は函館にいて難を免れるが、翌年に横浜から神戸に転居する。外務省の史料では当時、ルーリィ家は「要注意露国人」とされていた。

神戸では、在日外国人子弟のミッションスクールであるカナディアン・アカデミーを一九二六年六月に卒業した。一年間の在学だったが最も人望のある女生徒の一人だったという。卒業アルバムでは、「気高い知恵と愛すべきあらゆる魅力にあふれている。……彼女はどんなに忙しい時でも、誰か困った人がいればいつも手助けをしていた」と紹介。才をひけらかさない謙虚さを賞賛している。

同アカデミーでは、後にマッカーシズム（反共産主義運動）の波に飲まれて自殺したカナダの外交官で『日本における近代国家の成立』などの著作で知られる歴史家エドガートン・ハーバート・ノーマン（一九〇九～一九五七）と同級生だった。ノーマンは後にエンブリーの『日本人』に対する書評で、「日本南部の遠くはなれた地方の旧式な村に夫妻ともども住みついて民衆の生活を研究し、立派に独創的かつ詳細な社会学的研究書を発表している学者」とエンブリーの仕事を絶讃している。

エラは『女たち』で、「私たちはどこに住んでいようと、日本人にとりかこまれていたし、商店の人たちと言葉をかわしたり、その他の日常的接触を保たなければならなかった。……私は子供のころ、家庭教師に英語とフランス語を習う一方、遊び友達や女中から日本語の会話を学んだ。その後、パリの東洋語学校で、日本語をより体系的に学んだ」と日本語習得の経緯を振り返っている。裕福な家庭で育ち、多感な年頃の十年間を日本で過ごしたエラの日本語が達者なわけである。

一九二七年秋から、兄が学ぶカリフォルニア大学バークレー校に進みフランス語とフランス文学を専攻。二九年の二年生の終わりに父の勧めでパリのソルボンヌに留学、フランス語とともに日本語も学び、三一年に日本に戻る。神戸の家族は二九年に東京に転居していた。

二九年にエンブリーと出会ったエラは、別の女性と結婚していたエンブリーの求愛を受け入れる形で一九三二年末に結婚。人類学に関する素養は、カリフォルニア大の学部でかじっただけだったが、エンブリーの影響を受け、シカゴ大ではラドクリフ＝ブラウンらの講義を聞いたほか、気鋭の文化人類学者マーガレット・ミード（一九〇一～一九七八）からフィールドワークの重要性を学んだ。一九三五年三月にアメリカの市民権を獲得。同年十一月から須恵村で調査をスタートさせる。

戦後は、一九四七年までエンブリーとともにホノルルの戦時情報局の一員として働き、四九年までは東南アジアに滞在。帰国翌年にエンブリーの故郷で夫と娘クレアを同時に失うことになる。

その日、クリスマスの買い物に出た夫と娘の帰りが遅いことをいぶかしみながら夕食の支度をしていたエラは、自宅を訪れた警察官から、横断歩道を渡っていた二人が車にはねられて亡くなったことを知らされた。

一九五〇年のエンブリーの死後、エラはホノルルに戻る。五一年にハワイ大学のフランス語教師に招かれ、五四年からはロシア語とロシア文学教師も務めることになった。五五年四月にフレデリック・J・ウィズウェル（一九一三～二〇〇四）。一九七六年、横須賀米軍基地の米海軍省地区労働力管理部日本支部で人事管理専門職時に須恵村を訪れている）と再婚。一九六八年にハワイ大を退職した。

一九三六年の須恵村調査以後、村には、一九五一年八月のエンブリー慰霊祭出席を皮切りに、六八、八五年の計三回再訪。特に八五年八月に夫ウィズウェルと共に訪れた「エンブリー来村五十周年」の式典は須恵村を挙げて盛大に行われ、当時の細川護熙《もりひろ》・熊本県知事も出席した。この間、エラはロバート・スミスと出会い、一九八二年に共著『女たち』が出版される。

エラは、二〇〇五年八月十六日、ホノルルにて九十六歳で死去。ワイキキビーチで散骨された後、遺灰の一部は十二月に横浜外国人墓地に運ばれ、前夫と娘の墓に納められた。墓石の手前側面には、「ALWAYS TOGETHER」の文字が見える。「ずっと一緒に」。エンブリー没後、失った最愛の夫と娘とともに葬られたいという当時のエラの願いと併せ、「故郷」として愛した日本への思いが強く伝わってくる。墓のすぐ近くにある元町門はルーリィ家が寄贈したもので、「ルーリィ門」とも呼ばれている。

横浜市の外国人墓地にあるエンブリー一家の墓(筆者撮影)

船上のロマンス

　前に触れたように、エンブリーはエラと一九三二年に再婚するが、出会いの物語はいつ、どこで生まれたのだろう。偶然でない出会いはないが、二人の情熱的なロマンスを紹介しよう。短い小説（ロマン）の書き出しのようだ。

「それは数年前、フランス発の船上でのことだった。僕は船の図書館の机で毎日書きものをしていた。その机は、向かい合わせの二人用だった。毎朝、同じ時間にそこに来て僕の向かい側に座る女性がいた。彼女は、僕がいることにお構いなく熱心に書きものをしていた。少し寂しげで穏やかなその顔は、彼女と向かい合わせで毎日夕餉《ゆうげ》の食卓に着くのもいいなと思わせる表情をしていた。彼女は知的で、気持ち良く話ができる人に思えた」。

　文中の「僕」とはもちろんエンブリーのことだ。エンブリーは、一九二九年に初めてエラと出会った時、家族で時々訪れていたホノルルでアグネッサ・ラーセンというカリフォルニア生まれの一歳年下の女性と付き合っていた。ラーセンはエラと同い年。引用した文章は、彫刻家で作家だったラーセンが、八十五歳の時に六十年以上前の思い出をつづったエッセー『Graffiti on my Heart〔心の落書き〕』（一九九四年）の一節である。エンブリーがラーセンに語った話として、エラとの出会いを明かしている。エンブリーとの「結婚の準備を考えて」さえいたラーセンにとってはほろ苦い思い出だったかもしれないが、二人の微笑ましい出会いが生き生きと描かれている。

この出会いについて『女たち』の共著者ロバート・スミスは、梅棹忠夫・国立民族学博物館館長との対談で、「エンブリーはエラと会って、ひと目惚れしたらしいんです。それでかれは奥さんと離婚して、エラと結婚した」と語っている。それもそうだろう、エンブリーは「彼女と向かい合わせで毎日夕餉の食卓に着くのもいいいな」とまで思ったのだから。

エラが当時のことを回想しているインタビュー記事がある。ハワイの雑誌『イースト・ウェスト』一九八三年夏号。エンブリーと出会ったころ、エラはカリフォルニア大学バークレー校で学び、「一九二九年の夏休みを東京に住む両親と過ごすため里帰りした」という。一方エンブリーには、六月七日にサンフランシスコ発、十三日ホノルル着の渡航歴があり、カナダのマッギル大学からハワイ大学に移る途中だったようだ。二人が出会った「船上」は、サンフランシスコからハワイまでの太平洋航路だったと推測できる。

しかし結局、エンブリーは心残りのまま、船はホノルルに到着する。

「僕は、船旅の最後の日まで自己紹介する勇気がなかった。僕が知ったのは、彼女の名はエラといい、ロシア人で、日本に住み、…家に戻る途中ということだけだった」（前掲『心の落書き』）。

自己紹介もできずにエラと別れたエンブリーはハワイ大学に移るが、二年後の一九三一年、付き合っていたラーセンが、芸術家を夢見てパリへと一人で旅立ってしまった。途中、トロントにあるエンブリー家の別荘でエンブリーと一カ月間の別れを惜しんだ後だった。ラーセンを失ったエンブリーは、その直後にハワイでグレイス・シオットというノルウェー女性と電撃結婚することになる。シオットは、エンブリーの妹エドウィナの大学の同級生で、資産家の娘だったという。

一方エラは、エンブリーとの最初の出会いの後、「私たちは一度も会わなかったが、文通していた」。自己紹介もせず、どうやって住所を知ったのか、エンブリーの船上の出会いの話も鵜呑みにはできないが、「一目惚れした」多感なエンブリーの執念だったのだろう。そして一九三二年夏、既に結婚していたエンブリーの二度目の訪日の際に、劇的な展開があった。

エンブリーは、同三二年六月から九月まで三カ月間、軽井沢に滞在している。エラ一家は当時、東京に住んでいた。エンブリーの軽井沢日誌にはエラに関する記載はなく詳細は不明だが、文通でエンブリーの日本再訪について連絡を取り合っていたのかもしれない。エラは、「一九三一年以降、ジョンの影響のもとに、人類学は私の生き方の一つになった」(『女たち』)という。「一九三一年」が事実なら、「ジョンの影響」は再会前の文通によるものと考えられる。二人の文通には、間違いなくラブレターの匂いがする。

いずれにしろ、エンブリーは軽井沢滞在の間にエラに求婚したと思われる。熱意にほだされたのだろう、エラは求婚を受け入れ、エンブリーはシオットと離婚。実は当時、シオットはエンブリーの子を身ごもっていた。エラはそのことを案じていたが、シオットは離婚後すぐに再婚したという。三二年九月に生まれた男の子はエドウィンと名付けられた。エドウィンはエンブリーの父親の名でもある。

ハワイ大学で学士号を取得し、シオットと別れたエンブリーはアメリカ本土へ戻るが、エラも日本を離れ、付いて行った。

一九三二年十二月十九日、二人はアリゾナ州ピマで結婚する。魅かれ合った二人の共通のキーワードが「日本」だったことは言うまでもない。二人が須恵村に導かれた裏に、このドラマティックな出会いと別れがあったのだ。

二十二カ所に上った候補地

そんなエンブリー夫妻が、なぜ須恵村を調査地として選んだのだろう。そこには、夫妻の出会いと同じような偶然の経緯があった。

二人は出会いから六年後の一九三五年八月十二日に横浜港に到着する。当時、日本の村落調査に関する英文の文献は極めて限られており、エンブリーは外務省を訪ね、研究に対する「黙認」を得た上で、大学教授ら専門家の助けを得ながら日本の村についての予備知識を蓄えた。その中には還暦を迎えた民俗学者・柳田國男（一八七五〜一九六二）や、日本民族学会を設立したばかりの澁澤敬三（一八九六〜一九六三）、岐阜高等農林学校教授の鈴木榮太郎らがいた。

夫妻は八月下旬から調査地選びの旅を開始、長野県を皮切りに静岡、関西などの村々を巡り歩いた末、熊本にやって来る。十月十五日に須恵村に最終決定するまでの調査地選びの旅はすさまじい。夫妻のフィールドノート（以下、「ノート」）をたどってみよう。予備調査した町村は、須恵村を含め計二十二カ所に上る。

八月十二日　横浜港到着。エラの両親の出迎えを受け、世田谷区の両親の家に逗留

二十日　東京大学農学部の那須皓《しろし》教授と面会。調査地として「東北はなお封建的で模範的な地域ではない」との助言を得る

二十四〜二十六日　軽井沢経由で長野市へ
二十七日　長野県美穂村（現飯田市）訪問
三十日　静岡県片浜村（現沼津市）訪問
九月三日　庵原《いはら》村（現静岡市）訪問。岐阜市で岐阜高等農林学校の鈴木榮太郎教授に会う
四日　三重県矢持《やもち》村（現伊賀市）奥鹿野《おくがの》を訪問
五日　兵庫県上荘《かみそう》村（現加古川市）訪問。京都市入り、七日まで京都
八日　山口県小郡町（現山口市）の大地主宅に立ち寄り、午後に福岡着
九日　九州大学農学部の木村修三、小出満二教授と会う。熊本入り。熊本県庁で経済部の地方小作官・小島利太郎に会う。「幾つかの村について議論。小島も同行すると言うのでびっくり」。龍野《たつの》村（現甲佐町）訪問
十日　宮地町（現阿蘇市）、古城村（同）訪問。小島も同行
十二日　福岡市経由で山口県麻里布《まりふ》町（現岩国市）、愛宕村（同）訪問
十八日　東京。澁澤敬三の自宅訪問。柳田國男にも会う。「九州に関する幾つかの情報をもらった。とても愉快な人物。大きな書斎があるヨーロッパふうの家を訪問」。東京府恩方《おんがた》村案下《あんげ》（現八王子市）を訪問
二十日　福岡市着。木村、小出らと会う
二十一日　午後に木村と熊本入り。小島が出迎え
二十二日　尾ケ石《おがいし》村（現阿蘇市）訪問、古城村再訪
二十三日　深田村（現あさぎり町）、須恵村（同）を初めて訪問。夜遅く熊本市に戻る

二十四日　一日中休息
二十五日　エンブリーのみ鹿児島入り。エラは熊本に残る
二十六日　鹿児島県蒲生《かもう》町（現姶良《あいら》市）、郡山村（現鹿児島市）訪問
二十七日　下伊集院村（現日置《ひおき》市）の大字神之川《かみのかわ》、高江村（現薩摩川内市）の大字久見崎訪問。熊
　　　　本に戻る
二十八日　須恵村再訪。阿蘇部落まで足を延ばす。人吉泊
二十九日　エラも一緒に鹿児島再訪
三十日　神之川再訪。日置村（現日置市）訪問、郡山村再訪
十月一日　喜入《きいれ》村（現鹿児島市）、知覧《ちらん》町（現南九州市）訪問
二日　三度目の神之川訪問
三日　久見崎再訪
四〜九日　熊本市滞在
十日　訪日中のラドクリフ＝ブラウン教授を迎えに長崎へ
十三日　三度目の古城村訪問。ブラウンも同行
十四日　三度目の須恵村訪問
十五日　四度目の神之川訪問を経て、ブラウンも交え最終的に調査地を須恵村に決定
十六〜二十二日　熊本市で須恵村へ移動の準備など
二十三日　多良木町に移る。紀の国屋旅館に逗留し、須恵村の貸家が空くのを待つ
十一月二日　須恵村覚井部落に居を構える

エンブリー夫妻は、計二十二の町村を訪ね歩いたが、半数以上の十二カ所が九州で、九州を念入りに調査したことが分かる。しかも熊本県の古城村と須恵村を三度、鹿児島県の下伊集院村神之川に至っては四度も訪問。九月八日の九州入り以降は、八王子を訪問した以外は候補地をずっと九州に絞っていた。

夫妻は、九月二十三日に隣の深田村を訪問した後、初めて須恵村を訪れている。バスが出た後だったため深田で自転車を借り、約四キロの距離を須恵村へ移動した。

エラは『女たち』で「小さな平和な村で、美しい球磨川の渓谷によこたわって、みごとな山々に囲まれていた須恵村を、私たちはすぐに気にいった」と記している。また、立地条件だけでなく、「村の人たちが親切で、まったく見知らぬ私たちを心暖かく迎えいれてくれたからである」とも。だがこの時点では、須恵村を調査地とすることはまだ決まっていなかった。

足取りを見ると、最終段階では熊本の古城村、須恵村、鹿児島の下伊集院村（特に大字神之川）の三カ所に絞り込んでいたことが見て取れる。三カ村には、中国の農村調査の帰りに日本に立ち寄ったラドクリフ＝ブラウンも同行。十月十四日に三度目の須恵村訪問、十五日の四度目の下伊集院村訪問の後、ブラウンを含め協議した。その際には夫妻とも「気持ちは決まっていた」と言うが、慎重の上にも慎重を期して判断したことがうかがえる。下伊集院村の浜辺から眺めた海は魅力的だったが、全体として調査地としての利点が少なかった。調査地は、正式に須恵村と決まった。

エンブリーは『須恵村』で、この村を選んだ理由として、①比較的小さな村で、二人で調査するのに適当、②日本の村落社会の一般的傾向から特に区別されるような著しい特徴がない。大都市に近過ぎず（遠く離れた山村でもなく）、また模範的な村でもない。（漁村でなく）稲作の村で、特に裕福でも貧困でもない、③軍事地帯から遠く離れていて、仕事が軍の不当な疑惑を受けなかった、④熊本で木村修三・九大教授、熊本県の小島利太郎から須恵村の紹介を受け、村では守永留吉《とめきち》村長、その甥で村では唯一の大学卒業者だった愛甲慶寿家《けいすけ》氏に世話になった――という四点を挙げている。前の三点は調査地の前提となる条件だが、四番目は須恵村だけの大きな利点だった。

一方エラは『女たち』のプロローグで、「須恵村を選んだのは、主として偶然からであった」と明かしている。調査地が見つからずに「失望を繰り返していた」とき、熊本県庁の小島という技官が「仕事で須恵村に出張するがついて来ないかといってくれた」という。小島が須恵村をリストアップしたことは間違いないが、ノートによると、九月九日に熊本県庁を訪ねた際に、小島は特に須恵村だけでなく夫妻に同行することを約束している。出張するついで、ということではなかったようだ。それにしても、十五日の下伊集院村訪問や最終決定の議論の場にも同席するなど、小島が果たした役割は大きかった。小島は、一年後に夫妻が熊本を去るまで公私にわたって親身になって夫妻の面倒を見続けた。

「最良の友人」愛甲慶寿家《けいすけ》との出会い

ここで一九三五年十月二十三日付の福岡日日新聞を開いてみよう。七面、今で言う社会面トップに「自ら鋤鍬《すきくわ》とって　お百姓さんの研究　シカゴ大学助教授のエンブリー氏一家　近く熊本県須恵村入り」の記事が載っている。左肩には、「先《ま》づ秋の村祭り研究　米を食ひ日本衣服をつけて　ヒヤクショウ姿となる」の見出しでエンブリーのインタビュー記事。夫妻の著書とノート以外には当時の二人の様子を伝える資料がほとんどない中で、須恵村選択の経緯が分かる貴重な記録だ。

記事はまず前文でエンブリー夫妻について、「……研究対象とする代表的農村を選択中だったが、九州中央部の僻村熊本県球磨郡須恵村と決定。近くその家族と共に須恵村に入村すべく目下熊本市丸小《まるこ》旅館に滞在、入村準備に忙殺されている」（現代仮名遣いに修正）と、記事掲載時に熊本市内で準備をしていたことを紹介している。必要な家財道具などは熊本で調達したとみられる。

本文では、関東ではすでに東京大学が東京府案下村を、中部地方では岐阜高等農林学校が調査中だったため、「結局、大和民族発祥の地でもあり最も古い歴史をもち同研究に関しては未着手の九州の農村に白羽の矢をたて」、最後は九州に絞って調査地を探したことを明かしている。「大和民族発祥の地」に補足してエンブリーは、「九州は日本民族が最初の足場を築いた所であり、そこに日本民族三千年間の『夢』が脈々として今に伝えられているとしたらそれこそ私の専門とする社会人類学からは興味ある研究対象なのです」と、九州への思いを述べている。

九州では、「熊本県下の古城（阿蘇）、須恵（球磨）、鹿児島県下の下伊集院（日置）の三村を候補に挙げ、……研究に最も都合よき代表的農村として須恵村に決定した」としている。この記事によって、須恵村では瞬く間に夫妻の訪問が知れ渡ってしまった。

また、記事にある案下村（部落）については、朝日新聞が同年九月二十一日付で「米国から村研究に」の見出しで、わずか九行だが写真付きの短信記事を掲載。福岡日日新聞だけでなく、エンブリーの来日にマスコミが相応の関心を寄せていたことが分かる。

自ら鋤鍬とつて お百姓さんの研究
シカゴ大学助教授のエンブリー氏一家 近く熊本県須恵村入り
先づ秋の村祭り研究
ヒヤクシヨウ衆となる
金銀を鏤めた豪勢な河豚の銅像
七千四百余円の「刑事補償」を請求
無罪判決の長谷川が

エンブリー夫妻の須恵村調査を大きく伝える福岡日日新聞。左は夫妻の写真（1935年10月23日付）

夫妻が訪ね歩いた調査地の記録を求めて、外務省の外交史料館を訪ねたが、史料館には三重県と鹿児島県を訪問した資料しか見当たらない。全国二十二カ所も訪問したのに、熊本も含めほとんどの県が国に報告を上げていないのだ。当時の日本は、日中戦争直前、アメリカとも六年後に開戦するという状況で、入国する外国人には神経をとがらせていたはずなのに、地方にはそれほどの緊張感はなかったのだろうか。三重県では、一九三五年九月四日に矢持村を訪問。その日のうちに大阪に向かったという記録がある。夫妻のノートによると、訪問地の町村では役人の接待を受け、芸者遊びまでしている。

そして、同年十月二日付の早川三郎・鹿児島県知事名による「外国人来往ニ関スル件」と題した報告によると、エンブリーは同年九月二十五日に鹿児島県を訪問。二十六日から、蒲生町、郡山村、下伊集院村、高江村を視察。特に、「下伊集院村ニ借家シ一ヶ年位滞在研究セントスル意向ニ非ズヤト思料セラレ」の記述が見えるのが興味深い。事実、エラは後に「鹿児島県のある村に決めることを真剣に考えていた」と回想しており、ノートで見たように夫妻が下伊集院村に魅力を感じていたことは確かだ。

一九三五年の国勢調査による下伊集院村の人口は六千五百三十七人、須恵村は千六百六十三人。四分の一の人口の須恵村の方が、「二人で調査するのに適当な比較的小さな村」だった。同時に調査した古城村の人口は二千八十五人。エンブリーが福岡日日新聞の記事で「古城と下伊集院は余り村が大き過ぎてとても一年間で調査し尽くされないので須恵に決めました」と話している通りである。

さて、九月二十三日の最初の須恵村訪問時に、村での「最良の友人」（エンブリー）となる愛甲慶寿家との出会いがあった。エンブリーが須恵村を調査地と決めた理由として挙げた四つのうちの一つだ。

ノートによると、夫妻が視察を終え、村を出ようとしていた時に、酒が入った愛甲が大きな声の英語で話し掛けてきた。愛甲は村長の甥で、父親が一年前に亡くなったため、十五年ほど前から始めた焼酎醸造の家業を継ぐため、勤めていた県庁を辞め熊本から戻っていた。北海道大学農学部畜産科を卒業しており、英語はよく分かるが恥ずかしそうに話す「親しみの持てる人物」だった。十月の三度目の視察の際には、助手になってほしいとエンブリーが頼んだほどだ。愛甲は忙しくて難しいと断るが、「いつでも喜んで手伝います」と約束してくれた。愛甲は、小島ともども、夫妻が須恵村を調査地として決定する大きな要因となったわけだ。

　加えてもう一つの重要な偶然は、当時の農村地域では珍しく貸家があることだった。以前は雑貨屋兼宿屋だったその家の持ち主は、熊本市に引っ越すことになっていた。須恵村では珍しい瓦ぶき二階建てで、風呂が室内にあるなど、普通の農家に比べ外国人にも住みやすそうだった。「私たちはついによい場所をみつけることができたと思った」というエラの言葉から安堵感が伝わってくる。家の持ち主が十月下旬に結婚式を挙げるまで入居できないことや家賃交渉など気をもむこともあったが、村長が間を取り持ってくれた。

　ところで、日本研究者が、フィールドワークの対象地を選ぶ理由と実際の苦労は十人十色だろう。エンブリー夫妻のようなケースは珍しくないのかもしれない。

　エンブリーは、調査地とした須恵村を「代表的」「典型的」な村と位置付けている。稲作を基本に養蚕を副業としていること、商店や芸者屋がある二つの町（免田、多良木）と隣り合

ディスクハロー（まぐわ）で整地する愛甲慶寿家

右がエンブリー夫妻の居所。中央は覚井観音堂、その左に半鐘が見える

っていること、などが理由だ。その上でしかし、「須恵村の基本的形式は日本の農村に通じているものであるが、細部の項目ではたしかに球磨郡にだけ特色づけられているものがある」として、単純な一般化、普遍化には慎重な姿勢を保っている。エンブリーは特に「淫猥な歌」の「特殊な言い廻しや性の象徴」を挙げる。

これに関してエラは『女たち』で、「須恵村は、この国の村落のなかで典型的なものだったか」と自ら問い、「国全体の典型たりえないが、ほとんど同じ」と、エンブリー同様に一般的な共通性を認めている。一方で、須恵村の女たちの行動は「例外的」に思えた。事実、村に到着数日後のノートでエラは、近隣町村の人々が「須恵の結婚の習慣にはびっくりする」と話していることを紹介している。また、九州の調査地選びに同行した木村修三・九大教授は、村人のあまりにざっくばらんな振る舞いを見てビックリ仰天し、須恵村を調査地とすることに異を唱えたという。

二人はこうして苦労を重ねた末に須恵村にたどり着く。十月二十三日から多良木町の紀の国屋旅館に寄宿して移住の準備をするが、その際、旅館の主人の姪の山路八重子に彼女自身の一年間の日記を付けるように頼み、後に英訳が刊行された。

十一月二日、二人は正式に須恵村覚井部落に移住する。七日のエラのノートには、「昨夜、メイドが見つかった。彼女は高等小学校を昨年卒業した、ぽっちゃりして感じがいい十六歳の子で、頭が良く、みんなが推薦した」と、移住五日にしてお手伝いが決まったことが記されている。お手伝いは二人だったが、二人ともエンブリー家に住み込んで寝起きを共にし、食事を作ったりクレアの子守りをするだけでなく、村の習慣や出来事、噂話を伝える貴重な情報提供者でもあった。ほぼ同時にもう一人のお手伝いに決まり、エンブリー夫妻と間近で接した奥田モモエさん（一九二二〜）は、「村長と校長先生が家に頼みに来たので引き受けた」と述懐する。

「私は、日本に帰ることを熱望していた」

全国の候補地の中からエンブリー夫妻が須恵村を選んだ経緯を紹介してきたが、なぜ夫妻が日本を調査することになったのかという疑問にも答えておこう。

まず、当時の学問的状況が背景にあった。シカゴ大学では、一九三〇年代に、未開社会ではない一定の「文明」を対象とする研究が追究されるようになる。「コミュニティ研究」と呼ばれる、人類学の系譜の一つだ。文明の地といっても、あくまで都市ではなく農村であり、ロバート・レッドフィールドのメキシコ研究を先駆けに、「東アジア調査の一環」としての日本に広げられる中で実施された。中でも農民研究が特徴的で、エンブリーが調査地の選定条件の二番目に挙げた「稲作の村」は、そうした目的に沿って設けられたと考えられる。ロバート・スミスらの日本調査を指導したミシガン大学の人類学者リチャード・ビアズリーは、一九六四年版『須恵村』に追補された前書きで、コミュニティ研究に関して「シカゴ大学では、社会学と人類学の研究分野がほとんど共存と言っていいほど近い関係にあった」と指摘している。

大学の研究テーマとしての日本調査の要請の一方、エラは『女たち』のプロローグ「回想の須恵村」で興味深い打ち明け話をしている。

「……日本で野外調査がおこなえるかもしれないと最初にいわれたときに感じた興奮が、よみがえってきた。ジョンは、日本で調査するための助成金を申請していたが、それは、彼が研究を始めたころから日本に関心をもち、それまでに数回訪れていたからだけでなく、大きな理由は、日本が私にとって『故郷』であり、私が帰ることを熱望していたからであった。さらにいえば、私は日本語を流暢に話せた」。

エンブリーの調査地は必ずしも日本でなくてもよかったが、妻のエラが「帰ることを熱望していたから」日本を選んだという。大げさに言えば、二人が須恵村にたどり着いた「もう一つの隠された理由」である。結婚三年目、若い二人の睦まじい関係が目に見えるようだ。エンブリーは、須恵村調査の三年前、シカゴ大に移る直前の一九三二年夏に軽井沢に三カ月滞在しており、その経験も認められたかもしれない。二人の調査は、大学の目的に沿って企画された客観的な科学の地平で進められただけではなく、愛する妻の里心が絡み合った出来事でもあった。多くの条件が夫妻を導いたのだ。

それにしても、よくぞ二人は鹿児島や熊本の辺境まで足を運んだものだと思う。いくら二カ月間調査地が見つからずに「失望を繰り返していた」としても、である。自転車で須恵村に現れた二人の姿は、辺境に導かれて来た宣教師（開発途上国では、しばしば人類学者でもある）にも重なる。福岡日日新聞の記事によれば、エンブリーは、「最も不便で文化の恵沢にも余り浴していない農村を特に選んだ」と言う。不自由な生活を承知で敢えて須恵村に決定した心意気が伝わってくる。

とはいえ、二人は須恵村滞在中、たびたびエラの両親が住む東京に行っている。移住して十日後、十一月十二日のエンブリーのノートに「きょうエラが東京に出発」の記述が見える。この時はエンブリーは同行しておらず、エラは助手の面接を兼ね、クレアを迎えに行ったものとみられる。翌年一月十九日のエラのノートには「きのう、東京から戻った」とある。クレアを再び祖父母に預けることが目的だった。次は四月五日出発十五日帰村。七月十二日にも上京し、二十三日のノートには「横浜で十日間過ごした。葉山に滞在」との但し書きがある。折を見ての遠出はプライバシーのないムラ社会からの束《つか》の間《ま》の脱出であり息抜きでもあった。

しかし、二歳の娘クレアも含めた家族水入らずの須恵村での生活はわずか二カ月しか続かず、夫妻はクレアを再び東京のエラの両親の元へ帰すことになる。夫妻に決心させたのは、クレアの髪に付いたシラミだった。エラのノートによると、クレアにシラミが見つかったのは一月五日。それからすぐに「二人が須恵村にいるあいだ彼女を東京に連れ戻すことを決めた」(『女たち』)。

東京へ帰したのは、まだ幼いクレアにとって、冬の間、家が寒すぎる、新鮮なミルクが手に入りにくい、遊び友達からシラミをうつされる——など、生活環境の違いが原因だった。それでもその間、クレアは須恵村の子どもたちと日本語を話し、一年後にシカゴに戻り幼稚園に入るまで英語は分からなかったという。

ただエンブリーは、一九三六年二月十五日付のシ

部落のお堂でシラミ取りをする女の子たち

カゴ大への最初の調査報告で、クレアを東京へ戻したことは、結果的に調査の障害を除くことでもあったことを認めている。食事や衛生状態などに気を遣わねばならない幼い娘がいることで、「行動範囲を狭め……客観的態度を保つことができなくなっ」ていたからだ。

もっともエラは、シラミについて、「私はのちに、当時の私の考えはあまりにかたくな過ぎた、とよく思った。というのは、確かに村の子供たちは、ミルクの恩恵のないその地方の食事で、また冬のあいだ中、洟をたらして、いつも虱《しらみ》をわかせていたにもかかわらず、強く健康に育っていったからである（すべての子供が虱を持っていたし、その母親もそれから免れていたわけではなかった。事実、私の長い髪から虱を取りのぞくのに長い時間がかかった――これはもう一つの腹の立つ迷惑な事柄だった。そして、東京の私のあわれな母親も、私が赤ん坊をおいてきてから、同じく迷惑をこうむった）」と、笑いを誘うエピソードを交えながら、やや反省を込めて述懐している。

「村人たちはなんらの疑惑ももたなかったが、真の意図を疑う官憲もいた」

食事も習慣も言葉も異なる農村社会の生活環境が、夫妻に大きなストレスを与えたことは容易に想像できる。特に住居の違いは悩みの種だった。トイレに便座を設けるなど「多くの改造」をしたが、もちろん水道もガスもなく、水は井戸からバケツで運んだ。冬は「ただウールの下着を重ねて着るしかなかった」し、夏には「暑さと蚊と『下肥《しもごえ》』のしみ通る臭いとがあった」。

そんな須恵の暮らしに溶け込む努力をする一方、エラは、「まったくプライバシーがないということは、とても受け入れがたいことだった。だが、私たちはそれを我慢しなければならなかった」と本音を漏らしている。アメリカとの関係が悪化しつつあった当時、二人に対し「村人たちは……なんらの疑惑ももたなかった」が、一部にはスパイと疑う目もあった。「私の真の意図を疑う官憲」（『須恵村』）もいた。二人のノートには、警察官がしばしば二人を職務質問する場面が描かれている。

しかも二人は、いわゆるお坊ちゃまとお嬢様育ちである。『須恵村』の書評の中で、鈴木榮太郎は、エンブリーが農村調査の助言を請いに訪ねて来た時、二人が短期間に「日本の村の心」を理解することは困難だと思い、「正直なところそれは断念したがよいといいたかった」と告白している（「社会人類学上の研究としてのエンブリー氏の『スエ村』と日本農村社会学」一九四〇年『民族学研究』6巻3号所収）。逆に言えば、そんな二人なのに、よく一年間、多くの不自由に耐えて村の暮らしになじんだものだと感心せざるを得ない。

エラがフィールドワークの方法を学んだマーガレット・ミードは『サモアの思春期』で、長老の集まりよりも子どもたちの遊びの輪を優先し、現地人の言葉を話し同じ物を食べ「私は、彼らとの相違点を最小限にするように努力した」と記している。調査時のミードは二十四歳の若さ。二十六歳のエラもミードと同じ思いだったに違いない。

それは、アフリカや南アメリカを調査した当時の著名な人類学者らが、現地人を「土人」（ブロニスラフ・マリノフスキー）呼ばわりしたり、「調査を妨害する達人」（エヴァンズ・プリチャード）などと口汚くののしっているのと対照的だ。それに比べれば、エラが日本語を話し、文明開化を経た「半開発国」の日本の調査が恵まれた環境で行われたことは確かだ。おまけに、須恵村の人々は好奇心に満ち、自由に何でも話す類を見ない親密さを持ち合わせていた。

ただ、日本語の達者なエラであっても、「この地方の方言であるきわめて特殊な球磨弁に慣れなければならなかった」。事実、ノートには球磨弁の学習の跡が随所に見られる。『女たち』の日本語訳の会話は球磨弁が使われており、臨場感いっぱいだ。翻訳者によれば、まず標準語で訳し、その上で熊本出身の学究に球磨弁に修正してもらったという。

最初は夫妻を怖がった須恵村の住民も、次第に打ち解けていった。受け入れられた理由として、橋の架け替えや堂の建て替えの寄付など、金銭的な負担を惜しまなかったこともある。エラは「葬式の準備を手伝ったら、村人は心を開いてくれた」と振り返るが、そうした貢献以上に、もちろん二人の人柄あってのことだ。そうでなければ、エンブリーの死後、エラが二度も村民から招待され大歓迎を受けることはなかっただろう。

ちなみに、シカゴ大学からエンブリーに与えられた調査費は三千ドル（当時の円換算で約一万円、一円が現在の三千円として概算で三千万円）だった。このうち、アメリカからの旅費を除く二千百二十ドル（約七千六十円、現在の約二千百五十万円）が、通訳の助手と二人のお手伝いへの報酬、数度の東京への旅費を含む一年間の生活費となった。帰りの旅費は別途八百八十ドルが追加されたという。『須恵村』によると、最も裕福な当時の村長の家計費が年二千八百四円なので、その二・五倍、村内で最も低い平山部落の平均五百四十二円の十三倍に上る。

遺された「タイムカプセル」

夫婦二人三脚による調査の成果が『須恵村』と『女たち』だが、この二冊の書物のユニークな関係にも触れておく必要がある。

『女たち』の誕生には、エラと共著者ロバート・スミスとの、これも偶然の出会いがあった。須恵滞在から三十年後の一九六五年夏、スミスが文化人類学を教えるコーネル大学があるニューヨーク州イサカでのことだ。エラは、「イサカにはエンブリーの妹（エドウィナ）が住んでいた。彼女の夫は人類学者でジョンを知っていて、あるパーティにたまたま私とスミスが招かれていた」と回想している。

　スミスは、コーネル大で文化人類学の博士号を取得し一九六三年に教授に昇格。フィールドワークに基づいて日本の農村共同体の変容を研究し続け、アメリカのアジア研究協会長も務めた。二〇一六年十月にイサカで死去、八十九歳だった。邦訳された主著だけでも、『女たち』のほか『現代日本の祖先崇拝——文化人類学からのアプローチ』、『来栖《くるす》——むらの近代化と代償』、『日本社会——その曖昧さの解明』がある。

　スミスは、一九五一年から香川県塩江町（現高松市）の来栖部落で日本人の妻を伴い調査を行うが、訪日を前に『須恵村』を読み、エール大学にいたエンブリーに会いたいと思っていた。しかし望みはエンブリーの死で断たれる。そんなスミスと出会ったエラは、「忘れ去ってしまっていた」須恵村に関する資料を持っていること、それを利用したいと思っていることを伝えた。資料は、エンブリーの死後、ニューヘイブンの友人宅の屋根裏で保管されていた。

「まるでタイムカプセルを開いたときのように感じた」。数週間後にエラから膨大な資料の箱が送られて来た時の気持ちを、スミスはそう述懐している。

『女たち』の共著者で編者のロバート・スミス

　箱の資料には、当然二人のノートも含まれていた。日本で調査地選びを始めた一九三五年八月から始まるエンブリーのノートは千二百七十六ページに上ったが、十二月十九日まではエラの記述も併記され、最後の日付は横浜を発つ前日の翌三六年十二月六日だった。また、エラ独自のノート千五ページは三五年十二月二十日からスタートし、須恵村を離れた翌々日の三六年十一月四日が最後となっている。

『須恵村』を何度も読み返し、またエラのノートにも目を通したスミスは、それが『須恵村』の参考にされてはいるが、大部分は使われていないことを知る。

須恵村を訪れたことがないスミスは、エラのノートをどう生かすか、出版を前提に考えた。スミスは、「行動の観察」に基づいたエンブリーの記録に比べ、エラのノートにはムラの女性たちの「生の声」が採録されていることに新鮮な驚きを覚える。『須恵村』が「重要な話題は全て含まれているが、私が思い出すような人々はあまりいない。須恵村の人々は影が薄く、個々人の声はぼんやりしている」のに対し、エラのノートは「コンサートに組み入れられる素材の断片を私たちに与えてくれた。そこには、人前では決して演じることがない女性たちによるたくさんの歌や口笛、舞台裏のハミングがあった」とスミスは感じた。

エラとスミスは「一九七八年の秋から冬にかけて」エラが住むホノルルで出版に向けた作業に集中。スミスがノートを初めて目にして十七年後の一九八二年に共著として『女たち』が出版されるが、エラとスミスの出会いと協力がなかったら日の目を見ることはなかったに違いない。

「ジョン・エンブリーの須恵村の研究は、すぐれた構造分析である。エラ・エンブリーの日録はそれを完全なかたちで補っている」。こうして誕生した『女たち』の「はしがき」で、スミスが評した言葉だ。鶴見俊輔が『女たち』の書評「本のうしろにもうひとつの本が」で、「エンブリー著の『須恵村』はすぐれた本である。しかし、この本の土台となった夫妻（とくに夫人）のノート・ブックが発表された今となっては、『須恵村の女たち』とあわせて読まれることが望ましい」と述べた通りである。

フィールドノートを分析し、男性を中心とした「村の機能と構造」を描いたエンブリーの日本農村論

『須恵村』に対し、ノートの生の息遣いを残したまま、特に女性を通じて「村人の個々の暮らし」を描いたエラの農村女性・家族論としての『女たち』。時に夫婦連れ添って村の行事に参加しながらも、二人は独自に振る舞った。それぞれ不足する部分を補い合う二冊の書物を併せ読むことで、当時の日本の村の多様な表情が浮き上がってくる。

当初はエンブリー同様にムラ社会をテーマに調査するつもりだったエラは、女性研究に軌道修正した理由について「須恵村の女性たちがとても親しみ深かった」ことを挙げている。エンブリーも、シカゴ大に送った最初の報告の中で、「エラは、ほとんどの社会的な生活規律を主婦たちとの会話という方法で採集していた。多くの酒宴が彼女たちと親しくなることを助けた」と記し、自分とは違った妻の調査方法を尊重していたことを明かしている。

『須恵村』にとってエラのノートが不可欠だったように、『女たち』にもまたエンブリーのノートが重要な資料だった。確かに『須恵村』には具体的な村民の姿、個人名や話し言葉がほとんど登場しない。しかし、エンブリーのノートには、確かに村民の会話は少ないが、人物はふんだんに登場する。スミスは、『女たち』を編集する際に、エンブリーのノートからも随所に引用し、エラの記述を補強した。

例えば、『女たち』の「離婚」の一節には、「ジョン・エンブリーの報告はより短く、数人の男の話にもとづいている」が、「日録には、より詳しい記述がある」などと、ノートから実際のエピソードを四回も引用。決してエンブリーが村民と距離を置いていたわけでも、アカデミックな取材をしていただけでもないことが分かる。エンブリーは主として男性を、エラは女性を話し相手とした違いはあるが、夫妻ともに十分に村民の中に溶け込んでいた。

調査を支えた若き日本人助手

ところで、須恵村での二人の活動、特にエンブリーの日本語理解に欠かせなかったのが、通訳兼翻訳者の佐野寿夫《としお》だ。エラと違ってエンブリーは「日本語の知識は断片的なもの」だった。通訳としての助手の手腕が、調査の成功を左右すると言ってもよかった。

夫妻は、調査地を須恵村と決めた後、ラドクリフ＝ブラウン教授に東京で助手を探すよう勧められていたが、二人の調査が知れわたると「たくさんの（助手の）応募者から手紙がきた」（エラ）という。須恵村に移り住んだ後、一九三五年十一月に東京外国語学校（現東京外国語大）を訪れ、卒業予定の学生と面接。その中から、英語が達者で調査に興味を持った「二十代初めの恥かしがり屋の青年で、村には住んだことがない」佐野を採用した。十二月に佐野が須恵村に到着すると、エラはエンブリーの通訳をする必要がなくなり、「女性と子供に関する自分の資料」の調査を始めた。それまでは一冊だったノートも、十二月二十日以降は夫妻それぞれが付けることになる。エンブリーは、「私の影法師」である佐野について「講演や村の記録のつらい翻訳や、昼夜にわたる彼の尽力に私は深く感謝している」と書いている。

内海孝・東京外大名誉教授の小論「日本研究者エンブリーの通訳――高知県人の佐野寿夫というひとについて」によると、佐野は一九一四年二月十二日、高知市に生まれた。親に無断で東京外国語学校を受験、在学時は家庭教師などで学費を捻出して勉学に励んだという。一九三五年三月に卒業するが、当時は就職難のどん底時代。一年間とはいえ、エンブリー夫妻の助手の仕事はありがたかったに違いない。

エラは佐野について、「かれは農民たちの卑猥な振舞に、たやすく動揺し、宴会のときには男たちからは情け容赦なくからかわれたこともあった。しかし、ついには誰ともうまくやっていけるようになって、

エンブリー夫妻と佐野（エラの右隣）

かれは私たちと同じように、村の人びとに受け入れられていったのです。家では、私たちの家族の一員でした」（『女たち』）と懐かしんでいる。特にその純情について同情的な記述はほほえましい。「かわいそうな佐野（ジョンの助手）は育ちのよい青年で、村人たちが冗談をいい、歌ったり踊ったりするたびにショックを受けている」。夫妻のノートには頻繁に「Sanosan」が登場。夫妻と一緒に着物に下駄姿の佐野が写ったものなど数枚の写真もあり、優しそうな風貌がエラの描写を裏書きしている。

　須恵村を離れた後、佐野は東京実業学校の英語教師、高知商業学校教諭などを務め、日米戦争勃発まで夫妻との文通は続く。だが一九四四年六月、結婚四カ月後に二度目の出兵、乗船していた輸送船が十月にフィリピン沖でアメリカの潜水艦の魚雷攻撃を受け、三十歳で亡くなった。戦争は、アメリカによる日本研究の橋渡しをした貴重な命を奪った。エラは一九五一年の須恵村再訪時にその死を知る。

　須恵には今も佐野を覚えている人は多く、エンブリー家の手伝いだった奥田モモエさんは、「夫妻が洋装だったのに、佐野さんはいつも二部式（上下）の着物を着ていたので感心していた。優しくて大人しい人やった」と話す。

　夫妻は、こうして調査の条件を整え、須恵村での調査を滞りなく進めることになる。

第三章　「はじあい」のムラ

「協同活動は人々のグループの自発的な行為なのであって、協同を強制せしめるようなボスがいて行われるのではない」（『須恵村』）

文化の基底としての「協同」

エンブリーの『須恵村』の主たるテーマが、助け合いや支え合いを意味する「協同（co-operation）」であると解釈するのは、私の独断かもしれない。エンブリーは、須恵村に移住してすぐに「部落内の協同は顕著な特色」と気付くが、『須恵村』が協同をテーマにした本だと明記されているわけではない。

だが、『須恵村』の章立てを眺めただけでも、「村落の構造」「家族と世帯」「協同の諸形態」「社会階級と団体」「個人の生活史」「宗教」「須恵村の社会組織における外観上の変化」と、第一章を除く二章から最後の八章まで、どれも人と人、人と自然の「協同」を描いた内容となっていることが分かる。

例えば、後で紹介する部落の「組」や「ぬしどり」「講《こう》」、あるいは全てが精神的な協同によって成り立っている年中行事や祭りがある。また、家族と世帯は、部落や組を支える基本単位だ。「贈り物のやりとり」つまり贈答もまた、協同の重要な要素であることは言うまでもない。それほどムラの協同はエンブリーの心を揺さぶった。

師であるラドクリフ＝ブラウンは、『須恵村』の紹介文で「一国の文化は、……真にこれを理解しようとするならば、文化の基底は一般民衆の日常生活を貫いていることを想起せねばならない」とした上で、『須恵村』が「日本の村落では一般の男女がどういうような日常生活を営んでいるかという実態を、エンブリー博士が本書において観察し、記述している」と評価した。「文化の基底」。エンブリーは、「協同」が日本の一般民衆の文化の基底を成していると確信したに違いない。

イギリスの社会学者ロナルド・ドーアが、戦後の農地改革を鋭く分析した名著『日本の農地改革』（一九五九年）で、「自立と協同」の章を設け「もともと、日本は伝統的に、個人主義というより協同社会である」と見立てたのも、『須恵村』をもとにしてのことだった。ここでドーアが、「集団主義」と言っていないことに留意したい。

まず「協同」とは何か、ざっと追ってみたい。

エンブリーが「協同」を描くことに熱心に見える理由には、ラドクリフ＝ブラウンの研究の方法が影響していると思われる。人類学における構造機能主義という理論を確立したブラウンは、「まずここ（調査）で要求されるものは、一定の社会構造の内部に立ち入って個々の男女、子どもの生活実態に関する知識である。社会慣習の機能が具体的に直接に観察できるのはわずかに個人の日常生活とその相互関係についてだけである」と、エンブリーの須恵村滞在の必要性を訴え、こう述べる。「『社会構造』という用語は、ときたま明確な定義もなく用いられているが、ここでは、個々の人間を結びつけるところの直接的なまた間接的な社会関係の網状の組織をとくにさしている」。

「社会構造」が「社会関係の網状の組織」であるとすれば、それは「協同を支える仕組み」と解釈できる。エンブリーも、「社会の概念を、単位としての個人についての諸関係の組織網と考えておくことが望ましい」と述べている。協同あっての社会。こうして、『須恵村』には、一貫してムラにおける「協同」の姿が描かれることになる。

「協同活動は人々のグループの自発的な行為なのであって、協同を強制せしめるようなボスがいて行われるのではない」という言葉が、ムラの「協同」とは何か、その本質を突いている。すぐ後に「地方の社会形態にボスとか親分とかがいないのは注意される」などと、部落を運営する組や「ぬしどり」という住民組織について、「ボスがいない」「頭はいない」との表現が何度も繰り返されている。部落の「自治」を強調するエンブリーの意図が見える。

そこにはムラの、いかにも平等な自治が想像されるが、実際にどこまでそうだったのか。

むろん須恵村にも村長や校長、地主階級の指導者は当然存在した。あるいは村の世話役としての「ぬしどり」や長老が「ボス」的な存在だったことも考えられる。エラのノートには、「多かれ少なかれ、自分をボスだと思っている夫人」がいたという記述もある。しかし、エンブリーは「ボスはいない」と感じた。

それは、ムラが身分や家父長制を軸とした縦社会である一方、横のつながり（協同）が縦の関係を維持するためにも不可欠だとエンブリーが気付いていたからに他ならない、と私は思う。一部の識者のように、日本を縦社会の文化と決め付けることは一面的すぎるだろう。

協同の目的は、「利他的な共通の利益」のほかに「やむにやまれない原因」や「経済的必要というような動かし難い事実」もあった。徐々に貨幣経済が広がる中、まだ貧しい須恵村のこと、田植えや道普請、橋の建設などの事業には人手が要るが、人を雇うと費用が掛かるので「何らかの助け合いの協同の形態」が必要になってくる。さらに、そうした事業のためだけでなく、「部落民を協同作業とその後の宴会を通じて結合させることによって、彼等の公的生活をつよめていくのである」。協同と言えば美しく響くが、エンブリーは部落生活の弱さや欠陥を補うためにできた関係性という側面も見逃さない。

一方、エラは、表向き男によって管理されている女性たちの協同に強い関心を抱いた。

「これらの女たち――その大部分は、結婚によって共同体に入ってきた、よそ者である――が、かなりの程度、経済的な結びつきを形成し、労働をともにし、まったく女たちだけの友情のきずなを固めていたことを無視するのは誤りであろう。このような紐帯《ちゅうたい》を注意深く育てることによって、女は他の女たち――緊急のときにはいつでも呼び出され、ある女の家で家族員だけが提供できるよりも多くの人手を必要とするときに、手助けにいく――とのネットワークを作りあげたのである」。

それは単に精神的な支え合いに終わらない。

「女たちは、それぞれ、集団として、町の市場に農産物を出し、野良仕事に雇われ、わずかの収入を得るためのさまざまな活動に従事していたが、これらの集団はすべて、まったく非公式のものとして組織されていた。これらの経済活動のどれもが、男の活動のように、家族の財政的福利にとって決定的に重要なものではないが、それにもかかわらず、彼女たちは男の活動の重要な補足をなしていたのである」。

それらは、男が知らないヘソクリに化けていたかもしれない。エラが言う「非公式の組織」としての女性たちのネットワークが生み出す、家事労働などとはまた違う形の「シャドー・ワーク（影の労働）」と言っていいだろう。同性としてのエラの共感は深まっていった。

そうした協同と支え合いのありようを、須恵では特に「はじあい」と言う。

「はじあい」の語源

『須恵村』にも『女たち』にも「はじあい」という言葉は登場しない。ほぼ同じ意味の用語として「協同」が使われている。ただし、「はじあい」が精神的な色合いが強い言葉であるのに対し、「協同」は精神であるとともに行為や実践を含む言葉だ。本書では適宜「協同（はじあい）」「はじあい」「協同」などを使用するが、厳密な違いはないと思って読んでいただきたい。

この「はじあい」について、評論家の草柳大蔵は『日本人への遺言』でこう説明している。

「鎌倉時代にこの村（須恵村）一帯を統治したのが、人吉城《ひとよし》を築いた相良氏《さがら》で、この武将が鎌倉から来るとき臨済宗の僧侶も帯同してきた。禅宗の雲水の間では、お互いに助け合う、力を合わせて仕事をすることを『把持《はじ》する』という。それが須恵村の人びとの間にも使われるようになり、『次の運動会には五年生がはじあってマスゲームをやろう』とか『有機農業の野菜をスタンドで売ってみようと思うが、地区ごとにはじあってはどうか』とか、すっかり日常語になってしまった」。

草柳は、あさぎり町の隣の錦町の小学校長だった姉川精道《せいどう》氏（故人）の説だと断っている。しかし、「把持」説には異論もあり、「元々、はじゃあと言っていた。『あそこは、はじゃあの良か』とか。把持はこじつけではないか」と話す人もいる。「はじゃあ」は球磨弁独特の語尾変化である。また、「はじ」は「恥」のことだとして、「自分の恥ずかしいことも言い合える仲」という説もある。

語源ははっきりしないが、「支え合い」「助け合い」「分かち合い」あるいは「協同」「協力」などの意味で使われていたことは確かだ。年寄りは「子どものころも使っていた」と口をそろえ、戦前にも使われていたと思われる。

六月、小麦を収穫した後の脱穀

草柳は、「はじあい」に関連して、須恵村は老子が説いた「小国寡民《かみん》」のようだ、と書いている。「人口が少ない村で、人々はその村の生活に満足して暮らしている。……のどかな光の中で、毎日、小さな国の平和を楽しんでいる」。語源はともかく、草柳が描く「はじあい」のイメージは納得できる。『須恵村』のテーマを、「協同（はじあい）」と読ませる根拠は、もちろん『須恵村』と『女たち』そのものの中にある。エンブリーに、そしてエラにそう思わせ、書かせた要因は何だろうか。

私はそこに、夫妻と須恵村の村民との、互いの「はじあい」を見る。村民同士の「協同」「はじあい」ももちろんあるが、エンブリー夫妻をいっそう強く揺さぶったのは、夫妻に対する村民の「はじあい」の心だったのではないか。人類学者の立場から客観的、分析的に書かれていながら、行間に滲む村民に対する愛情が、そう読ませるのだ。そこには、村民がエンブリー夫妻と、夫妻が村民と、相互に築き合った「はじあい」の関係があった。

人類学者が異文化社会を調査するとき、そこの人々と一定程度、親密になる必要があるが、そうでないケースが多いことは、先に紹介した通りだ。しかし夫妻と須恵村民との関係はまったく違った。エラは戦後も三度須恵村を訪問し、「はじあい」の関係は続いた。今も、横浜外国人墓地にある夫妻の墓を訪ねる須恵の人々がいるという事実が、それを証明している。

「部落生活の特色は協同活動と贈り物のやりとりである」

では、エンブリー夫妻が見た須恵村の協同は、具体的にはどんな内容だったのか。

協同は、家族や親族の血縁集団と、部落という地縁集団の二つのグループ内に通い合う関係である。エンブリーが「基本的社会構造は世帯と部落である」と言う通りだ。部落は世帯によって成り立っているし、血縁と地縁は入り混じっている。
まず、協同の主要な舞台である須恵村の部落について見ておこう。

当時、須恵村には十八の部落があった。エンブリーは、「部落はかつては独立した社会」であり、「今日も公的でない部落の長と宗教的中心があって社会的にはかなり独立している」と、部落の独立性を強調している。村との関係については、各部落は「共通の村長、役場、村社、そして時には共通の小学校と農業委員によって結合されている」。

エンブリーは、部落を「各々約二十戸からなる自然的共同社会で、歴史的には社会的、経済的単位がこれである。村民は村とも呼ぶ。部落にはその長『ぬしどうり』があり、葬式、祭礼、道路、橋梁などについて協同作業の基盤に立って部落で世話がなされる」と説明している。また当時、一つから四つの部落から成る八つの行政的な「区」が存在した。

当時の八区と十八部落は、①上手《おあで》（今は「うわで」と表記するが、「おあで」と発音する人が多い）区に石坂、上手、加茂の三部落、②覚井区に覚井部落、③今村区に今村、屯所《とんところ》の二部落、④阿蘇区に上阿蘇、中阿蘇、諏訪原《すわのはる》、湯原《ゆのはる》の四部落、⑤平山区に平山、中の谷、舟尾の三部落、⑥浜《はま》の上《うえ》区に浜の上、田《た》代《しろ》田《だ》の二部落、⑦中島区に中島、古城の二部落、⑧川瀬《かわぜ》区に川瀬部落——である。

エンブリーは村中の部落をくまなく歩き回り戸籍調査を行った。ただ、人口や職種など各種の統計を取った部落は、全十八部落のうち川瀬、中島、上手、今村、覚井、湯原、平山の七部落としている。その上で、この主要な七部落に屯所を加えた八部落の特徴を整理し、古くからある「稲作（水田型）部落」（川瀬、中島）、「丘陵部落」（上手、今村）、「商店部落」（覚井、屯所）、「山の部落」（平山）——の四類型と、「新しい部落」（湯原）の計五つに分類している。的を得たこの分類によって、性格が異なる部落を比較することができるとともに、近代化に伴う部落の変化の様相も浮き彫りになっている。

現在は、戦後の開拓部落である松尾を含め十四の部落があり、合併後に覚井、屯所、阿蘇、寺池の四行政区に統合され、各部落は班という位置付けになった（次ページ表参照）。しかし、冠婚葬祭など生活に密接に関係する行事では、今なお行政区よりも部落ごとに活動することが多いのはエンブリー時代と変わらない。私も、須恵の暮らしに実際に触れて、確かに物事が部落単位で動いていることを実感した。

続いて『須恵村』では、部落の暮らしの中で展開されるさまざまな協同の具体的な仕組みが取り上げられている。

覚井にあったお菓子屋

エンブリーは、「部落生活の二つの顕著な特色は、協同活動と贈り物のやりとりである」とした上で、「須恵村の最も重要な協同形態」として、①組による当番制、②協同作業、③手伝い、加勢（家屋の建築、非常事件、葬式の場合）、④かったり（交換労働）、⑤信用組合（講）――の五項目を挙げている。加えて、別に紹介されている「贈答」も協同の一つと考えていい。

私が相互扶助的な須恵の暮らしに接する中で、当時と変わらず非常に重要な役割、機能を果たしていると思ったのが、「組」と「ぬしどり」と称される二つの自治の仕組みだ。「ぬしどり」は五項目の中にはないが、組と同様に祭りや葬儀を毎年いつも通りの段取りで行うための世話役で、部落の人々の暮らし全体をスムーズに運ぶ協同の制度である。

1936年当時の須恵村の部落

区	部落
上　手	石坂、上手、加茂
覚　井	覚井
今　村	上阿蘇、中阿蘇、今村、屯所
阿　蘇	諏訪原、湯の原
平　山	平山、中の谷、舟尾
浜の上	浜の上、田代田
中　島	中島、古城
川　瀬	川瀬

現在の須恵地区の部落

区	部落
覚井	石坂、上手、覚井、今村
屯所	屯所、湯原、浜の上
阿蘇	阿蘇、諏訪原、平山、松尾
寺池	中島、竹原、川瀬

組——当番制の自治システム

『須恵村』では、まず「組」の仕組みが紹介される。「部落はさらに社会的にみて、部落の祭礼や行事に活動する『組』のグループに細分される」。部落ごとの組は「三ないし五世帯の小グループ」で構成される当番のことで、組ごとの全員の名が書かれた「番帳《ばんちょう》」がある。番帳は、主として木製の板でできている。

組の活動の例として、今村部落の薬師堂で年に三回開かれる「薬師さんの日」の様子が描かれる。

「当番の組の者は——番帳は戸主名を記し、組の仕事は妻とか母とか娘、女中とかがする——祭りの前日に堂の掃除をし、当日は参詣者に茶や豆の接待をする。普通は当番のメンバーのうち、午前は二人、午後も二人が担当することになっている」。

番帳には形式的に男の名が記されているが、組の活動は女性抜きでは考えられなかった。「接待」する組の当番を「亭主前《てすまえ》」と呼び、招かれる客分は「客前」という。観音や地蔵など部落の他の祭り当番でも同じ呼び方をす

組の当番が記された今村部落の番帳（筆者撮影）

るのは今も同じだ。

「薬師さんの日には部落の全員と、部落外の多くの人が御堂に参詣にきて、薬師様に賽銭を上げ手をあわせ、拝礼して二、三度祈りをつぶやく。それから組の接待を受け、お盆に銅貨を入れていく。その日の終りに賽銭は集められて、部落のぬしどうりのもとへ持参される。ここで御堂の経費を考えて修繕などの費用に使う……。番帳は翌年の次の順番の組の家に申し送られ、台所にかけておかれる」。

部落の祭りは組によって運営され、舞台となる堂も組の組織で維持される。部落ごとの寄り合いである「伊勢講」もそうだ。こうした「宗教的行事」のほかに、組による「経済的な諸労働」として、「ちざし」、用水組合、「髪油をつくる」ための女性だけの組、養魚池の夜回りがあった。

春や秋の農閑期に行われる「ちざし（血差し、血刺し）」は、多良木《たらぎ》町の獣医が須恵の部落に来て、木枠に馬や牛を入れ、ぼろで包んだ熱い鉄で馬の体をこすり治療する、というもので、同時に蹄鉄を修繕した。牛馬のうっ血《けつ》を除き血の巡りを良くする健康診断のようなものだ。終われば酒宴。獣医には馬については米一升、牛は五合が支払われた。各部落には、ちざしの組と番帳があった。

用水組合は、「毎年用水の溝を掃除し修理するが、当番の組はこの作業日を定め、組合員に知らせる義務があり、組合員の妻は食事の用意をし、作業が終ると組合員の家で宴会が催される」。用水路管理の協同作業で、川瀬と今村の例が紹介されている。今は屯所部落に残っている。

髪油作りは、椿の種を圧縮して油を搾る作業を女性の組が協同で行う。『女たち』では、「彼女たちは、髪油を、自分たち用にいくらか取っておくが、売るために作っている」とし、三〜五人の組が圧縮設備を持っている組員の家で作業する様子や終了後の宴会を紹介している。覚井の愛甲ツルさんは生前、「義母がよくエラさんに髪油をつけてやっとった」と、思い出を話してくれた。

春・秋の農閑期に行われた「ちざし」(馬の健康診断)

養魚池は川瀬にある親水公園を指すと思われ、数年前までエンブリー時代と同じように魚のつかみ取りが行われていた。

葬儀の際には、協同で取り組む葬式組が重要で、その目的は「浪費の多い葬式をする競争を避けること」といい、ここでも「頭がいない」ことと毎年交代する「当番制」であることが特に強調されている。階級社会の当時のムラにあって、その平等な半面にエンブリーは光を当てた。

組は、明治になって廃止された江戸時代の「五人組」に似たシステムとされる。五人組は、「幕府が農民にその土地で、正直、質素を旨とし、勤勉に農事にはげまさせる手段として仕組んだものである」。加えて、「(五人) 組の構成の各員はその行動について、ことに犯罪に対しては共同責任を負わされた」強圧的なものだった。しかしエンブリーは、「いまではそ

椿から髪油を採る女性。油はくさびの台木の下のたらいに滴る

の組織の強制的意味は、法的というよりは、かえって社会経済的必要性からみちびかれている点で違っている」として、須恵村の組の質的な違いに触れている。

だが、戦時色が濃くなった一九四〇（昭和十五）年に、政府は国民統制のための組織として「隣組」を設置。近隣十戸ほどで構成する全国百二十万の隣組が、政府の意向を上意下達し住民生活を監視し合った。エンブリーが描いた自治的な組が、『須恵村』刊行直後に当時のファシズムと軍国主義に隣組として利用されたことになる。しかし須恵村の組の本来の機能は、戦後の一九四七年に廃止された隣組とは似て非なるものだったことは確認しておきたい。

そんな組の仕組みが、「政府指導の諸変化にあってまさに崩壊しようとしている」ことに、エンブリーは危惧を抱いた。しかし、戦後七十年を経た今日もなお、組は共同体に対する批判や高度成長以降の社会の激変を潜り抜けて須恵のどの部落でも引き継がれ、生きて機能している。「なくなろうとしている例」としてエンブリーが挙げた商店部落の覚井でもしっかり残っている。残っているどころか、組が今もムラの日常を支えていると言っていい。

そして、組という制度が、住民自らの意思によって「みちびかれている」、まさに住民主導のシステムだという点にこそ、今日的な意義を見るべきだろう。はじあいをシステムとして保つ「組」と、はじあいを妨げかねない「五人組」や「隣組」。時代と地域によって目的が異なる「組」があった。ルース・ベネディクトは『菊と刀』で、『須恵村』を引用しながらも、これらの「組」を混同したまま「今日の農村ではほとんど機能を果たしていない」としている。エンブリーにしてみれば、実状を知らない臆断でしかない。

ぬしどり――甲斐甲斐しき世話役

「組」と並んで重要な機能を担うのが、「ぬしどうり」である。『須恵村』でも「nushidōri」と表記され、この地方独特の言葉だ。今は「ぬしどり（主取り）さん」と呼ばれ、「う」は発音されない（本書では、『須恵村』からの引用は「ぬしどうり」、その他の場合は「ぬしどり」と表記する）。

葬式の準備が終わり葬儀が始まる前に飲食する部落の手伝い人

「部落には『ぬしどうり』という長（時には二人か三人のこともある）がいる。部落内の家長間の話しあいで選出され、任期は二年とされている」。行政的、公的な区長とは別の制度であり、「行事の親方というよりは世話人」である。ここでも「親方（ボス）」ではないことが強調される。

ぬしどりの仕事は、葬式の準備・監督、道路清掃の日時の指示、部落財産の管理、休日の宣言などである。舟とか橋の修繕などには特別のぬしどりがいて、部落のぬしどりと協同で作業することもある。

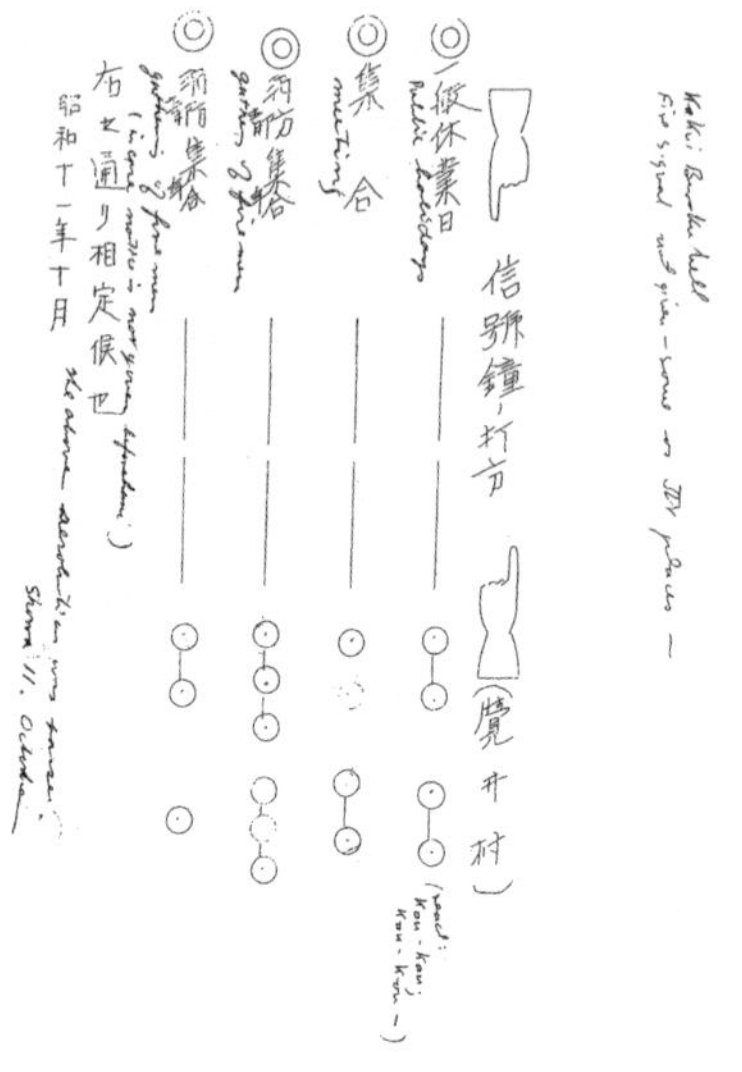

半鐘の打ち方に関するメモ(エンブリー自筆の英語の書き込みがある)

ぬしどりは、村民に何かを通知する時や危急の際には、板木《ばんぎ》か拍子木《ひょうしぎ》、あるいは半《はん》鐘《しょう》を鳴らして知らせる。その打ち方のスピードと数によって、①火災、②協同作業の集合、③事件に関する討議の集合、④休日——の情報が部落に伝えられた。

エンブリーは、「非常の際」である葬儀でのぬしどりの役割を詳しく述べている。「部落に死人があったときも、『ぬしどうり』に知らされ、彼は部落にこれを報せる」。まず住民への通知、役場への死亡届提出、葬儀の準備の手配を行う。

ぬしどりから連絡を受けると、親類から米、焼酎、葬式用の幕が贈られた。部落の各家（葬式組）からは女性が出て台所の手伝いをし、弔問客にお茶や豆を接待する。結婚式や入営などの送別会のような大きな宴会でも、「女や娘が自発的にその家の主婦のために」手助けした。エンブリーは再三、自発性を強調している。

男は庭で棺桶の装飾品作りなどの準備をする。さらにぬしどりは、「遺族とか、葬式に必要な物とか、棺桶や葬儀用具は免田に買いに行くとか、また家でつくるとか相談をする。部落の手伝い人——大抵は青年である——に『ぬしどうり』は墓を掘る者や棺を持つ者を指名する」。部落の協同が最も発揮される場面である。悲しみにくれる遺族は、来客に会うほか何もしなくてよい。なぜなら、部落の隣人は「親類の人たちがその行事を間違いのないように行うために働く」からだ。

葬式が終わると、手伝い人は棺を肩に担ぎ、列を成して部落の墓場に行く。墓場での式が終わると、棺の担い手が墓を埋め、墓標を立てる。一族の者が入棺して最後の料理を食べ、僧侶と盃を交わしている間、手伝い人は庭や納屋で飲食する。「親類と部落の手伝い人とのこの差別的待遇は、家の建築の時に見られたものに似ている」。親類は贈り物を持って来るからだ。ぬしどりは、手伝いに来てくれた全員の名と持って来た米の量を記録する。遺族は後日、これを基にお礼に回る。

今村部落の葬儀

現在もほとんどの部落にぬしどりが存在する。川瀬のように区長がぬしどりを兼ねている部落もあるが、基本的には役職の兼務を避けることで、家々の公平平等を維持しようとする自主的な相互扶助装置であることに変わりはない。しかし、共同体の紐帯がまだ強かったエンブリー当時に比べると、その役割は減少した。

なお、『女たち』でエラは女性が担う組には触れているが、男性が受け持つぬしどりは登場しない。エンブリーとの関心の違いが表れている。

組やぬしどりが、ムラの統一や「はじあい」を維持する仕組み、制度だとすれば、未来に引き継がれる先祖や命の営み

観音祭りの日の部落の堂。参詣者にはお茶と豆が出された

を感じるはじあいの場がお堂である。「どの部落にも『御堂』がある」。日本語訳では「御堂《みどう》」としているが原文は「dō」だ。祭りや直会《なおらい》を行う場所は、自宅か堂が多かった。

「御堂は仏像を祀《まつ》る小さな木造の建て物であって普通に瓦屋根、時にはとたんか、藁葺《わらぶき》であって、部落生活の上で重要な意味をもっている。ここは会合やお参りや、部落の子供達の遊び場所になっている。一年に二、三回の仏事があるほかは御堂はめったに使用されないので、幼くてまだ学校へもあがれない子供や、十四、五歳の子守りなどは、ひねもす遠慮も会釈もない快適な遊び場所にしている」。

年二、三回の利用だからといって、堂が「めったに使用されない」わけではない。エンブリーが温かい眼差しで描くように、子どもたちの安全な遊び場として、立派に機能していたことが分かる。同時に、それを見守る年寄りの憩いの場だった。

「堂の中や路傍の地蔵の側に坐っていても、人気のない道辺に坐っているような孤独感に襲われないし、母親たちも堂の中で子供が遊んでいれば、多少とも安全だと感じるのである」。

「青年達も夜はときどきこの『部落堂』に集まって語り合う。年末警戒のときも彼らはここを利用しているが、近年は暖かいので個人の家に集まっている。巡礼や物乞いなどもここに泊り、行商人や、履き物直しもこの廂《ひさし》を借りる」。

発足したばかりの湯原部落の、堂の起源を表すような記述が心に響く。

「地蔵があり、子どもの遊び場所であるこの建物（納屋）は、数年を待たないで正式の『御堂』になることはうたがいがないし、ちょうど川瀬が観音様を祀るみたいに地蔵祭りを年々行うようになるであろう」。エンブリーは堂や祭りの将来をそう予測した。湯原の堂は台風で倒れて今は存在しないが、当時行われていなかった地蔵祭りは、八月に部落を挙げて行われている。見事に言い当てたエンブリーの観察眼が光る。

「三十〜四十年前までは、いつも『堂さんで遊んで来い』と言われた」。「堂さん」。須恵の人たちは、須恵に九つある堂を今も親しみを込めてそう呼ぶ。

「講」という互助システム

「ちざし」や髪油づくりなどの経済的協同の中でも、最も普及していて、しかも重要な協同の一つが「講」である。「球磨では、相互扶助の団体というもっと特別の意味がある」。

中でも「講銀」は重要な機能を果たしていた。「もしある男が金が必要になると——多くの場合は病気とか負債のためであるが——望みの金額を調達するために、よく『講』をつくろうとする。彼は二、三の友人に講をつくって助けてくれと頼む」。エンブリーもエラも、よほど興味深かったのだろう。『須恵村』に十五ページ、『女たち』に七ページを割いて詳しく方法を解説している。

エンブリーによると、講（「掛け」とも呼ばれた）は中国の信用組合が変形したもの、とされる。明治時代に営業としての「無尽」が現れ、戦後は相互銀行に転換するが、元々は、組、ぬしどりと並んで、協

米講で米の量を計る講の参加者

同を支える仕組みだったのだ。

講は「経済的講」と「その他の講」に分けられる。前者として貨幣を用いる講銀、米を用いる米講、モミを使うモミ講があり、貨幣経済が浸透し始めて間もない当時は、米講のように、物による交換、流通がまだ生きていた。また労働による講として、協同で家を建てる家講、当時すでに消滅した、屋根を掛け換えるカヤ掛け講もあった。

講銀には入札（落札）と富くじ式の二つの方式があり、富くじ式は紙札を使うため札《ふだ》講とも呼ばれ、当たり札には四角の穴が開けてある。講は収穫が終わり手持ちの米がある農閑期の十一、十二月に集中して開かれた。参加者は主として須恵村だが、近隣町村から加わる講もあった。当時の姿を留《とど》めて残存している講は、竹原部落の講銀だけで、それも経済的な目的ではなく親睦の場に変わった。

エンブリーは入札の講を、エラは女性たちの富くじ式の講をそれぞれ詳細に調査している。女性の講では入札はないという。

入札式の講銀の仕組みはこうだ。例えば百六十円必要な男がいるとする。二十人の友人が集まれば計二十一回の講が開かれる。初回まず八円ずつ出して、計百六十円を金が必要な講の開設者に渡す。二回目の寄り合いでは、開設者は利子二円を含め十円支払い、他の者は入札で希望する最低の価格（指し値）、例えば六円を払う。落札した人は十円＋十九×六円＝百二十四円を受け取る。三回目以降も入札した者は十円、その他の者は入札価格を払う方法を繰り返す。一度落札したら次回からは入札できない。

こうして二十一回目の最後の寄り合いでは、二十人が十円ずつ支払い、最後に残った者が最も利息が付いた二百円を受け取る。開設者は毎回二円、計四十円の利子を払うので、利子は二十五％とかなり高い。だから、金が必要な者ほど低い値で入札するが、受け取る金も少ない。逆に、余裕のある金持ちが最も少ない利息で最も多い利益を得る。「この結果、共同体の資産ある会員は、資産のないものに対して銀行家として行動するということになる」。

寄り合いは、前回の講で落札あるいは当せんした者の家で行われる。午後三時か四時に集まり、講が終われば料理と酒が出る。「家の娘や女中または近所の娘などが給仕をする」。七時か八時ごろに終わるが、最後の会合はいつもより盛大に酒を飲む。二十五人の会員の講では一回で八升飲むという。当然、経済的目的とともに交流という社会的な意味が伴う。

エラが描いた女性たちによる富くじ方式の講銀も紹介しておこう。

この講では、四十五円必要な女性が計十五人の講を開き、最初は三円ずつ、二回目以降の当せん者は三円二十銭を払う。入札ではないので利子は一定の二十銭。最後の当せん者は四十五円＋十五×二十銭＝四十八円受け取る。目的は男性と同じく、医療費など不意の、もしくは多額の支出のために、現金を調達する必要があったからである。しかし、「ほとんど同じように重要な社交的目的のために役立っていた」。社交、つまり忙しい女性たちの息抜きのおしゃべりの時間だ。

男性と違って、女性の講は「すべて、等しく小規模」で、「長年存続した後、最後の会合が持たれたある講は、一円ずつと、食物代十銭というものであった」。

『女たち』には八つの講が紹介されており、男たちの経済的な講を中心にしたエンブリーの解説に比べ、

須恵で唯一継承されている竹原部落の講銀。当たりくじを示す当せん者（筆者撮影）

具体的な描写がエラらしい。例えば、「今日、藤田さんの家で、女の講銀があった。この講は、藤田さんが病気になり、多額の医療費が必要になった七年前から始められた。三十人の女性が参加し、あと十三年続けられる予定だ。この講は、二円（くじに当たった人は二円二十銭）で、焼酎代として各人十五銭ずつである」という具合だ。

須恵村で生まれ育った男性と違い、よそから須恵に移住してきた女性たちにとっては、講は互いに親交を深め仲間作りをする貴重な場だったに違いない。ほとんどの講が、花をめでる三月、田植えが終わった六月、年の瀬を祝う十二月の三回開かれていたという。

エンブリーは、ムラ社会で果たす講の役割について、「ほとんど誰もがいくつかの講に属しており、金持ちは二十もの講に属し、貧農でも二、三の講に入っている。……裕福な人達は負債を免れるためとか、土地を買うために加入するが、貧しい人々は病気とか葬式等の不慮の費用を支払うために講をもちはじめたといってもよい」と、その協同性を強調している。こうして「多くの貨幣は銀行や村の信用組合、郵便貯金に一緒に預けられるよりは、講に固く結びつけられている」。

『須恵村』巻末に「農家の負債」という項目がある。講で受け取った金も返済すべき負債だ。負債のうち、「講銀」と「米講」が村全体で計十八万三千四百七円、その他の個人や銀行への返済、付けの医療費などが計十万三千七十一円で、講が村民の生活に大きな比重を占めていたことが分かる。一方、「貸方」

は計七万五千四百六円で、差し引き純負債は二十一万千七十二円、一世帯当たり七百四十円六十銭だった。今に直せば一世帯当たり二百六十万円ほど。日本の現在の二人以上世帯の負債額は約五百万円（総務省）という。

もちろん、負債が支払えないことは不名誉なこととされていた。「苦境にたった一人の男は首吊り自殺をし、他の男は二人の娘を淫売婦に売った」。エラは後者を「父親の利己心」と糾弾している。エンブリーは触れていないが、農村不況のため、講の高利な掛け金が重荷になっていた村民がいたはずだ。

上記以外の「他の型の講」には多くの種類がある。経済的かつ社会的な講として、傘掛け講、靴講、畜産講、養蚕講、布団講があった。また、金融上の利益にまったく無関係な社会的な講としては、同年講、荷馬車の御者による馬車講、須恵村に多い五木村出身者による五木講があり、また、宗教的な講として、観音講、伊勢講があった。

同年講について『須恵村』では、「一年に四回、通常は陰暦の二月、六月、九月、十月に寄り合いする。青年たちは二十二、三歳の兵営から帰ってから間もなく同年講をつくる。……この講の主眼は、同年齢の男が一緒に楽しく酒宴を開くことにある。時々同年講は同じ年というよりはむしろ級友たちで作られている」と書かれている。

このうち今も残っている講は、同年講、観音講、伊勢講。同年講は同窓会として最もよく開かれている講の一つで、二カ月に一回という忙しい講から、ほとんど開かれていない講までさまざまだ。

「田植えはつらい仕事なので、「冗談をいったり、卑猥な話をして救われる」

講と同様に、須恵村の協同（はじあい）を象徴するのが「交換労働（かったり）」である。エンブリーは五ページを割いてこう記す。

「日本の村落共同体における経済的協同のもっとも顕著な形態は、田植えの時の労働力交換とそして大ていの地方では、集団労働をふくむ種々のほかの作業とである。いろいろにそれは呼ばれている。たとえば『ゆい』『い』または『かったり』などという風に。ところで須恵村に於いては『かったり』と呼ばれ（普通は『かちゃい』と発音される）、田植えにはもっとも重要な役割を果たしている」。

ただし、今の須恵で「かったり」と言っても通じず、「かちゃあ」「かちゃい」あるいはたまに「かたり」「かたい」と言う。

「五月のはじめに、苗代がつくられる。……長い三フィートの幅のうねがつくられ一家中が一緒にでて種蒔きをする。種は芽を出してから四十日後に、田植えができるようになるが、苗代で稲を成長させそれを植え変えて、より大きな収穫がもくろまれる」。

かったりは田植えだけでなく、「甘藷や玉ねぎ、そのほかの多くの野菜に適用される」。稲以外の作物や田の草取りなどでも行われたようだ。とは言え、田植えが主であることに変わりはない。

「各部落には互いに仲の良い数軒の家がある。それは時として親類同志であったりして、通例は経済的にも社会的にも同じ水準にあるものである。このグループが田植えのときに、手助けし合うのである。彼らは協定して、最初はある家の田、次はどの家の田で働くといった具合にして、皆ですべての田に田植えする」。

親しい「親戚のグループ」と「部落のグループ」の二種、つまり血縁と地縁の組み合わせがあった。田植えの様子が詳細で面白い。

「十人ないし十五人の若い男女が田を横切って一列に並ぶ。線をひく二人の男が五インチごとに指導線をひくと、人の列は速くしゃがんで、苗を泥の中にさし込み、それから立ち上って後へ下る。線をひく人が『はいっ』と叫んで五インチあまり糸を動かす。すると人間の列はまたしゃがみそして苗をぽんと植える。……他の働き手は苗代から苗を取り、それを小さな束にからげる。すると他の者はこの束を田にもっていき、田植えをする人はいるだけ苗の束をとりあげて泥の上に投げつける。苗を間引くのは少しばかり熟練を要するので、経験のつんだ年寄りがする」。六月下旬、田んぼをじっと観察するエンブリーの姿が目に浮かぶ。

「かったり」による田植え

田植えは単調でつらい仕事なので、「絶え間なく冗談をいったり、時には卑猥な話をして救われる。……そこには親しいつきあい、浮気な話や冗談等でまぎらわされる」。また、「午前の中頃と午後の十五分間の食事のときに、各人に少しばかり休息があり、正午には家に御飯を食べに帰り、しばしば短い昼寝をする。夕方には焼酎が少しばかり振舞われる」。

冗談や猥談は、酒の席だけでなく、つらい労働の気散じになっていた。午前の間食は「こびる（小昼）」、午後は「よけまん」と呼ばれるが、今はどちらも「よけまん」で通じる。当時も使われていた球磨弁だが、エンブリー夫妻はあまり出くわさなかったのか、『須恵村』にも『女たち』にも出て来ない。農繁期には一日五、六回の食事が普通で、今も同じだ。

かったりの方法は、労働力の交換だけに、かなり厳密だ。人数と日数に応じて取り決めがあった。「A家がB家の田について二人分の仕事を二日分やるとすると、B家はA家の田にそれと同量の仕事をやらなければならない」。具体的には、「三人で一日プラス一日」と「二人で二日」は同量。お返しは「かったりもどし」と呼ばれる。働き手は奉公人でも誰でもいい。馬は二人分に換算されたという。

しかし、当時でもかったりは以前より少なくなっていた。貨幣経済と個人主義の浸透が原因だ。かったりには誠実さが求められるが、「仕事はいい加減なものになりそう」だからだ。この時代でも、農業という労働現場において協同が徐々に希薄になっていた様子がうかがえる。

エンブリーは、田植えの働き手としてかったりのほかに、「雇い」「加勢」「請負人」の三つの形態を紹介している。

雇いは「特に、土地をもたないものは田植えの期間中は、日によってあちこちに雇われていって、臨時の仕事賃を得る」。

日当としてすぐに「米が支払われる」雇いに対し、加勢は「前々から世話を受けたその返礼として引き換えになされるもの」という。家の建築や冠婚葬祭の場合も加勢を呼ぶ。

請負人は、「普通には町から地主のところにきて、一反あたりいくらで田植えを契約する。その男は労働者を雇用してするが、天気がよければ相当の利益を得る」。雇い、加勢に比べて、貨幣経済がもたらした「やや新しい方法」である。その結果、「請負人の組織によって、部落生活には資本と労働との二階層が創出されている」。同時に、請負人を使える富農にとっては、かったりのような「面倒な価値の交換の厄介がはぶける」ことになる。

当時の須恵村では、商業部落の覚井はかったりが最も少なく、富裕な川瀬では契約労働が多かったと

田植えの合間の食事を兼ねた休憩。須恵ではこれを「よけまん」と言う

いう。しかし、丘陵部落の今村、上手や山の部落の平山は、「大てい、いまでも『かったり』が行われている」。

さらに、かったりの組織が変形したものとして、エンブリーは二、三年前にできた中島部落の「小組合」(産業組合支部)を挙げる。小組合は、部落の各人がくじで順番を決めて共同で田植えをする。田植えが終わると大宴会があった。

「こういう作業の方式はすべての仕事が、部落の人によっていとなまれ、部落からは貨幣を出さないようになっている。とくにこの後者の点が、須恵村では強調されている」。「貨幣を出さない」、今で言う域内循環が意識されていたということだろうか。

「かったり」は強制だったか

かったりについて、戦後の須恵村を調査した牛島盛光は「加入とか結合を意味する球磨郡の方言に、《かちやい》と《い》がある。標準語でいう『かたり』と『ゆい』のことである」(『変貌する須恵村』)として分析している。その評価は牛島によれば、「義理でするいやいやながらの」「強制的」なものだった。だが、実際そうだったのだろうか? 義理や義務の観念もあったかもしれないが、私はむしろ助け合い、協同による現実的利益が大きかったことは疑いないと思う。

牛島によれば、一九五九年度に須恵村で「かたり(かちゃい)」で田植えを行っていたのは、湯原部落の九十三%が最多で、石坂が八%と極端な違いがあった。「原則的には、かたりの依存度は、停滞性の強い部落ほど高い率を示すことになる」と分析する。その上で、「湯原の場合、普通、進歩性が強いといわれる入植部落の混在は、依存度を低率に方向付けるはず」なので、「入植部落の性格を進歩的と決めてかかる作業仮説」を見直す必要がある、と結論付けている。

牛島は、入植部落が混在する湯原は進歩的なはずなのに、実は停滞性が強いので「かたり」が多いと言う。しかし、エンブリーは湯原について、「覚井や屯所のような歴史は古いが団結していない商店部落よりは一層大きな共通の利害関係をもち、ひとつのグループに所属していく意義がずっと伸びている」と、その団結力に注目している。

私はエンブリーの洞察力に軍配を上げたい。事実、団結した湯原部落が、数年前に森の中で見つけた地蔵の祭りを、川瀬の観音祭りのように将来、始めることになるだろうというエンブリーの予測は的中し、今も部落を挙げて地蔵祭りが行われている。

かったりが多いのは、停滞性というより、農機具の機械化の遅れが最大の理由だろう。エンブリーが、都市との接近、貨幣の使用により「機械は数軒の協同を要する肉体労働に代わろうとする傾向があり」と書いている通りだ。統計によれば、一九三五年当時の農業の機械化の割合は日本全体で二十一％に上っていた。戦後はさらに機械化が進む。「結い」を利用した農家は、一九七〇年の百七十六万戸から十五年後の八五年にはわずか十五％の二十七万戸まで急減している。機械化が原因であることは明らかだ。機械化の遅れを停滞と言ってしまえばそれまでだが。

ところで、「かったり」の語源は何だろうか。

『くまもとフォーラム』一九八九年新春号に、旧上村（現あさぎり町）在住だった郷土史家の高田素次《もとじ》が一文を寄せている。この中で高田は、「カッタリは、正しくはカテァイで、互いに労力の交換をすることである」とし、『須恵村』の「かったり」はエンブリーの聞き違いとの見方だ。「かてあう」が球磨弁では「かてぁい」となり、「かちゃい」「かちゃあ」の元となったと考えられる。「かてあい」は漢字では

「糅《か》て合い」で、「糅てる」から来ているという。「混ぜ合わせる」の意味で、「かてて加えて」の「かてて」はこの「糅てて」であり、「糅」は混ぜ飯のこと。親戚や知り合いが「混ぜ合わせて」、つまり共同で労働する意味と考えていい。同じ交換労働の表現である「結い」が、人々が「結び合う」イメージであるのに対して、高田説の「かちゃあ」は「混ざり合う」イメージだ。

九州の方言には「参加する」や「仲間に入る」ことを意味する「かたる」という言葉がある。長崎では「かっちぇる」ともいい「かちゃあ」に近い。混ざり合うにしろ加わるにしろ、語源的には同根に思える。協同の意味とも重なり合う。

「橋が流されるたび、部落は結ばれていく」

もう一つの協同として、「協同作業」が取り上げられる。エンブリーがここで紹介するのは、より公共的な色合いが強いもので、「道普請《ぶしん》」「橋の建造」「雨乞いの部落の踊り」を挙げている。いずれも、ぬしどりが重要な役割を担っていた。

道普請は、毎年四、九月に、ぬしどりと戸主が相談して日程を決め、各家から一人出る。小道が荒れて通るのに困るからだ。

「朝、ぬしどうりが『板木』をならすと、藁箒《わらぼうき》や鍬をもって集まり、道の両端をきちんと直し、草やぶを刈り取り、掃き清める」。現在も、用水路の掃除や道普請は行われているが、部落より行政主体に移行している。慰労会を開く部落もある。

また毎年六月に球磨川が増水して洪水を起こす当時の須恵村では、橋の架け替えは、道普請より技術や労働が必要な大事業だった。収穫の時期に木造の橋が流されると、一カ月ほど渡しの小舟を使う羽目になる。このため、収穫前に、ぬしどりが部落の人たちと橋再建の日取りを相談し、前日に村民が材木や竹、つるを集め川岸に置いておく。

「どの人もみな仕事に就くのであって、ここにはボスはいない。しかも総ては混乱なしに進められる」。午前中で仕事を終えて酒宴の準備をする女性も含めそれぞれ役割分担をして、冗談を言い合ったりしながら作業する。こうして造られた橋は「びゃあら（小枝）橋」と呼ばれた。

「このようにして作業が完了する。橋はお金を使わないで、建設されたのである。労働の奉仕は部落に橋を建設したほかに、部落の人々に相ともに働き、ともに語り合いとともに宴会する機会をつくり団結を更に強めることになる。橋は毎年のように流され、部落はその都度結ばれていく」。

春と秋に行われた、公役による道普請

エンブリーの感慨がこもった文章だ。ここには、まさにムラの自治がある。だが、近代化はムラのそうした風景を変えて行く。

「ある部落ではコンクリートの橋が造られた。その結果は新しい橋を造るための毎年の集まりがもう行われなくなった。ほかにもコンクリートの橋を造る計画が進行中である。それで部落が一緒に働いたり、のんだりする機会は何年かのちにはなくなることであろう」。

村誌によると、コンクリート橋は一九三四年に川瀬橋、中

洪水で流された「びゃあら橋」を造り直す部落の人々

島橋が完成、計画中だったのは屯所橋である。『須恵村』には書かれていないが、実は一九三五年の球磨川の大洪水で、前年にできたばかりの川瀬橋が流失してしまう。再建のため寄付が募られ、千二百六円（現在の四百万円ほど）が集まったが、エンブリー夫妻もこれに協力し、村民に受け入れられるきっかけになった。そんな洪水の恐れも、一九六〇年に市房ダムが建設されると解消される。もっとも、エラのノートによると、洪水があっても「誰も本当に絶望した様子には見えなかった」という。

一風変わった協同作業が「雨乞いの部落の踊り」である。

「協同作業の変わったものに、旱魃《かんばつ》のときの部落の踊りがある。全部落の人々は、平山の霊験ある滝のところに集まり、各部落はこの神に、特別の雨乞いの踊りをする。今はわずかな部落にだけしかこの踊りは残っていないが、以前は各部落毎に特殊な踊りがあった。『ぬしどうり』の役目は世襲的であり、踊りの特別の役も世襲であった」。

「宗教的行事」に含めてもよさそうな行事だが、エンブリーは宗教性より協同性を感じたのだろう。当時、雨乞いは須恵村に限らず全国各地で行われていた。以前は全部落が参加していたというが、エンブリーの時代の須恵村では「わずかな部落」だけになっていたようだ。

「平山の霊験ある滝」とは、地元では「ののみっつぁん」の愛称でよく知られた「布水《ぬのみず》の滝」のことである。夫妻も足を運び、一月二十六日のエラのノートには「布水は美しい眺めだ」とある。さすがに現在は「雨乞い」の目的ではなく、踊りもなくなったが、その名残をとどめて毎夏の「水神さん参り」として続いている。

次いで、エンブリーが三番目の協同の形態として挙げているのが、「手伝い」「加勢」による「家屋の建築」、「屋根葺《ふ》き」、「非常の際の援助」である。手伝い（加勢も同じ）は、多くの労働力が必要な場合に親しい家が手を貸すことをいい、親戚と部落の両方あるのはかったりと同じだ。ただ、交換労働ではなく「自ら進んで」行うもので、以前は家の建築、屋根葺きのための講があったが、当時すでに消滅していた。

屋根葺きの協同作業

屋根葺きは、新築と葺き替え、修理がある。「戸主は村で屋根葺きのうまい男を数人ほど呼んでくる。親類の者もいくらか、手伝いはするが、二、三の上手な人が主として働く」。終わると夕食が出され、屋根葺きには貨幣か米で労賃が、手伝いには食事と宴会が伴い、後で少しのお礼がある。だが、屋根葺きの手伝いは「今では行われない」といい、「この協同の形態が滅びつつあることを示している」。覚井部落では、家を建てる場合も手伝いは崩れかけているという。エンブリーは、建築の土台がコンクリートになったこと、仕事量が多すぎて一日では終わらなくなったこと、そして「人々が手伝いを余り好まなくなったという事実」を挙げる。

ある子どもの遭難

こうした定期的な協同作業に加え、「非常の際の援助」があった。「村の生活には多くの災害や危急のことが起こり易い」。当時、家が頑丈になり暴風被害は滅多に起こらなくなっていたが、火事と洪水による被害は依然として起こった。火災では、消火の手助け、食事と焼酎の振る舞い、食物の贈り物と見舞いの言葉、家の再建、金が必要な場合は「講」の設立――などの手伝いがあった。洪水で家が壊れたときも火事と同じように行われ、同じ部落で多数の家が損害を受ければ、他の部落から救済があった。

子どもがおぼれることもあった。エンブリーが「ほかの災害のときのように、『部落』の者がこの家族を助けて、男たちは死体を捜索し、女達は家で男に出す食事や焼酎の用意をする」と四行で済ませた子どもの水死事故について、『女たち』では八ページにわたって詳細に描かれている。『須恵村』と『女たち』の書き方の違いが最もよく表れた箇所だ。エラのノートによると六月初旬、梅雨のころだった。「女たちは、田植えの終りを祝う宴会のための団子を作っていた。それは、午後三時頃だったが、外山岩治が家に帰って、阿蘇で男の子が水かさを増した川に落ちたという知らせを持って来た」。おぼれたのは五歳の男の子だった。捜索班が組織され、すぐに捜索が始められた。

「すべての人がショックを受けた。……男の子がいかにかわいかったか、いかに祖父母が彼をかわいがっていたかを思い出していた」。「人びとはいくつかの橋の上で見張りにつき、堤防にそって監視した。小舟が用意され、何人かの男が筏《いかだ》を作った。何人かのものは祈祷師のところに相談にいった」。

夜には特別の組が組織された。しかし、「昨夜の長く降り続いた雨と今日のどしゃ降りは、いっさいの望みを断っていた」。

エラが家族の家に行くと、女たちが捜索班のために料理を手伝いに来た。「彼女たちは味噌汁のなかに入れるものを持ってきた。おばあさんが米を計った。……この時点ですすめられていたことは、まだ死体が見つかってなかったにもかかわらず、葬式のようなものだった」。

最初の日の真夜中に、屯所部落の橋の下にテントが張られ、大きなかがり火が焚かれた。女たちは、お茶と食物の皿や盆を持っていった。阿蘇、屯所、今村部落の男たちと消防団が最も活動的に捜索を行った。捜索が長引けば、「村人は米を供給する体制を組織し、葬式の後もその家族に米を持っていったろう」。

氾濫した球磨川（川瀬部落周辺）

「四日目に、子供の遺体が、人吉を少し過ぎたところで岩の上に、きれいに洗われて見出された」。遺体は役場に運ばれ、消防団員がお別れの食事をし酒を飲んだ。「若い佐藤は、みなは田植えの終わりの宴会を中止すべきだと思っていたが、宴会は少しやり方を変えただけだった」。

宴会は少し元気がなく静かなものだった。『女たち』には、次の日に行われた葬儀の様子もしっかり書き込まれている。

これを読みながら私は、宮本常一の『忘れられた日本人』の中にある「子供をさがす」という短い文章を思い出した。舞台は宮本の故郷、山口県周防大島の小さな農村。小学一年生の子が、母親に叱られて隠れていたら、村中大騒ぎの捜索になった。出るに出られず、父親の声が聞こえたので、やっと出て来て一件落着。村人の話を聞いて驚かされたのは、その探し方である。

「Aは山畑の小屋へ、Bは池や川のほとりを、Cは子どもの友だちの家を、Dは隣部落へという風に、子どもの行きはしないかと思われるところへ、それぞれさがしにいってくれている。これは指揮者があって、手わけしてそうしてもらったのでもなければ申しあわせてそうなったのでもない。……かってにさがしにいってくれたのである。……あとで気がついて見ると実に計画的に捜査がなされている。ということは村の人たちが、子どもの家の事情やその暮らし方をすっかり知りつくしているということであろう」。

宮本は、そこに「目に見えぬ村の意思のようなもの」を感じ取った。特にマニュアルがあるわけでも、協議して分担を決めるでもない。協同のネットワークは、言葉がなくても機能した。『女たち』には「小さな洪水があったとき、消防団の男たちのための食事の用意をしながら、女たちのあいだで、多くの冗談が交わされていた。すべてのものが仕事を楽しみ、お互いに助け合い、それについて感謝しあっていた」という記述もある。

村に満ち溢れる「贈答」

エンブリーは「協同の諸形態」の五項目には含めていないものの、協同と並ぶ「部落生活の二つの顕著な特色」の一つとして取り上げているのが「贈答」だ。

「小さな農村社会にあっては、社会関係を維持する一つの非常に重要な方法は、贈り物のやりとりを通じてなされている」。

「贈り物のやりとり」の原文は「gift exchange」、つまり「交換」であり、お返しを期待しない一方的な

「贈与」ではない。市場経済の商品交換、物々交換、等価交換でもない。

エンブリーは、「マリノフスキー教授が互恵の原則とよんでいるものは非常に注目される」とし、イギリスの人類学者ブロニスラフ・マリノフスキー（一八八四〜一九四二）やフランスのマルセル・モース（一八七二〜一九五〇）が唱えた「贈与交換」論を念頭に須恵村の贈答を観察したことがうかがえる。もちろんエンブリーが記述した須恵村の贈答は、互恵（互酬）の原則に従って論じられている。

須恵村の部落の行事や親戚を含めた人付き合いのほとんど全てにおいて、贈答は付き物だ。エンブリーは、贈答を十一の形式（101ページ表参照）に分類した。どれにも「お返し」がきっちり書き込まれている。

基準がやや恣意的で不整合なのはご愛嬌だが、かったりをはじめほとんどが協同に関するものだ。出産、結婚、死去など人生の節目の贈答は「家族を結び付ける役割」を果たす。中でも結婚式は「最も儀礼的」であり、「最も入念で形式的表現」とされる。

「結納の宴のとき新郎の親は花嫁に嫁入り先の紋のついた紋付と羽織・羽二重・履物・櫛・簪《かんざし》と、酒、魚などを贈り、酒・魚と引き換えに酒宴がひらかれる。ほかの贈り物の返しとして衣類、箪笥《たんす》、家具等の嫁入り道具が準備される。結婚式に花嫁のもってくるものは酒、餅、魚、下駄などで、すべては対になっているものである。親類は結婚式に反物、酒を、時にはお金を贈り、祝宴とおみやげの折詰を饗応されて帰る」。

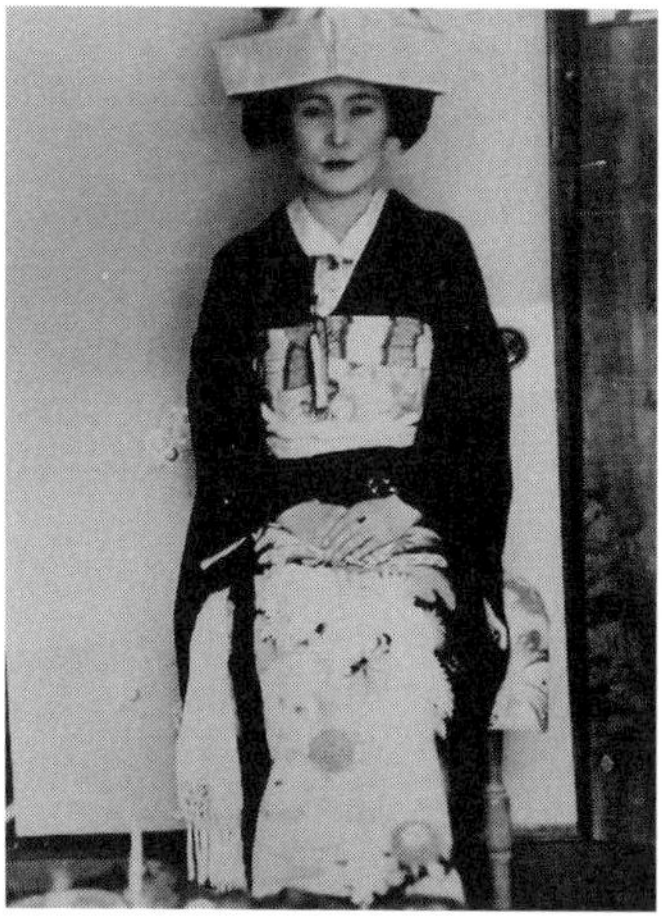

結婚の日の花嫁

葬儀も、重要な贈答の機会だった。「葬式のときは、部落の手伝い人はみな食事の接待を受ける。その代わり彼等は各々多少の米を持ってくる。焼酎とほかの食物は作業の報酬に当たるものである。仕事に対するそれ以上のお返しとしては、もし自分らの家族の誰かが死んだときには、この遺族が手伝いにきてくれることを期待するのである」。米を重箱に入れて持って行くのは、急な葬式で食べ物が不足しないようにするためで、この習慣は今も続いている。

目を引いたのは「盃のやりとり」で、わざわざ一項目として独立させている。エンブリー夫妻にとってムラの酒宴がいかに印象的だったかを物語っている。酒の席では、モースが『贈与論』で言う「贈与の三つの義務」が「盃を渡す（贈与）義務」「受ける義務」「返杯（お返し）の義務」という形で、その場で行われているわけだ。

さらに面白い分類は「談話（speech exchange）」だ。日常会話、対話といってもいいだろう。エンブリーが談話を贈答に分類した理由は不明だ。しかし、労働や物だけでなく、話し言葉のやり取りも情報交換としての贈答の一形式だという考え方は、とても新鮮な分類に思える。情報や知識を提供したお返しに頂き物をすることもあった。逆に、物の贈与に対する「ありがとう」という感謝の言葉がお返しの代わりだという見方もできる。

一方『女たち』は、女たちの談話で成り立っている。ほめる、けなす、嘆く、怒る、慰める、感謝する……。須恵の女たちは、会話のキャッチボール（贈答）そのものを楽しんでいるかのようだ。

エンブリーが「労働および物品の交換とは別に、この村落社会には多くの贈り物のやりとりの著しい形態がある」と見たように、四季の祭りなど頻繁に行われる部落や家の年中行事に加え、家と家、個人と個人の間で、さまざまな贈答が日常的に行われる。それは、お裾分けや植木の手入れの手伝いなどを含め、今も変わらない。

いずれにしろ贈答は、人と人の関係、交流をつなぎ続ける重要な手段だった。『須恵村』全編が贈与の事例集、贈与贈答論と呼んでもいいほど、贈答の記述に満ち満ちている。その意味では、ムラの暮らしのあらゆるケース、局面が贈与でありその返礼で成り立っている、と言えなくもない。

言葉も食べ物もどんな小さなサービスも、またそのお返しも贈答といっていい。そこには、「同等の価値のものを返納する義務をともない、また答礼の訪問を含んでいる」。つまり、贈与に対する「返納」「答礼」によって、初めて交換が成立する。エラのノートには、「贈り物は大変難しい。同量以上のお返しが必要だから。ジョンが校長の息子にあげた安い辞書のお返しに、私たちは二十八個の卵と箱いっぱいのうまい饅頭をプレゼントされた」とあり、量の多さにやや困惑した夫妻の様子がうかがえる。

仮のお返し「おうつり」

贈り物に対する正式の答礼ではない仮のお返しを「おうつり」と呼ぶ。

「私的な訪問の場合——病人を見舞ったり、商売のことを相談にきたり、新鮮なトマトとか茄子をちぎってちょっと友人の家にもってきたとかいう場合……容器は空で返してはならず、家に新しい野菜とか卵とかがあればそれを入れる。なければ餅や菓子でも入れられる。蝋燭二本、またはマッチ一箱でもいい。もし全然返すものがない場合とか、突然多くの人が来たような場合は、二枚の半紙が入れられる」。

おうつりは初めて聞く言葉だったが、辞書にも載っている。須恵の人たちに尋ねてみたところ、「そりゃ、〝釣り〟のことたい。お返しがなかとき『ごめん、お釣りがのうて』と言う」との答えがあった。「釣り」が「釣り合い」の語源だと考えれば納得できる。また、「うつり」あるいは「うつい」と呼ぶ人

梅干し用のシソの葉をもむ女性

もいる。「うつい」は、「かったり」が「かちゃい」になるのと同じように、「り」が「い」に変わる球磨弁の語尾変化だろう。当時は、頂き物が入った重箱に入れる「おうつり」として、日ごろからマッチやせっけんを用意していたとも聞いた。「移る」が語源だという説もある。贈与とお返しが、物を通じて人と人の関係を「移し」続けることだと考えると、この説も捨てがたい。ここにも、お互い様としての「はじあい」の心の循環がある。いずれにしろ、おうつりは、本当のお礼の代わりの象徴的なお返し、という意味合いを持つ贈答の一環ということだ。

『女たち』には手紙の代筆を頼むこんな場面がある。

「取手さんは、谷本さんの奉仕にたいする支払いとして米を持ってきたが、谷本さんからは焼酎と魚が出された。取手さんは、それを風呂敷にそっと入れてあったマッチ箱といっしょに家に持ち帰った。マッチ箱は谷本さんのお返しの品だった」。

米は貨幣の代わりだが、ここには貨幣による等価交換と明らかに異なる贈与交換がある。

マリノフスキーは主著『西太平洋の遠洋航海者』で、パプア・ニューギニア諸島で行われる「クラ」という贈与交換のシステムを紹介している。その中に、同じ価値のお返しがないときに贈る「バシ」という「中間の贈り物」が登場する。バシは、主要なお返しは別の機会に支払われることを意味し、「バシは善意のしるし」とされる。バシはまさに、『須恵村』で行われているおうつりに当たると考えていい。

須恵村における主な贈答

①労働

・「かったり」——労働に対しては労働。

・「手伝い」（または「加勢」）——以前の好意に対する労働、あるいは「お礼」に後で報いる労働。たとえば娘が宴会で手伝いをする場合。

②貨幣

・正規の講（頼母子《たのもし》講）——資金援助・返済には貸付金に対して利子。

・送別の贈り物（餞別《せんべつ》）——返しに旅行先の贈り物。

③重箱に入れてもってこられた米

(a)懇親会、御正忌《ごしょうき》「供養」その他。集会で使った焼酎以外は返されない。

(b)村入りの宴、惜別の宴、返しに酒宴。

(c)葬儀。返しに焼酎と御馳走。

④米と焼酎の貰い物

(a)追悼会。返しに焼酎、御馳走、菓子。

(b)名付け祝い。返しに、焼酎、御馳走、菓子。

(c)茶飲み（結婚式後）。返しに焼酎、御馳走、菓子。

⑤「みやげ」をもっての訪問——季節の新しい菓子、野菜、果物。返しに家にあるもの、または二枚の半紙。

⑥「みやげ」に対する「お礼」——もらった贈り物より良いもの、又そのとき受けた返し（おうつり）が小さければこれよりずっと良いもの。返しに紙。

⑦前の好意に対する贈り物の「お礼」——米とか他の食物。返しに小さいおうつり。普通は紙。

⑧病人の見舞い——米、焼酎以外の食料品。返しには家にある食物かおうつりの紙。

⑨屋根の葺き替えまたは家の建築の贈物——豆腐二丁かお茶、または食用品。返しに紙。

⑩盃のやりとり

⑪談話

エンブリーが、「互恵の原則」と併せてこの「バシ」を思い出し、おうつりに興味を持ったとしてもおかしくない。贈り物を受け取った人は、その中に物自体の価値とは別の「善意」という価値を感じる。おうつりは、善意に対する感謝のしるしである。

だがエンブリーの時代でさえ、覚井のような商業部落の役場職員や商店では、「米や物品に代わって貨幣が頻繁に使われる」ことによって、次第に「因襲的な贈答の義務をふくむ煩わしい社会関係も、まるで無しで済ませていける」時代に変貌していく。村の新住民であったナシ園の経営者のように、貨幣による等価交換を当たり前と考える風潮が贈与交換に取って代わる。個人主義と、無駄な浪費を戒める大正期以降の生活改善運動がその傾向に拍車を掛けたことも背景にあっただろう。だが須恵では、贈与の文化はお裾分けなど今もさまざまな形でしっかり残っている。

第四章　奔放な女たち

「ほとんどの宴会で、人びとは踊り、唄い、食べ、酒を大量に飲み、そしてほとんど例外なく、かなりの性的な冗談や戯れがみられた。……始めはいかに形式ばったものであっても、みんなが酔っぱらって、踊りまくり、下品な歌をうたいまくらない宴会は、ほとんどない」（『女たち』）

赤裸々な性

わずか八十年前の日本に、こんな世界があったのだろうか？

「エンブリー家を楽しませ、またびっくりもさせ怒らせもしたことの一つは、性に関する冗談や戯れの多いことだった」。

エラのノートの度肝を抜く描写を読んだロバート・スミスが、夫妻の気持ちをそんなふうに代弁している。

「おへそを比べあい、性器や陰毛の生え方の形を見せ合ったりさえしていた」のは、ほんの序の口。エラが『女たち』で描く須恵村の女たち、とりわけ年寄りの女性は、自由で、開けっ広げで、積極的で、生き生きとしている。酒宴ではいつもエロティックな歌と踊りが披露され、「彼女たちは、煙草、酒、性に楽しみを見いだしていた」。

エラには、「須恵村で、なんでも自由に話せるという、その自由さは、超現代的な『抑制されない世代』が故国にもたらした自由さとよく似たもの」にさえ思えた。「村の水準よりは『文明化』されているが、まだ『現代的』ではない中間的な集団——教師たちのような——は、地方の風習にショックを受けている。たとえば、かわいそうな佐野（ジョンの助手）は育ちのよい青年で、村人たちが冗談をいい、歌ったり踊ったりするたびにショックを受けている」。教師や通訳の佐野を引き合いに出してはいるが、自由の国アメリカに住むエラ自身が受けた驚きと戸惑いが伝わってくるフレーズだ。

そんな須恵村の女たちの生態を、エラはどうやって知ることができたのか。エンブリーの調査方法とは異なるエラの流儀について触れておこう。『女たち』のプロローグで、エラはこう述べている。

「情報を得るために、私はつねに、何か特別のことが起きていないかを見つけようとしていた。さもなければ、私は村をただ歩きまわり、毎日違ったところを訪問していった。私はだれかに会いにいったり、仕事を観察するために立ち止まったり、遊んでいる子供を見て、その遊戯や歌を書きとめたり、いつもなにか変った活動を探し求めていた。私は、日常の仕事であれ、各季節ごとに異なる特別の仕事であれ、なんでも実際に見ようとしていた。私は、毎日の、また季節ごとの食物の用意を、たとえば豆腐、味噌、醤油の作り方を、養蚕の行程と同じく観察した。村の女たちは、大変協力的だった。彼女たちは決して忘れずに、日常の農作業の活動または行事を教えてくれた」。

プライバシーがほとんどない村で、夫妻に対する女性たちの「協力」も度外れだった。

「思いうかぶ会話の話題で、話されないものはなにもない。その多くは、男性のいないときに話されるが、男性がいるときでも、話に制約はない。まったく奔放で、好奇心が強く、もの怖じせず、はっきりものをいう点で、須恵村の女たちは、強く自分の意見を主張し、外の世界の生活のある特定の側面について好奇心を持ち、噂話をするのに熱心で、若い外国からの訪問者に、養蚕の技術から、夫婦生活のもっとも個人的な詳細に至るまで、すべてのことを教えることに興味を持つ人たちとして現れる」。

夫妻は、「観察と参加」によって調査しようと決めたが、エンブリーが通訳を伴ってインタビューしたのと違い、日本語ができるエラには、その方が自然で楽だった。「一緒になってしゃべっている女性の集団のそばは素通りすべきでない」。話の輪に加わると、「女たちの話題はいつもわい談になりがち」だった。

これから紹介する女性たちの赤裸々な性のありようは、いくら須恵村の女性が開けっ広げとはいえ、エラの日本語力抜きで知ることは不可能だったに違いない。

『女たち』は、共著者ロバート・スミスの編集によるものだが、意図的なノートの手直しは一切なく、ノートの主要部分をそのまま再現しながら、スミスが解説していくという構成となっている。スミスは、どこまでありのままに描くか、エラと長い議論を経て、当時の変貌する日本社会にあって、「農村女性の生活についての、より明確な洞察」を提示することを選んだという。スミスの記述とはいえ、そこには当然エラの見方も反映されている。

凡例でも触れたように、以下、夫妻のフィールドノートからの直接の引用は「ノート」、『女たち』で使われている夫妻のフィールドノートからの再引用は『女たち』での日本語訳のまま「日録」と表記した。また、『女たち』の氏名はすべて仮名とされている。村民に配慮してのことだ。なお原文では、主に女性の呼称は「さん（Mrs.）」付けだが、男性は名字だけの表記となっている。

慎みと粗野

まず、須恵村の「女たちの特徴とその世界」（『女たち』第一章）を概括しておこう。

「須恵村では男も女も、女の美徳と欠点についてのかなり独特の考え方を、同じように持っていた。美徳のなかには、農家の女性に要求される非常にきびしい労働の辛苦に耐える能力があった。……女性の第一の責任は、結婚して良き妻、良き母になることだった」。

須恵村の女には、当然だが「美徳と欠点」、つまり二面性がある。欠点としては、「ほとんどの女性は極めて狭い経験しかしていない」ため、「国家的次元のことはほとんど知らず、自分の国が国際的出来事にまきこまれていることについては、まったく知らなかった」。一方で、若い娘は「村を逃げだすことを夢みて、都市で働き口を見つけようとしていた」という。また、自立した女性の中には「因習をあざけり……女性にふさわしくないとほとんど普遍的に非難されている行動をとっていた」人もいた。

村の男性による女性観はもっと悪い。「噂話が須恵村の女たちの主な楽しみの一つであり、また女たちがもつ強力な武器」だった。女は「ずる賢くて、執拗」なヘビに例えられた。年寄りは当時もお歯黒をしていたが、それは「女は罪深かけん、他人に噛みつく力ば奪いとってしまわにゃならん」ためという者もいた。

若い女性、特に未婚の女性は「頑固と恥ずかしがり屋」という二つの特徴を示していた。「少女がなにかに反対しているとき、彼女に命令することは、……ほとんど無駄である」。「恥ずかしがり」については「若い女性の語彙のなかになくてはならないもの」となっている。

しかし村の中には「とくに強い性格をもつ女」もいた。年配の女性、特に未亡人は「若い娘ならばとても人前ではできないような行動を、とくにやってしまう」。ある未亡人は男性との公の場での争いも辞さず、下駄で男を殴ってしまった。兄嫁と張り合い、全てを牛耳る気の強い若い女性もいた。嫁と姑だけなら緊張はそれほどでもないが、家の中に二人の若い女性がいる場合は「事態はもっと複雑になる」。それは若い下女との関係でも同様だった。

「女たちのほとんどが酒を飲み、幾人かは酒が出されるとどんな機会にでも大酒を飲んだ」。また、キセルによる女性の喫煙は「広くいきわたった習慣になっている」。

では、教師の妻や女性教師、村役人の妻ら須恵村に住んでいる「よそ者」は、須恵の農民をどう見ていたか。「不信と恩着せがましさが入り混じった目で見ていた。その人たちの多くは、村の女たちが大酒飲みだときびしく批判し、農民を明らかに遅れていて未開な人とみなしていた」。序論でも明確に、「教師にとってはとくに、東京は啓蒙と文明の中心であった。それとは反対に、須恵村は、彼らにとって極端に遅れたところにみえた」と解説している。

例えば、男と同じように女も道端で用を足し、ほとんどの農家では戸のない便所を使用していた。年とった女たちは腰から上は裸で、着物の足の方をひざまでたくし上げて働いていたが、「なんらみだらな感じをともなわなかった」。そんな仕草に対し、「町や都市からきた女たちは、しとやかさの標準を知るだけでショックを受けた」。もちろんエンブリー夫妻の「しとやかさの標準」からもはずれていたに違いないが、二人は大いに興味を持った。

一方の農家の女たちは「自分たちとよそ者のあいだに明確な区別をつける」傾向があった。このため、「この二つの女たちの集団は、公の場所を別にして、けっして交じりあわなかった」という。特に食事の仕方や味付け、経済状態といった暮らしの根本の違いでは、互いに辛《しん》らつだった。

「私たちばアメリカに行かせて」

一方で、「『村』の女になるためにあらゆる努力をした町の女性の注目すべき事例があった」。農家の嫁ではなく、町から来て縫い物を仕事にしている女性で、最初は町のアクセントで話していたが、今では「須恵言葉」で話す。しかし「彼女はそのことを照れくさがり、ときどき自分が土地言葉でいったことを、自分自身をからかうように、自分で繰り返している」。エラの表現の温もりが、彼女たちに言葉を超えた苦労があったことを感じさせる。

須恵村の女たちのほとんどは、外部と限られた接触しかしておらず、「世の中の情報を得る手段もきわめて制限されている」ため、五十歳をすぎた女性は「事実上の文盲」で、多くの若い女たちも「漢字やこみいった世界を統御する能力がほとんどなかった」。そのため、手紙は代筆してもらった。それにもかかわらず、多くの家が絵入りの雑誌を講読していた。新聞は少数の家（『須恵村』によると十戸に一戸）しか購読していなかった。

中央政府によって徹底的に推し進められている天皇崇拝について女たちは、「あやふやな理解」しかしていなかった。「外山さんは合衆国にも天皇がいるかどうかを知りたがり、私たちの選挙制度を私が説明するとびっくりしていた」。女性の参政権は戦後、連合国によってもたらされる。

国や世界の出来事に少しでも関心を持つ女性は少なかった。ラジオは役場、小学校を含め五台しかなく、戦争にも、ちょうど一九三六年夏に行われていた「前畑がんばれ」のベルリン・オリンピックにも、興味を持つということはなかった。「外部の世界とのもっともぞくぞくする接触は、映画によって実現した」。映画は時々、学校や戸外の空き地で上映されるか、免田の映画館で鑑賞された。

エンブリー一家が来るまで、須恵村のほとんどの女性は白人を見たことがなかった。好奇心から夫妻に多くの質問を浴びせた。エラが「私たちは赤ん坊を背負ったりしない」と言うと、びっくりして「だけど、もしいつも腕で子供を抱くのだったら、どうやって傘を持つの」と問う。アメリカでは下肥《しもごえ》は全部捨てると聞くと「あんなよかもんば捨ててしもうなんて。私たちばアメリカにいかせて」と言う。

ある時、エラが「もう家に帰らなければならないといったとき、……『外人は、いつでん、なんでん時間通りにする。貴女も今すぐやらなきゃいかんことがあっとでしょう』」と言われた。まだ産業的時間に支配されない須恵村の時間に敬意を表し、「私はそこに留まった」。

エンブリー家を訪ねてきたアメリカ人に関して村民は、「全部、同じように見ゆる」のだった。このアメリカ人は、『フォーチュン』誌の特派員として須恵村を訪れたアーチボルド・マクリーシュ夫妻を指す。マクリーシュは保守系の詩人だったが、後にアメリカ議会図書館長を務め、戦時中は諜報機関である情報調整局（COI）の設立にも関わった。

エラのノートによれば、マクリーシュの訪問は一九三六年四月上旬。須恵村民の奔放な酒宴の歓迎を受けたマクリーシュも、エンブリー同様にムラの協同に強く心を動かされたようだ。半年後の九月に刊行された『フォーチュン』日本特集号で、「何もなしでやっていく農民」と題し、ピュリッツアー賞詩人らしい感性で須恵村について詳細に書き留めている。

「村には西欧では失われてしまった相互扶助の精神が生きている。……欧米人にとってはノスタルジーとなり、忘れ去られてしまった村の記憶。親密に結ばれた、遠い昔の温かな人々の暮らし、取り戻すことのできない民族の過去が息づいている。村はあまりに牧歌的である」。エンブリーの名は記事には登場

学校の集会に集まった村民

しないが、四枚の写真の撮影者として記載されている。

一方、マクリーシュが同号で日本の田舎の風景を描いた詩「狭い国土に多くの人々」が『須恵村』に引用されており、マクリーシュの須恵訪問と『フォーチュン』の記事がエンブリー夫妻に刺激を与えたことは確かだ。しかし、日米関係に暗雲が漂う中で、天皇を扱った「誰が帝国を動かしているのか」という記事が不敬罪に当たるとして、この日本特集号は日本では発禁処分となっている。

当時の日本の軍国主義は、エンブリー夫妻の心にものしかかっていた。小学校で行われた軍の観兵式に来た陸軍士官はエラに故意の嫌がらせをし、自分の演説の間、講堂から離れるよう要求した。エラは、村の人々は「明日戦争が起きれば、彼らは戦争に行き、人を殺すだろう。というのも、それこそ、彼らがそうしなければならないと教えられているものだからである」と思った。五十歳以上の女たちは読み書きができず、国や世界の出来事に対しては無関心だった。それでも、夫妻にとって須恵村の人々は「この世でもっとも平和的な人たち」と感じられた。

羞恥心の彼我

さて、ここから須恵村の女性たちの「性」をめぐるエラの観察を紹介する。それは、エンブリー夫妻が驚いた以上に、現代の私たちにとっても信じがたい光景だ。事実、『女たち』を読んだ須恵の女性の中には、「うちは好かん」と嫌悪感を示す人がいる。当時も、農家以外では「好かん」と言う女性もいた。ただ、当時の須恵村の女性たちの性をめぐる言動は、あくまで「自然な性」であり「暮らしの中にある性」であった。好悪があるのは仕方がないが、エンブリー夫妻は優劣や正邪の意識を持って描いてはいない。

「手拭があったにもかかわらず、身体をさらすことを恥ずかしがる風潮はほとんどなかった。彼女たちは互いに身体を見合い、おへそを比べあい、性器や陰毛の生え方の形を見せ合ったりさえしていた」。

須恵村の女性たちの普段の暮らしぶりを描いた箇所での入浴シーンである。「上半身裸」という日常に続き、私が最初に目を疑った箇所だ。さらに描写は続く。

「かつて、藤田さんは洗濯をしようと着物をたくしあげたとき、他の女たちに長い陰毛のことをからかわれたので、家に帰って、そのほとんどを切ってしまった。今日、彼女たち全員に、自分の陰毛がいかに短いかを見せてくれた。彼女は外陰部が小さいといわれていたが、『そんなことなか、見て』と、両手でかかえるようにしていった。実際、その地帯はどちらかといえば小さめだった。彼女は、少女たちのを見ようとした」。

性器の見せ合いは、エンブリーが分析した「贈答」を思い起こさせる。盃や談話が贈答であるのと同じように、互いに対等に裸をさらす行為のやり取りは、はじあいの身体的な表現にすら見える。

だがむろん、須恵村でも皆が皆、裸が平気だったわけではない。夫妻が撮った写真の中には、上半身裸の女性の写真が数枚あるが、女性たちの対応は一様ではなかったようだ。「上田の妻が腰まであらわにして洗濯をしている写真を撮ったとき、上田の妻は躊躇《ちゅうちょ》したあと、写真を誰にも見せないなら、と同意

夏の仕事着の農婦。上半身裸は普通だった

した」という。恥ずかしがりやの若い娘は「胸を隠していることが多い」のも事実だった。

『女たち』第四章は「性——公と私」というタイトルである。「エラ・エンブリーは疑いなく、この研究をする時期までの日本の生活のなかでは、須恵村で出会ったような性についての土臭いユーモアやあからさまな話にたいして、心の準備をすることはほとんどなかったであろう」とは、ロバート・スミスの感想だ。「多くの人が性に関する語彙を教えたがり、また、この尽きることのない話題を、アメリカ人がどのように扱っているかを知りたがった」。

その光景は、夫妻に対する、村の女性による性教育とでも言うべきものだった。

「谷本さんは私に、人差指と中指のあいだに押しだした親指はヴァギナをあらわし、一方、それにあたる男の印は、ちょうど指差すように伸ばした人差指だと教えてくれた。人差指をもう一方の手の二番目と三番目の指のあいだに押しこむと、それは性交を表わす印のひとつになる」。現在でも見られるこの仕草は、この後、夫妻が宴会のたびに見せられることになる。

「唐芋（薩摩芋）は、ペニスを表す俗語である。人びとは『あんたの夫の唐芋は大きかと』とか、『唐芋は好き』などと冗談をいう」。

「体位はいつも同じで、女性が下になる。その後、必ず身体をきれいに拭く。……二度拭くのにとてもよい紙を使っている。……一晩に二回の性交はごく普通で、早く床についた長い夜や、まだ若ければ、とくにそうである。三回だって、実際、珍しいわけではない。しかし、夜に一度、そして朝もう一度というのが、非常によい。……江田のおじいさんは……恋人と一晩に八回という記録を作った」。

「彼女はキスをいぎすと呼び、どういうふうにするか、口をすぼめて、高い音をたててやってみせてくれた。彼女はキスについて、アメリカ人はとても上手なので、時には性交の代わりになるというのは本当か、と私に確かめた」。

「また彼女は、ここの神社でおこなわれる神聖な神道の踊りについて、私に語った。それは、すべての動きが性交を連想させるので、人びとは笑わずにはいられない、と彼女はいった」。

性に関するもろもろが天照大神によって考え出された、という文脈での話なので、「神道の踊り」が諏訪神社での神楽を話題にしていることが分かる。もっともその神楽はエラには「エロティックなものを連想させなかった」し、私も諏訪神社の神楽でなく、宮崎県高千穂の天の岩屋戸の前のエロティックな夜神楽を思い出した。しかもそんな踊りは、須恵村では神楽だけでなく日常茶飯事だったのだ。

「ジョンを貸してくれないか」

エンブリー夫妻に対する解説不要の〝性教育〟は続く。

「私はいま、ちょうど人生の最盛期にいるのだから、少なくとも一晩に三回は性交すべきだ、と彼女は思っている。……アメリカでは女も男と同じように性交を楽しんでいるかどうか、知りたがった。『なして女たちゃ、逆にうっとうしくなかかと。女たちゃ、ただ疲れはてとるだけばい』。彼女は、人は三十歳をすぎたころが一番よいと思っている」。

「こういう種類の話に、正子は明らかに当惑していた（若い妻たちが、しばしばそうであるように）。桑桐さんは、『妊娠四カ月後から、私は性交せん。……』といった。藤田さんは、後ろからやることを勧めた」。

「もっとも貧しい家に一番子供が多いのかを考えながら、外山さんは、『品物がとてもよくできとるからだろう』と不思議がった。……私は、これらの人びとは子供を持つより、他に楽しみがなにもないという、野口の意見を思いだした」。

「だれかが、私には一人しか子供がいないと発言したとき、江田は牧野がしたように、援助を申し出た。……天野さんは、私に、ジョンを貸してくれないかといった。ジョンの方が、彼女の夫より明らかによい種を持っていそうだから」。

「送別会で、『男を抱いてから千夜』という詩を歌ったあとで、彼らは私に、アメリカ人は一晩に何回性交するかとたずねた。私が答えるのを拒むと、『四回』と彼らは推測した。……みんなが、一回では十分でないと考えていた」。

「送別会のとき、鈴木はジョン・エンブリーに、『出発するまでに、「お前が男であることば示すために」日本の女と寝ること』を勧めた。『鈴木は、そこにいる男たち全部を指さして、みんな妻以外の女と寝たことがあるんだといった』」。

「森のおばあさんの病気が話題になった。『谷本さんは、おじいちゃんのペニスが大きすぎて、それで彼女は病気になったのだ、といった。それから、みんなを楽しませようと、彼女は森のおじいちゃんの長く、太く、曲ったペニスのことを描写しはじめた』」。

「驚くことではないが、子供たちのあいだでも、性的な冗談がかわされている。しばらくして、小さな子守の女がなぞかけを始めた。八重子はたずねた。『これなんね。五寸ばっか。昼ためならん。晩にためなる。白い汁でるもん』。彼女が半分もいわないうちに、文江がとびまわって叫んだ。『そのこつばい』。……八重子はいった。『まあ、文江はおちんちんだと思ったんですって』。大笑いになった」。

という具合だ。

「上品さというのは、たしかに輸入された学校の影響である。今日では、子供たちは裸のまま外を走り回ることは許されていないし、学校では女の子はみなブルーマーをはいている」というのは、まったく上《うわ》べだけ。子どもたちの性描写もまた、年の行った女性たちと同じ奔放さだ。一方で、学校の教師が村の若い女性と問題を起こすことも珍しくなかった。

以降も、体位、風呂の中での性交、きのこやらっきょう、昆布のたとえ、ふんどし、猫の交尾、犬の妊娠、性病、幼い子どもたちへの性的戯れ、性的いたずら、露出症、ちょっぱい（性交）・ちんちん・めめじょ・まんじゅう・ひょうたぶら（尻）・きんたお・つきじなし（原注によれば、「つきじは低い土の壁のことで、なしはないということだから、障壁がない場所とはヴァギナをあらわす、もっともらしい表現である。きんたおというのはきんたまとなにか関係があるのかもしれないが、なんなのかよくわからない」という）といった性に関する方言――など延々と続く。

そして、「これらの資料はどれも、個人的で、内輪の会話――この本には載せなかった、ごくわずかな、仲間の村人についての噂話のような例に見られる――から得られたものではなく、反対に、それはあけっぴろげで、率直で、明らかに直接的なものだった」ことをあらためて指摘しておこう。

「みんなが酔っぱらって、踊りまくり、下品な歌のない宴会は、ほとんどない」

『女たち』では続いて、宴会でのエロティックな歌と踊りが描かれる。

須恵村では、どの家もいつでも宴会ができるように準備されていた。「ほとんどの宴会で、人びとは踊り、唄い、食べ、酒を大量に飲み、そしてほとんど例外なく、かなりの性的な冗談や戯れがみられた」。最初は「穏やか」だが、次第に激しさを増し、「みんなが酔っぱらって、踊りまくり、下品な歌をうたいまくらない宴会は、ほとんどない」ために、それは「町や都市で育った部外者からの厳しい非難の的であった」。

「名付け式のときの宴会で、みなかなり飲んでいて、かなりきわどい歌がうたわれたが、踊りはもっときわどいものだった。ある反復句とともに、座蒲団が二つに折られ、踊っている人のまえに、ペニスを真似たものとして持ちだされた。天野さんが、性交の行為を表わすような特別の踊りを踊った。……そして、彼女は床の座蒲団の上に横になって、性交を真似するような動きをした。彼女が激しく身体を動かすので、みなが大笑いした。……彼女の娘も、座蒲団ではなく、瓶をペニスにして、同じような踊りをした。ときどき、瓶をはしでたたいて、情のこもった調子で、それを私のちんちんとよんだり、なでたり、ゆすぶったり、瓶の端の方に手をまわしたりしていた」。

「男女の生殖器を表わす言葉は、ほとんどすべての歌に現れた。子供たちはいつもこれを面白がり、即席の文句を繰り返しいいながら、外を走りまわっていた」。

次は、エンブリーの日録の記述だ。『須恵村』には収録されていない。

「彼女は木の棒をペニスとして用い、それを自分のヴァギナにもっていき、三味線のリズムにあわせて、それをぴくぴく動かした。……宴会のあいだ中、『内緒の愛人』と抱き合っていた若い女が立ち上がって踊りだした。彼女は小さなほうきをもち、それをペニスのように自分の前にもっていき、ぴくぴく動かす踊りをし、それで客の半分を攻撃した。彼女が引込むと、二人の女が立ち上がり、踊りのリズムに合わせて、激しくぶつかりあいながら、性交を真似ていた」。

ただ、そんな踊りを村のみんなが支持しているわけではなかった。「おばあさんたちのやる、いやらしか踊りは好かん」という声も聞かれたし、エンブリーの日録の踊りについては、「これは須恵村の他の部落ではほとんど見られないものだった。他の部落では、若い人びとは、おこなわれていることにしばしば、明らかに困惑して、ただ座って眺めているだけだった」という。須恵村の中でも、部落によって踊りの内容に差があったのだろう。

しかし、続くエンブリーの日録に描かれた「他の部落」の婚礼後の非公式の宴会も、負けず劣らず楽しい。こんな会話をエンブリーが理解できたとは思えず、助手の佐野がいちいち通訳したのだろうか。エンブリーが、どんな顔で相手をしたのかを想像すると、つい笑いがこみ上げる。

「踊りはあからさまだった。佐藤英次の夫人は、着物をはだけて、前の方をあらわにし、裾をたくしあげて、はげしく腰を動かした。すると、集まっていた大勢のものはそれを許容する笑い声をあげ、調子にあわせて手拍子をし、歌をうたった。……谷本さんは、私と盃をかわすために、私のところへきたが、私が盃に酒を満たして彼女にお返ししようとしたとき、酒が少しふちからこぼれた。それが暖かくて、ねばねばするので、彼女は『ほう、ねばねばする。性交のあとんごたる』といった」。

宴会は場所を選ばない。「寺の中央の部屋の仏像のまんまえで、彼女たちは酒を飲み、エロティックな踊りをし、どんちゃん騒ぎをした。その同じ場所で、その日のもっと早い時刻には、僧侶が、仏の慈悲を信じない人びとの運命についての悲しい話をして、女たちは涙をながし、そこで賽銭を投げ、祈りを捧げたのだった」。

帰還兵の歓迎会では盛大な仮装が行われた。「女たちは概して、自分が装った性に完全になりきって行動し、娘や女たちのみんなに言い寄っていた。……一人のおばあさんが若い女を、そして後には男をつかまえ、二人を壁に押しつけて、性交の動作の真似をした。集まっていた人びとは、どっと大笑いをし、一方、哀れな犠牲者たちは、解放されるやいなや大急ぎで逃げ出した」。

最後に、須恵村を離れる直前にエンブリーが「藤原さん」から被った「酔った肉欲的な仕草」が紹介されている。

「最初の数杯を飲むと、彼女はジョンのうえに身をおき、すてきな時間を過した。『今夜はいっしょに寝まっしょ』と、家まで帰るには遠かったので、みなが私たちに泊るよう説得していたときに、彼女はいった。ときどき、彼女は私に『奥さん、奥さん、エンブリーさんとこればしてもよかですか』とさけんだ。彼女はこの一年間ジョンといちゃついてきたのだから、二人はとても特別ないとまごいをしなければならないと主張した」。

エンブリーがどう受け止めたか、戸惑いぶりが想像できる。『女たち』に引用されたエンブリーの日録もこの場を取り上げている。

「……かなり酒を飲んでいた、この家の若い使用人が立ち上がって、ちょうどいい大きさの棒で、ペニス踊りをした。……これが藤原さんを刺激して、彼女は青年を強姦するかのように、彼に襲いかかった。……髪の毛をふり乱して背中にたらしていたので、彼女はまるで、エロティックな踊りを踊る絵のなかの女神のようだった。その絵は、神々を笑わせようとして、また太陽の女神を彼女が隠れている洞窟から誘いだそうとしている女神の絵である」。

この場面を振り返ったと思われる記述が、一九四三年にエンブリーが書いた『日本人』にもある。

「神社で演じられる儀式的な踊りは、より古い自由な性的踊りが形式化された表現のようなものと思われる。そして、天照大神の岩屋の前で古代の女神によって演じられたような踊りが、今日、日本の農村地域の宴会で踊られ、楽しまれているのかもしれない」。

むろん天の岩屋戸の時代の神話ではない。八十年前の日本の田舎の風景だ。

一方、次のエンブリーの『須恵村』における踊りの記述は、ノートの具体性をそぎ落とし、短く抑制的だ。

「やがて踊りは欲情的な性格を帯びてきて、利口な主婦も踊りに加わり、好き勝手な歌詞に合わせて、尻を前にぐいと出しながら踊る。男は杖を男根のしるしに用い、それを賛美した歌を唄う。こういった余興は集まった人々に爆笑の渦をまき起こさせる」。

ただ、宴会での女性の踊りについて『須恵村』には次のような分析がある。宴会だけでなく、女性の性のありようを論じたものだ。

「婦人のもっともよくある苦情は、その社会でなく、彼女らの性生活についてである。精神錯乱やヒステリーの多くは、明らかにそれによるものである。……男は好きなことがやれるが、妻は抗議もできない。彼は家によりつかず、免田の芸者屋へ行くこともできる。けれども女は男のような権利をもたない。宴会の女の踊りに性的な性質があるのはこういう事情のひとつの結果である。……これが一般的に認められた感情の表現方法である。女が酔わずにそのような滑稽に耽ったり、そしてもっと積極的に男を口説こうとする傾きがあれば、その『異常さ』はヒステリーである」。

エンブリーは、性生活の不満を晴らすために、「宴会の女の踊りに性的な性質がある」と分析している。異常なヒステリーの解消かどうかはともかく、確かに、憂さ晴らしにはなる。「積極的に男を口説こうとする傾き」とは、エンブリー自身が口説かれた体験を表しているのかもしれない。それほどに、酒や性への傾斜が、肉体的にも精神的にも疲れた一日からの解放を助け、明日へのエネルギーとなったことは想像に難くない。

第五章　イエと家族の生活誌

「須恵村の各個人の一生涯には、これを通じて共同体生活に即したさまざまの身の上の変化を示す重要な事柄が含まれている。……人生展開の諸行事に関しては、部落人や親戚の者が相い寄り相い集まって、酒宴を催す」（『須恵村』）

協同の基本単位は「世帯」

協同の主体である「部落」をエンブリーは「第二の親密なグループ」と呼んだ。では、第一は？　言うまでもなく「家族」あるいは「世帯」である。

「須恵村の住民の生活領域は、何にもまして彼自身の世帯である。世帯のものとともに食事し、眠り、また労苦と楽しみとを分かちあう場であり、稲作、養蚕および祖先崇拝をともに協同して営むのも単位としての世帯である」。

「労苦と楽しみを分かちあう場」というエンブリーの表現が全てを言い表している。

ここでの「世帯」は、『須恵村』の原書では「household」だが、日本語版では「家庭」「家族」とも訳している。『須恵村』第三章のタイトルが「家族と世帯」となっているように、エンブリーは基本的に世帯を「家族（family）」と使い分けているが、文脈に応じて同じ意味で使用している場合もあるため、訳はそれを反映したのかもしれない。原文では「home（家庭）」「house（家）」という言葉も使われている。このことは、家の複雑さを表しているとも言える。

「部落に葬式や橋の建設のような協同事業があると、頭割りでなく世帯割りでなされる」。エンブリーはエラと一緒に須恵村に滞在した。一つの世帯として部落の協同の作業を手伝ったことも、調査を円滑にしたに違いない。

まず、当時の世帯はどんなものだったのか。多くは、今で言う核家族ではなく大家族で構成されていた。具体的には、①小家族（戸主と妻、長男夫婦とその子ども、および主人の未婚の子どもから成る）、②隠居した祖父母、③若い未婚の兄弟や夫と別れた姉妹、④家事や農事の手伝いをする奉公人――を含む。より広い意味の家族には、一緒に住んでいなくても、戸主の兄弟、結婚して世帯を離れた子どもも含む。世帯を構成する人は「うちの（家の）者」と呼ばれた。

「裕福な家族には、村内や他村出身の下男や女中が使われる。……下男が家の娘と一緒に数カ月間働いたのちに、意外にも妊娠の事実が起きることもまれではない」。奉公人も、「家族と一緒に食事をし、田畑で家族と並んで働き、世帯の中に入っている」。

一般の家族生活では「子供との関係によってよび名がつけられている」。父や祖父は「とっつぁん」とか「じいさん」、母や祖母は「かかさん」「おばあさん」と呼ばれる。夫婦も同じ呼び方で、「あなた」は日常会話ではあまり用いない。日本語独特の呼び方に、エンブリー夫妻は子どもに対する日本人の接し方を見て取った。

社会一般でも家族内でも、年齢が重視された。最もつらい仕事は十八～四十歳の「青年」がする。四十～六十歳の男は仕事をするが青年に対する助言者として振る舞い、ぬしどりとともに部落の問題を指導、決定する。長男は「幸運」で、戸主権とそれに付随した社会的地位、物質的財産を相続する。しかし次男にも利点があり、裕福な家では長男よりむしろ次男に教育を受けさせる。町に移住し、好きな職業を選ぶこともできた。

「女の子はあまり欲しがられない」。しかし結婚してより高い社会的身分の家に入る機会もある。最初の子が娘なら都合がいい。「次に男の子が生まれれば、子守になってくれる」からだ。

盛装した家族

妻はほとんどが部落外の者で、男は部落生まれである。これは、男たちの「同年」の結合の強さと、十八歳以前は未知の間柄だった女性たちの結合の弱さを説明する、という。
この章が封建的な「家（イエ）制度」の批判的分析ではないところがエンブリーらしい。もちろん、天皇制国民国家としての近代化を目指した明治民法が、武家社会にならって戸主権に基づく家父長制を確立したことは、無視していいことではない。『須恵村』でも、「戸主の発言は法であり、彼の決するところ、世帯員はこれを実行せねばなら」ず、「家には共同的統一があり、その意思は個人の欲求に優先する」などと、個人を抑圧しかねない家制度としての「家」にも随所で触れてはいる。「娘を芸者や売春婦に売るのは、父親の権利」でさえあった。しかし、糾弾するような筆致ではなく、論評は抑制ぎみだ。むしろ、「家族と世帯」という章題に、「家父長的な家」というより、ムラ社会の協同のありように着目したエンブリーの姿勢が表れているように思える。

明治以前の須恵村では、名や住んでいる地名は言えても「普通の農民に家の姓はなかった」。実際は農民にも名字はあったが、公的にはもちろん、普段も使っていなかった。エンブリーは、武家社会と異なるムラの習俗があったことを言いたかったのだ。『須恵村』には、家父長的な家制度の側面は場面に応じて底流から滲み出ている印象がある。

養子縁組と〝いとこ婚〟

家の存続、つまり「家名存続と家系尊重」にとって欠かせなかったのが養子縁組である。「須恵村には子供のいない夫婦が相当に多いので、養子縁組はあたりまえになっている」。エンブリーが作成した当時の戸籍調査票を見ても、どの部落でも「adopted」(養子)の記述がある。養子は、次男、三男が多い。適齢期になると分家する。

「順養子」という制度もあった。子どものない人が、十五〜二十歳ぐらい年下の弟を養子にすることをいい、弟が兄の息子として一緒に住む。

養子縁組には儀式めいたものはないが、慣例として実父と養父の二人が盃のやり取りをする。結婚と同様、解消されることもある。養子は実子の権利をすべて保有する。ただ、養子は「とくに好まれるのではない。……異なった家風に適合していく困難がともなう」ので、十〜十二歳の少年を養子にする方がいいと考えられていた。

また、「家族制度は形式的には父系制であるが、養子縁組の習慣によって、実際には時として母系制のこともある」という。須恵村に五木村からの養子が多いことも興味深い事実だった。『須恵村』が家存続の視点で解説しているのに対し、『女たち』には、養子縁組に伴うリスクも列挙されている。

谷本さんの例はこうだ。「彼女は、自分のおなかで育て、自分で生んだ赤ちゃんと同じくらいの愛着を、養子の赤ちゃんにたいして持つことはできない、といった。……谷本さんはかつて姪を養子にしたが、姪にとってよいことはなに一つなく、彼女はただ邪魔になるだけだったので、再び実家に返した。谷本さんは後でまた、彼女を取り戻すことを計画している。女の代わりに男を養子にすることについては、どちらをとっても夫か妻を見つけなければならないのだから、まったく違いはないという」。

ほかにも、「結婚の取り決め以上に複雑で」、「非常によく練られた計画でさえだめになってしまう」、「紛糾した状況を生みだす」、「家族の成員のあいだの争いの原因にしばしばなった」。当時は、たとえそうした困難があっても、養子制度による家存続が重視されていたのだろう。

現在でも須恵では多くの養子縁組が見られる。子が女性ば

きびをつく母と子ども

かりだったため、結婚して他県に住む娘の一人を呼び戻し、結婚相手の男性を養子にした例もある。今の養子制度は、都市では子どものためになされる場合が多くなっているが、須恵ではなお家のためというケースが多い。当事者には、口に出せない苦労があるに違いない。

「いとこ婚」に関する夫妻の記述が興味深い。須恵村では「いとこ同士の結婚もしばしばある」。結婚費用を減らすことも理由だが、「教育のある人々には避けられていた」という。

いとこ婚には「平行いとこ婚」と「交差いとこ婚」の二種類ある。平行いとこ婚は兄弟の子ども同士ないし姉妹の子ども同士の結婚、交差いとこ婚は兄弟の子どもと姉妹の子どもの結婚のことだ。

『須恵村』では、「決まった組み合わせはないが、平行いとこ婚がより普通に見られる。加えてそのいとこは男の兄弟であることが多い。……二人の兄弟で、子供の結婚を取り決めるのは、姉妹のあいだで進めるよりも、一層容易である」という。このように、エンブリーは「平行いとこ婚が普通」だとする。

ところが、エラの『女たち』は逆に、「交差いとこ婚はよいが、二人の兄弟のあいだの結婚はよくない」と、平行いとこ婚が忌避されていたことを記している。違いの原因は確認できないが、二人が、それぞれ別の村人に話を聞いたためと思われる。

フランスの人類学者クロード・レヴィ＝ストロースによると、交差いとこ婚は、異なる血縁集団間で成員を交換することになるため、世界的には平行いとこ婚が禁じられる一方、交差いとこ婚は認められる地域が多数ある。しかも、母方交差いとこ婚（男から見て母親の兄弟の娘との結婚）の方が、安定した構造を形成するため、優先されるという（『親族の基本構造』）。一方、日本では、『源氏物語』の昔から、平行いとこ婚と交差いとこ婚のどちらも行われており、平行いとこ婚が禁じられているわけではない。

須恵村でも両方行われていた可能性が高いが、当時どちらが多かったかは分からない。現在はどうだろうか。何人かに尋ねてみたが、エンブリーが指摘した平行いとこ婚の例ばかりだった。そのうち、母親同士が姉妹の例もあるが、父親が兄弟のケースが多い。男兄弟同士の方が結婚を決めやすいというエンブリーの説明が当たっているからだろうか。

「家は、単に風水をしのぐ以上のものである」

エンブリーがその中に霊性と協同の時間の重みを感じ取ったのが「家」だった。

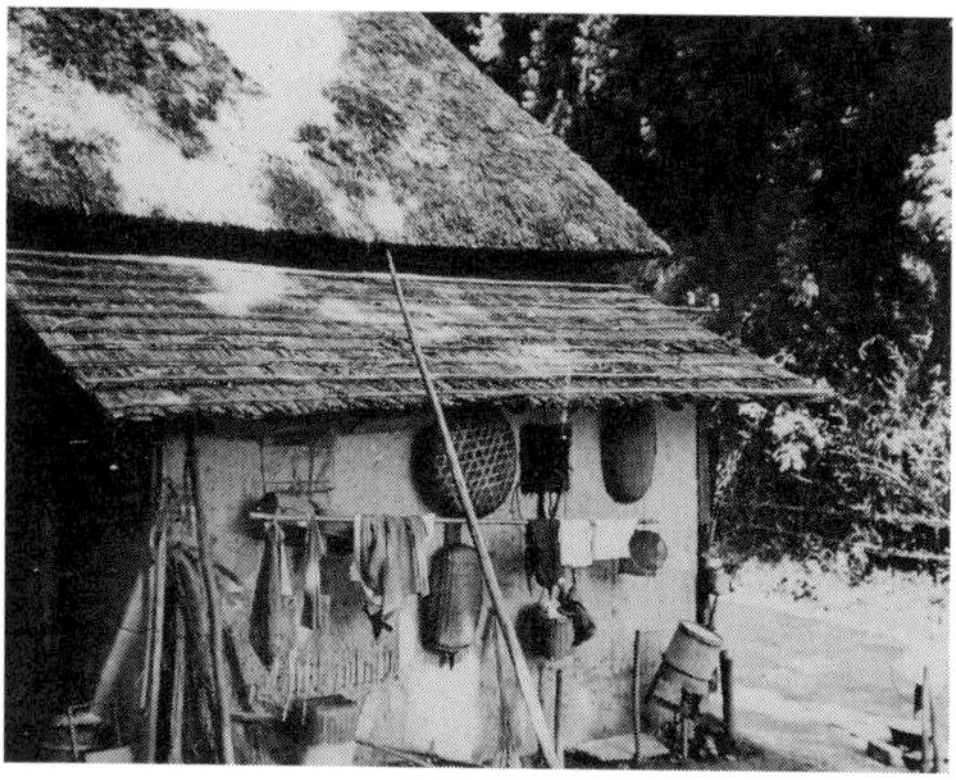

須恵の農家（台所の外側）

「須恵村の農家は、単に風水をしのぐ避難所以上のものである。家族全員が一緒にすみ、その仏壇のなかには先祖の霊がやどっており、煤けた台所の隅には、家の福の神の恵比寿と大黒とが、また炊事場や井戸、便所にも家の神がいる」。

家には、親しい家族関係があるだけでなく、守り神がいる。雨露をしのぐ物理的な家屋というだけではない。エンブリーは、個人主義的な西欧の家の構造との違いを須恵村の家で実感したのだ。

すぐ続けて、「家には都会にない古さや特徴があり、家は村の重要な物とすべて同じに、『部落』の人々の協同作業によってできた結実である」と記している。ここには、家が部落を形作るとともに、部落によって支えられているという相互関係、社会構造が繊細な目で分析されている。こうした観察と

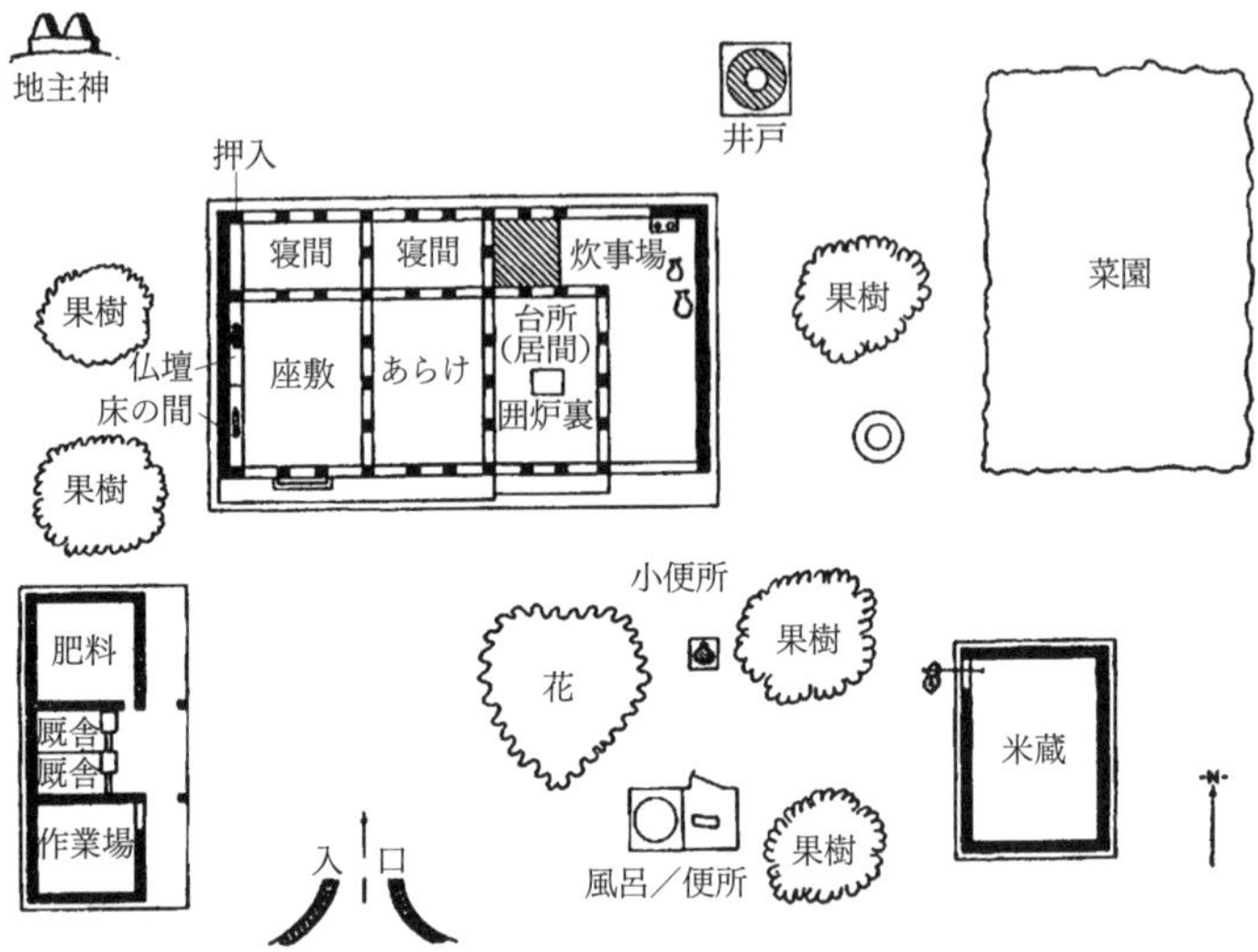

須恵村の典型的な家屋の見取図(『須恵村』原著所収の図版を翻訳)

描写の端々に、日本の農村に寄せるエンブリーのこまやかな愛情が感じられる。

エンブリーは、ルース・ベネディクトが日本の家を「危険な場所」(『菊と刀』)と評していることに対して、戦後書いた論文で、「家は、大人がいなくても、これら(恵比須や大黒)の精神的な存在のおかげで、安らげるとても安全な場所なのだ」と反論しており、この主張が須恵村での体験を下敷きにしていることは明らかだ。「小さな子どもの安全のほとんどは家の環境、例えば祖母の歌やお話、母の味、兄弟や同じ年頃の友達との遊びから生じている」。

普通の農家は一階建てのわら葺きである。木の扉は、夜は閉められるが、形式的なもので開けっ放しにしないだけ。普通、三部屋あり、「台所」は「いろり」があって家族が集う場所だ。「座敷」には仏壇と床の間があり、宴会をする。三つ目の部屋については、日本語版の『須恵村』には掲載されていないが、原書に掲載された間取り図には、台所と座敷の間にある中の間として「あらけ」と書き込まれている。

この「あらけ」について、『女たち』では分娩に使われるとしている。須恵の知人に尋ねると、「部屋が散らかっている、畑が荒れている状態を球磨弁で『あらぎゃあて』と言う。居間や座敷の散らかし物を放り込む部屋じゃないかな」とのこと。要は「納戸」、「何にでも使える部屋」だと話す。辞書には「あらける（散去ける）＝①ちりぢりになる。また、間を離す ②場所をあける」とある。「荒」「粗」という漢字が浮かぶ。

現在も多くの農家はこの三部屋が基本であり、エンブリーが「台所」と呼んでいるのは、いわゆる居間のことだ。私の体験でも、訪問客が飲食を振る舞われるのはたいてい居間で、大人数の宴会では座敷、あらけ、居間のふすまをはずし、三部屋を大部屋にして使われる。

母屋を取り巻いて、納屋、風呂場、便所、薪《まき》小屋や窯などがある。その中でも「晩の風呂は家の暮し、ことに女の生活に重要な役割を果たしている」。女は男の後に風呂に入るが、幼い子がいれば一緒に入る。

「この毎晩の親密な結びつきが、家庭の母と子との強靭な社会的紐帯をかたちづくるのである。女は家では単に低い形式だけの地位しかないが、母と子の関係はきわめて情緒的な結合があり、母に抱かれて寝たり、母と風呂に入ったりして、幼い時に築かれた少年の絆は後ほど家長として社会的組織を経験するようになっても、決して失われるものではない」。

風呂のない家もあったが、時には近くの二、三人の女性が一緒に入浴し、親しく談笑することで関係を保つのに役立っている。「ほかの村に生まれたために欠けている社会的紐帯をつくり上げていく助けともなってくる」という。風呂好きは日本人の清潔願望の表れともされるが、エンブリーは家族内そして部落の「絆」「紐帯」に注目した。

ちなみに夫妻が借りた二階建ての家では、一階の二部屋が夫妻の寝室と台所、二階の三部屋が助手の佐野青年、二人のお手伝い、二歳の娘クレアの寝室だったという。

家での日常の暮らしは、「家族が朝食、昼食、夕食を共にし、晩にはいろりのまわりにみなが坐る」。ただし、家族は食事や睡眠、家事など家の中ではみな一緒だが、公の場所では対照的である。夫婦でも連れ立って話しながら歩くことは決してなかった。部落の行事にも二人で行くことはあまりない。兄弟や姉妹が外で一緒にいることもなかった。ただ、結婚式や葬式など冠婚葬祭には普通一緒に出る。しかし、そんな場所でも夫婦は部屋の反対側に分かれて着席するのが普通だった。

家と部落への誠実

「世帯は主として女の領域である」。台所仕事でも、ご飯を炊くことは当時の女性にとっても最も難しい仕事の一つだった。エラも挑戦したがうまく炊けなかった。衣服を仕立てたり繕ったりするのも女の仕事。男の羽二重の婚礼衣装は、母や姉妹が家で織る。「妻は、料理をし、裁縫をし、洗濯をし、一日中家の男たちの世話をするだけである」。そして、女性の主要な美徳は「忍耐と寛容」という点で村人が一致していたという。役割が押し付けられ、家に閉じ込められた女性のイメージだ。

だがエラは、『女たち』で、そうではない一面を描く。例えば若い加藤さん夫婦は「いつも軽い冗談やおどけたお世辞をいいあっていた。……この夫婦は旅行をし、あちこちをいっしょに訪れ、川で船遊びをするなどしていた」。また、例外的だが、夫はときに家庭内の雑用を手伝ったし、子どものいない「恐ろしそうな一人の女性」は、いつも夫が世話をやいていた。

また、「村のゴシップの多くは、台所や戸口から広がる」とエンブリーが書いているように、エラの『女たち』は、ゴシップが飛び交う酒席と台所や戸口の井戸端会議によって作られたと言っていい。

女だけでなく、家族には、皆それぞれ仕事の分担があった。老人は幼児の世話をし、縄を編み、下駄を直し、庭掃除、簡単な手仕事をする。子どもは、親の手伝いをし赤ん坊を背負う。十五歳以上になれば親と一緒に働いた。「家族一人々々が、自分自身のためではなく、家のために働き、……この世帯の協同的統一性は、さまざまの関係に影響している」。

ただしエンブリーは、「協同的統一性」の例として、花嫁や養子の「家への誠実」を挙げている。協同という言葉に、個人の自由を制限する拘束のニュアンスを滲ませていることも見逃せない。だが、農家では女性は比較的地位が高かった。理由は、「もし妻と一緒に（仕事を）やらないと、彼（夫）自身の収入や食物の貯えは危うくなるからである」。

夫が赤ん坊を抱いた家族

そんな世帯は、「一つの単位であるので、家の者は『部落』の協同作業に家を代表する」。「これらの世帯の群はひとつの井戸を使い、共同して髪油を搾ったり、田植えには労力を交換しあったり、互に交代に風呂を使ったりしている。通常には『組』とよばれる小さな共同作業の単位をつくるのは、このような家の群である。

人力の「とうみ」で、もみ殻を吹き分ける家族労働

接近して住んでいるので孤立性はなく、世論が強く作用して、各部落の生活を特徴づけ、その社会的統合を強めもし、補いもするように、地理的単位を与えている」。

協同の礎である家は、「村の生活のどんなほかの様相よりも、その構造だけは変わらないままに残っている」といい、エンブリーには「幾世紀にもたったと推定できるものもある」と映った。「構造」という言葉には、物理的な意味だけでなく、祖先からつながる精神的な永続性も感じられる。

移り住んできた家が部落になじむため、住民に挨拶をする集まりである「見知り」という習慣が紹介されている。「お見知りおきを」という挨拶言葉は誰でも聞いたことがあるだろう。エンブリーは、「村入りがあると、この人は部落に対して『見知り』の会を催し、離村する場合も、部落に『別れ』の会をする」と書いている。

見知りは、毎日顔を合わせる部落の人々との協同の最初の行為とも言え、エンブリーは「贈答」の一種と見ている。この習慣は現在も残っている。部落に移住した人は村入りの挨拶をし、歓迎会が催される。小学校が新一年生を迎えた春の歓迎遠足は「見知り遠足」と呼ばれる。

そんな家にも変化の波は押し寄せていた。「世帯の統一性は、現在よりも以前にさかのぼるほど緊密であった」。多くの家内工業は、店で売っている工業製品に取って代わられた。自家生産していた衣服、履き物、道具類も貨幣で購入される。電気の影響で、石油ランプは電球に、米つき機は水力から電力に代わった。この変化によって余分の余暇ができた。換金作物や商店、町への依存度が増したことは家庭経済の変化を促す補足的な要因である。

家族のあり方は、戦後の民主化によって戸主制度、家制度が廃止され一変した。個人主義によって世帯が細分化され増加すると、部落との関係が希薄になっていく。女性の職場進出が拡大、少子高齢化が進むにつれ、妻方や娘との同居、また独居が増えるなど現代の家族や家は多様化し、多面的な性格を帯びるようになった。

エラ、お産に立ち会えず

『須恵村』では、「家」に続いて、家を構成する「個人」の生活史が、家と部落との関係を軸に描かれる。エンブリーは「誕生」「学校」「青年期」「徴兵」「結婚」「還暦」「死去」の順に追っている。

まず「誕生」。

「分娩はいつもきまって、できるだけ内密裡になされる」。

出産が分かると、近所の者は滋養になるあめ菓子の贈り物を持って見舞いに行く。三日後に、産婆、近い親類、親しい友人、仲人が招かれて「かみ（神あるいは髪）立て」あるいは「名付けの式」がある。魚の吸い物、祝いの菓子が出される。菓子は、鯛、松、ブドウや亀、桃太郎の形をしている。桃は女の性的象徴であり、桃太郎は富をもたらす伝説的英雄である。酒が一巡した後、子の名前の選択、命名が行われる。

父親が命名することもあったが、普通の命名の方法は、出席者が紙に書き、紙かごに入れる。産婆が仏壇の数珠の房をお神酒に浸して紙かごに入れ、付いてきた紙の名前を読み上げる。異論がなければ決まり、好ましくない場合はもう一度繰り返す。誕生祝の贈り物は、親類、友人は赤ん坊の着物の反物を、名付け式には米と酒を持参。お返しに赤飯、だんごとご馳走、酒が振る舞われた。

エンブリーは、生を受けた直後の赤ん坊でさえ部落の協同の中に放り込まれる様子をこう描く。

「名付けの儀式は赤ん坊にとって最初の共同体加入のあかしであって、名実ともに村を構成する一員としての人格が認められることになる。共同体でもその新加入を祝って十分に酒を飲み、古い民謡とか踊りによって相互のよしみを深くする」。

出産によって嫁は妻として明確な地位を与えられ、タバコや酒をたしなむことを認められるし、性的な冗談も言えるようになる。子が男なら三十一日目、女なら三十三日目に母親は着飾って村の氏神へ参詣に連れて行く。「生まれて一番危険な期間を生き抜いたことは氏神の御加護によるものとして礼詣りするのである」。「母の神」とされる観音堂に行く場合もある。この行事は「日明き」「忌み明き」と呼ばれる。宮参りのことだ。

エラが終始関心を持ち、しかし実現しなかったのが、「須恵村の女たちの生活のなかで最も私的な出来事」であるお産に立ち会うことだった。

「私は林家の人びとに、赤ん坊が生まれるとき、そこに居合わせたいといった。林家の人びとは、これまでだれも出産を目撃するのを許されていないので、困難だろうといった。女たちの何人かは、大変恥ずかしいし、当惑するということで、産婆が立ち会うことも望まない。……産婆は、女性の親でさえ、その部屋に入らないのだから、私は出産に立ち会えないといった」。

断られただけでなく、エラのあまりの執拗さに、女性たちは、「お産に立ち会うという試みに腹を立てていたことは明らかだった」。この点に関しては、エラは明らかに招かれざる客だった。「不運なことに、私はそのすべてを見そこなった」。

だから、出産に関する『女たち』の詳細な記述は、すべて出産後にエラが母親や家族、産婆から聞いた話ばかりだ。

出産では、いろいろな禁忌や慣行があった。食物の禁忌は「習慣の問題」で理由は誰も知らない。「新しく母親になったものは、かぼちゃ、こんにゃく、海老、赤い魚を食べてはならない。白い魚はよいが、黒い魚と赤い魚はだめである。……女たちは、これらの禁忌のすべては、……母親の健康をまもるためにおこなわれるものだといった」。

また、「日明きまえの時期女たちは汚いし、彼女たちはご飯を炊いてはいけない（というのも、彼女たちは火を使ってはならないからである）。彼女たちは重労働をしてはいけない。……分娩は家のどこかでおこなわれるべきで、家の外でおこなわれてはならない。……人びとが食事をする台所では決しておこなわれなかった」。

宮参りの母と子

誕生から三日目の名付け式では、「赤ん坊の顔には白粉がぬられ、それから額に一点、それぞれのほほに一点、そして下の唇にすこし紅がぬられた（男の赤ん坊は、大きく、強く育つことを現すために、ただ額に赤で大きく大と書かれるだけだった）。……へその緒は三日目にとれた。それは彼女の髪の毛といっしょに包まれ、その包み紙のうえに生年

女の子に乳をやる母親

月日が書かれ、引出しのなかにしまわれた。……昔はへその緒に針をさしたものだといった」。実家でお産することはない。神社に行く前に子どもや母親が川を渡ると神様の罰が当たるからだった。

出産に適した季節については、「冬のあいだ（十一月から三月）は、性交するには寒すぎるし、夏のあいだ（六月から十月）は、人びとは非常に忙しい……。だから最もよい時期は、三月から六月であり、村の赤ん坊のほとんどがこのとき受胎するのである。ここから、産婆の主張するように、ほとんどの出産が十二月から三月のあいだになる」。

とはいえ、「須恵村の他の部落よりも『伝統的』ということのできる平山においてさえ、出産に関する慣習は、完全にはみられない。……他の部落では、分娩と結びついた、いくつかの古い習慣は、完全に消滅してしまった」。

寛大すぎる子育て

次いでエンブリーは「教育と学校」を取り上げる。まず、須恵村の子育ての様子だ。

「子供は最初の一年ぐらい家中の愛をその一身に受け、母親の胸に抱かれ、甘やかされる」。『須恵村』に限らず、「子どもを甘やかす」という見方は、外国人の日本観察に必ずといっていいほど出てくる常套句だ。エンブリーは、さらにこう続ける。「一、二年もしてつぎの子が生まれてくると、今度は母親の細かい注意と愛情とはすべてその子に注がれることになる」。子どもが成長するにつれ父親は厳しくなるので「子どもたちは母親に対して強い感傷的な愛情を抱く」。

エンブリーのごく簡略な説明に対して、母親の子育てに関するエラの観察は鋭く、『女たち』の描写は克明だ。

「須恵村の女たちのすべては妻になり、そのほとんどが母になった。子供が嫌いだと公然と表明する女性は、まれであった」。

エンブリー夫妻は、女性およびほとんどの男性が子どもを寛大に扱っているのに、絶えず心を奪われていた。むしろ二人は、「子供にたいする過度の甘やかしに、しばしば驚かされていた」。

「中島の送別会では、女たちは赤ん坊を連れてきていた。佐藤又市の妻が連れてきていた少女――五歳ぐらい――は、決して母親のそばを離れなかった。彼女が盃を交わしたり、なにか他のことをするのに歩きまわると、少女はその後についてまわった」。

「小さな子供にたいする気ままな甘やかし」や、子どもたちが「無秩序の状態」のまま放置されていることは珍しいことではなく、「いつも驚きの源泉」だった。「江田のところの赤ん坊の葬式の一日中、子供たちはいつもとほとんど同じように、走りまわったり、喧嘩をしたり、人びとの邪魔をしたり、いわれたところにいくのを拒んだり、あらゆる機会にご飯を求めたり、いま掃除したばかりの客間に食物を持ち込んだりしていた。また子供たちは、お母さんやお父さんを探して泣き、着物を替えて欲しいと言い張り、家で作られた衣服を着るのを拒んだりした。そして、子供たちが得たものはただ、大声で『よし』といわれるか、怒られるかのどちらかであった」。

「多くの若い父親は、自分の子どもにたいする愛情を公然と表明していた」し、「ほとんどの母親の我慢強さは、実際には限度のないものではないにもかかわらず、それはほとんど限度のないもののように見えた」というのが夫妻の偽らざる感想だった。そうした寛大さは、ときには「無視と無関心に近い」と思えることさえあった。あるいは、「私たちがクレアを、そんなに早い年齢のうちから一人で寝かせているることは、不思議なことだった」だけでなく、「私が東京に赤ん坊を置いてきたことから、私をあたかも犯罪者であるかのように」見られることもあった。

エラのノートには、『女たち』には収録されていないこんな場面もある。「私は、学校の上級生の女の子が男の子をいじめているのを知っていた。女の子は、彼が怒りだすまでひどくいじめる。彼女は彼に向かって舌を出し、おもちゃをひったくって逃げる。私は、子どもたちは悪くないと思う。なぜなら、彼らは決して『いけません』という言葉を聞かないからだ」。当時、「いじめる」という言葉はあっても、今で言う絶対悪としての「いじめ」の観念があったとは思えない。

「ここの母親たちは無限の忍耐を持っている」

「誰が誰と寝るのか」。現代の日本では親子が「川の字」になって寝るイメージが強いが、当時の須恵村では、「日本の他のところと同じように、母親が一番下の子と寝て、父親がその次の子と寝るのが、一般におこなわれていた」。また、母親は赤ん坊と、父親は一人で、小さな男の子たちはまとめて別の部屋で寝る家もあった。両親が一つ部屋で寝る場合は子どもたちは別の部屋で寝たが、両親と一緒に寝るときは父親と母親の間で寝た。三世代家族では、若い夫婦は赤ん坊と一つの部屋で、年取った夫婦は大きい子どもたちと別の部屋で寝た。

いずれにしろ、「このように子供にすべての愛情を投資することは、まったく普通のことであり、子供はいつでも、夫より愛らしいものなのだ」。エンブリー夫妻にとって、須恵村の「幸福な家族」とは、かわいい子どもたちに囲まれた家族だった。「人びとはいっしょにいることで最大の喜びを感じ、互いに面倒をみることで楽しんでいる」、そんな無償の協同関係だ。そして同時に、「女たちは、自分の赤ん坊を非常に誇りに思っていたし、またつねに、他の女の赤ん坊に関心を持っていた」。

一方でエラは、寛容と甘やかしが行きすぎと感じることもしばしばだったようだ。

「赤ん坊が泣くとすぐに、そのときまで、なにか他の活動に夢中になっていた子守りや他のものが、赤ん坊を抱き上げる。このことが、なぜ一番下の赤ん坊がそんなにたびたび泣くのか、また、あらゆる注意から見放されたその次の子が、なぜかんしゃくを起しやすいかの理由である」と思えた。また、「林万蔵の家で、川辺さんと佐藤さんは、林さんを叱りつけていた。というのは、林さんがある日、野良に出かけ、一番下の子供を家に一人で残しておいたからである。『馬鹿な』と二人はいい続けた。彼女はただ笑って二人に、なにも悪いことは起きなかったといった」。

野良着姿の女たち

「子供と話すときには、すべての人がたくさんの赤ん坊言葉を使う」。奉公人を含め九人の大家族の多和路家の二歳の赤ん坊の例。「よちよち歩き

子だくさんの家族

をし、ひっきりなしに赤ん坊言葉で話し、すべてのことを理解しているようだ。彼女は訪問客にたいして、ひざまずいて、おじぎをして、きわめて適切に挨拶する。ご飯はまんま、水はもも、座るという意味の特別の言葉として、ちんしないがあり、歩くは、あんべあんべである。汚いはべべである。だけど、彼女は、なにか食べるものがもっと欲しいときは、大人がいうように、もおいっちょおという。……概して子供たちは最後には、自分たちが求めていたものを手に入れている」。

子どもたちは、性的な振る舞いでも自由だった。二人の小さな女の子は、「『赤ちゃんはぼぼからでてくる』とか『ボールはおなかからでてくる』というような文句を口にしては、楽しんでいた」。二人の男の子は、小さな女の子を床の上に投げ倒し、「一方が彼女を押えつけていると、他方が着物をまくって、彼女がどう作られているかを見ようとした」。

エラは須恵村の女性の子育てを寛容すぎると思い、逆に須恵村の女たちはエラの育て方を冷たいと感じた。お手伝いだった奥田モモエさんが、当時を思い出しながら子育ての相違を話してくれた。

「エンブリー夫妻は一階で寝て、二階の奥にクレアちゃんが一人でベッドで寝とった。私も二階じゃった。クレアちゃんはなかなか眠れんで、よくバタンバタン音がしとった。一人で寝かすのも日本じゃ考えられん。エラさんはずっと調査に出てあったけん、私がクレアちゃんの親代わりばしとって、ほとんど見とった。エラさんのクレアちゃんの育て方は、そりゃ厳しかった。手を引いてやっと歩いとったが、倒れても起こすな、手も引くなといつも言われていた。かわいそうで、起こしてやったら、クレアちゃんがとても喜んだ。エラさんはやかましかったばってん、エンブリーさんは優しくて良か人やった」。

ムラの甘い子育ての結果として、腕白ぶりが際立つのが男の子だ。「小さな男の子の行動を統制するものはなにもない。彼は君主である」。

しかし、男の子が悪いわけではない。「子供たちは、じぶんたちのやりたいことをするなかで、『だめ』といわれたことがないからだ」。もちろん親はしつけもするし、叱りもする。まれなことだが、ひっぱたきもした。が、男の子を見るとき、エラにはそれらが「無駄な努力」に思えた。「もし、その子たちがなにかを望めば、母親はどんなに忙しくても、普通は彼らのためにそれを取ってやる。……この母親たちは無限の忍耐を持っている。……子供のあらゆる気まぐれに従っていた」ように見えた。

特に自分の下に子どもができると、上の子は癇《かん》癪《しゃく》を起す。「下から二番目の男の子が母親に腹を立て、かんしゃくを起した。裏庭にいる父親が、彼をなだめるために連れてこられたが、あまり成功しなかった。男の子はついに下駄を取り上げて、それを母親めがけて投げつけた」。

新しい赤ん坊の誕生によって居場所のなくなった上の子は祖母が預かった。「この男の子は大変す

エラとクレア

ねていた。おばあさんは、それは彼がもう一人子供が生まれてくるのを知っていて、それが面白くないからだ、といった」。

「田舎の学校に落第というものはない」

子どもは、小学校に入ると諏訪神社に詣でる。「神主から道徳や日本の国の強さ、天皇の偉さ、神の尊さを聞かされ、文部省発行の一年生の修身教科書が手渡される」。それは子どもにとって「部落や村を超えた世界との最初の接触」でもあった。

日中戦争さなかの時代を反映して、『須恵村』では軍国教育の様子が描かれる。

「子どもたちは批判的に考えるための試みは何ひとつ教えられない。教育の内容は……道徳性のことに傾き、……東京の文部省の教授要項そのままに則っている」と、軍国教育の画一性に触れている。さらに、年に数日ある国の祭日には「教育勅語が厳かに読みあげられ国歌が斉唱される」が、生徒たちは、運動会や同窓会など「他の行事の方を一層喜ぶ」。

六年間の子ども同士の結束は「将来とも村の統一に重要な意義をもつことになる」。それは、軍国教育の半面、昔からの郷党教育の意義でもあったと思われる。ただ、原書で十ページに及ぶ教育に関することの一節は、訳書では三ページしかなく、訳者による意図的な省略も感じられる。

次のくだりは、現代から見てどう評価するか、須恵が特別なのか、とても興味深い。

「田舎の学校に落第というものはない。子供の心理的影響や家族の恥辱は、精出して二度習ってみても決して償われるものではないと教師は感知している。運動競技でも一、二、三等はなく全員が賞を貰う。皆に賞を出すと誰も不当にあつかわれたとは思わない。ときには優等とか一等賞とかもあるけれども、それより協同行動の団体賞が多い」。

思い込みが入り混じっている印象もあるが、こんな箇所ではアメリカ人としての評価を書いていないのが残念だ。スポーツに競争は付きものだが、エンブリー夫妻には、競争を避ける気風は付和雷同に思えたか、それとも争いを嫌う穏やかな作法と映っただろうか。

エラが学んだマーガレット・ミードの『サモアの思春期』には、サモア社会の「のんきさ」を表したこんな一節がある。

ボール遊びをする女の子たち

「誰も生活にあくせくすることもなければ、成長が遅いからといって、ひどい目にあわされることもない。それどころか、才能のある者、早熟な者は、仲間うちの一番遅い者が追いつくまで待たされるのである」。
子どもの遊びについて、『須恵村』では、「放課後に男の子は戦争ごっこをしたり、女の子はお手玉や『まりつき』をしたり、時としては赤ん坊を背中におんぶして遊ぶ。こんな時に歌われるいろいろの遊戯や子守り唄がある」と、たった二行触れているだけである。
一方、『女たち』には「遊び仲間」という一節がある。「小さな子供たちは、少し年上の少年や少女からと同様、互いに遊び方を覚える」。意味は分からなくても、小さな子は年上の子が「じゃんけんぽん」や「かくれんぼ」をするのに加わり、真似て覚えた。学校に通うようになると、遊び場所は学校に集中する。そして、しばしば年上の子どもたちは、弟や妹、近所の小さな子どもを連れていった。

「今朝の七時、すべての子供が遊びをやめ、学校に向かって歩いていった。年下の子供が群の先頭に立ち、魚の群のように歩いていた。同じ部落の子供たちがいっしょにまとまっていたが、同じクラスのものがいっしょにいくときは、その集団に加わっていった」。

田植えの季節には、すべての子どもが先生に面倒を見てもらうために学校に送り込まれた。四歳から六歳までの子どもの「託児所」ができたが、「子供たちと先生の両方が当惑しているように見えた」。当時の須恵小学校の児童数は現在の五倍の約三百人。そこに入学前のやんちゃな子どもたちも一緒という光景はすさまじかったに違いない。

小学校では、女の子は男の子と同じように扱われたので、エラには、性の区別は小学校の卒業とともに始まる、と思えた。小学校では、学級ごとというより部落ごとの競技会が行われた。この春に学校を終えたばかりの十三歳の女の子は、家の料理をし、朝の七時から夜の七時まで赤ん坊の子守りをしていた。その友達で同じ十三歳の女の子の一日はこう描かれる。

「六時に起きて、顔を洗う、髪を結ぶ、神棚にお辞儀をする、朝食をたべる、お堂で一種類か二種類の遊びをしてから学校へ行く。放課後は、他の女の子と遊ぶ——家でなにもいいつからなかったら、彼女は夕食に呼ばれるまで遊ぶ」。

隣り合わせの病と死

続いて『女たち』では、子どもの個々の遊び方の事例を超えて、興味深い成長過程の観察が記述されている。
「学校にいくだけ大きくなった子供は、すべて集団をなして遊び、通常、同じ学級のなかの同年仲間を作ったが、ときには、この集団は三つか四つの年齢の幅をもっていた。だが、就学前の子供は、遊戯集団にじょじょに加わるかたちで成長していく」。

まず赤ん坊。

「小さな赤ん坊はいつも母親の腕のなかか、子守りの背中にいて、この場合は、お守りをするものと不可分であるという事実のおかげで、赤ん坊はすべての遊びに参加できた。赤ん坊が歩くことを覚え始めるにつれて、母親は、そこでおこなわれている子供の遊びに、赤ん坊をみそっかすで参加させる」。

次いで、「三歳ぐらいになり、子供がまったく上手に歩きまわれるようになるころには、子供は通常祖母に任されるようになる。……この子供は、遊戯に乱入したり、それを妨害したりしないように、なわ飛びのなわの一方の端を持つようにいわれたり、姉さんからいしいり（石けり）の遊び方を教えられる。この年齢では、子供は自分たち自身の集団をまだ持たず、いつも年上の子供たちの後をついていき、彼らの真似をしようとしている」。

祖母と妹を載せてリヤカーを引く女の子

そして自立へ。

「少数の近隣の子供たちが、彼ら自身でいっしょに遊べるだけ大きくなると、新しい年齢集団が突然、舞台に現れるようになる。いま、四人の小さな男の子からなる一つの集団ができた。この四人はつい二、三週間前、祖母にくっつくことをやめ、いっしょに歩きまわり始めたのである。この子たちは、少し年上の男の子の遊びに従ったり、自分たちで遊びを作ったりしていた。旗、棒、石で、彼らは一日中遊び、走りまわり、小川に橋をかけたりしていた」。

こうして子どもたちは急速に成長する。

子どもの遊びには、大人の真似が含まれる。夫妻が須恵村に住んで四カ月後、エラは初めて「ままごと」遊びを知る。「女の子――そのほとんどが小学校の三、四年生――が家の前でござを広げていた。森の小さな男の子と二人の小さな女の子のうちの一人が『あかちゃん』だった。二人は毛布と綿の入った着物にくるまれていた。子供たちはこの二人を家から連れだし、そこに寝かしたのだった。せんべいが『おとなしゅうさする』ために、二人に与えられた。後には台所がある、と子供たちはいった」。

また、「やど（宿屋）」の遊びもする。台所を作り、「魚、きび、菓子、ご飯、バナナを表す、いろいろな草を集め……葉はお皿として使うために集められた」。「客遊び」ともいった。

女の子の中には、踊りのステップを真似しながら、宴会で女たちが歌っている歌を口ずさむ子もいた。「子供たちは大人の生き写しである」。エラのノートには、このほか「わさとび」「すてんとんぐるり」「お手玉」「陣取り」などの遊びが取り上げられているが、『須恵村』も『女たち』も詳しくは触れていない。

エラには過剰にも見える親たちの「子供たちの幸福への気配り」がある傍ら、「多くの小さな子供が死に、また多くが病気だった……。この村に医者がいないために赤ん坊が死ぬことや、栄養不良や重労働のために死産がみられることに、私はいつもぞっとしていた」。早い離乳と栄養の欠如が子どもの健康に対する二つの重大な脅威とみなされていた。皮膚病の幾つかは不衛生によるものであり、あるものは食

雛祭りの日に盛装した三姉妹とその兄

生活の慣習からくるものだった。

「為蔵の赤ん坊にできものができたとき、人びとはその赤ん坊を祈祷師のところにつれていった。祈祷師は赤ん坊にお守りを与え、赤ん坊はそのお守りを首にかけて身に着けていた」。

また、子どもたちは、シラミやノミを持っていて、大人にうつしていた。女の子が互いにシラミを取り合っている光景は珍しくなかった。夫妻の娘クレアは、子守りの一人からうつされた。「ある人たちは特別の薬を使用するが、普通はただ放っておくだけだ」。

エンブリー夫妻が須恵村にいる間に三人の子どもが死んだ。一人は生後十八日で医者を呼ぶ前に、一人は双子の一人で三日後の名付け式の日に死んだ。双子の場合は、家族は残った一人の名付け式の主人と、死んだ子の葬式の客の両方を務めねばならなかった。もう一人は、第三章で触れた五歳の子で溺死だった。長生きの老人は当時も珍しくなかったが、平均寿命を縮めた大きな原因は子どもの早死にだった。

エラが描く子守りの方法も時代を表している。よちよち歩きの子は遊びの邪魔になった。「子守りは、子供たちを、立ったままか、座らせた姿勢で、柱に馬のように縛りつけ、縛りつけられるのは楽しいことだと説得していた。……少し年上の赤ん坊は、お堂のなかに好きなようにしておかれた。他のすべての試みが失敗すれば、子守りたちは赤ん坊を自分の背中に負い、自分たちの遊びを続けた」。

試験結婚(三日加勢)という風習

青年期を迎えると、「村の青年男女は一緒につれだって働く機会が多い」が、「あまり忙しいので、ロマンスが生まれるどころではない」(ただし「夜這い」については、後に『女たち』に関連して詳しく触れる)。男子が二十歳になると、当時は必ず徴兵検査があった。出稼ぎに出た者も帰村し、須恵村では例年十五~二十人ほどが受けた。入営前に大歓送会がある。出発当日は大勢が村のはずれまで行列して見送り、その後酒盛りがある。「青年は軍隊から帰った時にはもはや田舎の農夫ではなく、むしろ極端な愛国主義者になっており、刺激のないおきまりの農業労働と地方の慣習に再び自らを合わせることの困難を知り、更に東京に入営したり、満州に行ってきた者は一層強く倦怠を感ずる。それも数カ月後には村の型に落ち込んで行く」。

そして、エンブリーが「子どもと家庭の年寄りとはしばしば意見が一致しなくなる。大学にでもいくと、田舎の故郷にはとても帰ってこなくなる」と記した須恵村の若者の離郷の実状は、現代にも通じるテーマだ。過去十年で大学や専門学校に行った男子は九人(女子ゼロ)と、教育を受ける男の子が多くなった。その結果、「このうちたった一人だけ村に帰って来たほかは、そろいもそろって東京、熊本、人吉に留ってしまった。この一人さえ父親の死亡と本人の病気のためしかたなく帰郷したもの」という状況だった。

次に、両親が選んでくれた娘との結婚がある。

「青年は二十三歳か二十四歳、つまり軍隊から帰って、一、二年後に結婚する」。妻は十七か十八歳。家制度がなくなった今と異なり、「結婚は第一に、二つの家の社会的とともに経済的な協約である」。男性は結婚してはじめて共同体の一員となり、一人前の男して認められた。「結婚前は父の息子とみなされるにすぎない」。

結婚では、まず相手を見つける「内緒聞き」という役目がある。世話好きの親しい女性が多い。「予備的な秘密の動きが、すべて為された後に正式の仲人が選ばれる」。仲人は、結婚を進める上で重要な役割を果たすため、村長や地主など村の要職を務める人が多い。仲人は家庭問題が起これば調停するし、生まれて来る子どもの名付け祝いにも招かれた。富裕な家では結納が交わされる。式は須恵村ではほとんど十〜十二月に行われた。

制服姿の同級生たち

エンブリーは、贈り物のやり取りや式の次第、祝宴などについても詳しく書いているが、球磨郡で今も行われている「地蔵出し」と呼ばれる珍しい行事を紹介しておこう。「部落の若衆は……近所の石の地蔵を持ちこんでき、……地蔵は花嫁が実家に逃げ帰るのを防ぐ譬喩《ひゆ》になっていて、数日後花嫁の縫った新しいケサをつけて道路わきに戻される」。

式の翌日には、役場、学校の先生、村の有力者を呼んで祝宴が開かれる。さらに次の日には部落の人々が招かれ、それらは「茶飲み」といわれて、「新婦を共同体に披露するためのものである」。宴会は三日連続で開かれた。ただ、比較的貧し

エンブリー夫妻が須恵村に滞在して十一カ月、夫妻に和やかな笑顔を見せる運動会見物の女性たち

い家では、華美な金のかかる祝宴はなかった。

関連して、「三日加勢」という球磨地方独特の結婚の風習があった。「華美な挙式の代わりに、娘は両親、それに付添の女か仲人もろとも新郎の家に行って、三日間泊って帰るのである」。双方が合意すれば後で正式の結婚に及ぶ。式は滅多に挙げず、ちょっとした宴会で済ませた。実際はそのまま実家に戻らないことが多かった。利点は、「もし結婚が失敗に帰してもどちらの側も大して世間的に面目がつぶれたことにはならないとされる」ことだ。

『女たち』にも「試験結婚（三日加勢）」の一節があり、七ページにわたって詳述されている。三日加勢は「一九三五年よりも以前はもっと一般的だった」という。「見合い」は「見来合《みきあ》い」といい、「『今では見来合ちゅう変わった行事のありますが、うちの時代には、うちたちは婚礼のときに初めて花婿の家にいくだけでした。そらみな三日加勢の取り決めだったとでした』と言った」。

また、「藤田さんは、このような試験結婚という特別の結婚がおこなわれるのは、婚約はすでにおこなわれているけれど、正月まえに婚礼を予定するには十分な時間がないときで、……婚礼は二月まで延期されるだろうから、婚約が破棄されないようにするため、試験結婚がおこなわれたのだ。花嫁は三日ではなく、約一週間滞在する。だから本当の三日加勢ではない、と彼女はいった」。

エラのノートにはこんな記述もある。

「その家の少女は『三日加勢』に行ったとき、夫と寝た。そして彼は、結婚前に数回、彼女と寝るようになった。三日の滞在後、その状態は終わるが、もし子どもが宿ったなら、そのときは出産する考えだった。最初、彼女は心配だった。新しい家の中では何も分からないと思ったからだ。しかし、今は彼女は気分がいい。彼女は炎症を起こした背中のため、しばらく前に家に戻った。しかし二日後、夫は自転車で彼女を連れ戻した」。

三日加勢は、このように須恵村でもさまざまな形、意味付けがあったようだ。むろん今は聞かない。

隠居後の人生

男は結婚後、特に父親になって正式に共同体の一員となるが、戸主になるのは前の戸主が死ぬか隠居後だった。嫁の場合も、姑《しゅうとめ》が元気なうちは世帯を任されない。

「男は年をとるにつれて部落での重要な地位につくようになる。……そうかといってあまり年がいきすぎると、面倒な家長として重責を果たすことができなくなり、七十歳位になると隠居して離れの部屋で住むようになる」。

その前に、男女とも六十一歳の誕生日になると、還暦の祝宴がある。「この時期に第二の子ども時代に帰入するのであり、子どもの時のように気まま勝手に言うたり為したり、また欲しい物も手に得られる」。六十一歳でほぼリタイアし、その後は「お寺まいりに一日一日を生きるようになる」。

男に比べて、須恵村の女たちの老後は必ずしも楽なものではなかったようだ。エラの印象はこうだ。

「女にとっても、また男にとっても、六十歳の誕生日を過ぎた後の人生の期間は、理論上は、責任が小

庭先に佇む高齢の女性

さくなり、行動にかなりの自由が認められる期間である。須恵村でのこのような女たちの宴会での行動はしばしば、そこに住んでいる部外者に大きなショックを与えるものであった。そして、彼女たちこそは、魔女にもっとよく似ているものと見なされていたのである。彼女たちの何人かにとっては、老年期はまったく楽しい時期で、その人たちは上品に年をとっていた。他のものは、病気、家族のトラブル、貧困をつねに心配しなければならなかった」。

だから、「女たちのすべてが、そんなに感じがよかったわけではない」し、子どもと仲が悪いこともあれば、三世代家族の女たちは時々、まったくうまくいっていなかった。

また、「妻の運命がいかに困難なものであろうと、寡婦や遺棄された女性の運命がそれよりも悪いことは否定しがたい」という事情こそが、「もし再婚が可能であれば再婚するという女性の傾向」の背景にあった。さらに、「疑いなく、すべての人のうちでもっとも悲しい人は、子供たちに捨てられ、一人で住んでいる、年とった婦人たちだった」。

最後に『須恵村』では、人が死んだ場合の協同的な葬儀の段取りが紹介される。ちなみに一九三五年当時の日本人の平均寿命は四十八歳だった。

まず、「家族の誰かが死ぬと、親類、縁者に電報が打たれる。通例は、翌日行われる葬式に参加できるように知らされる（須恵村では電報は今日もなお不吉な知らせを意味している）。またぬしどうりに連絡し、ここから部落の各家々に知らされる」。親類は米や焼酎を持参、部落の手伝い人から茶と豆の接待を受ける。親類は棺や墓地の準備の手助けはしない。部落の手伝いが、霊屋《たまや》、棺、紙の旗、旗ざお、ちょうちん、ろうそく立てなどを作り、女性は膳を準備する。僧侶に精進料理が出される。お経の言葉は誰も理解できない。葬式が終わると部落の人は野辺《のべ》の送りの準備だ。

特別席で運動会を見物する高齢者たち

「日常の慣習と反対の方法でなされる」風変わりな葬式の風習も描かれている。死体のそばの衝立《ついたて》は逆さまに立て、掛け軸は裏返しに。死者の衣類も裏返しに干される。故人を悪霊から守る風習とされるが、むろん今はない。

エラは後に「コミュニティの一員になれたのは葬式の準備に参加させてもらってからだった」と述懐している。家族や親類だけでなく、人の死、その弔いは村にとっても重大な出来事だった。

エンブリーは、以上の人の一生の三大行事「出生」「結婚」「死去」を通じて共通の特徴が幾つかある、という。

第一に「仲立ち人」がいることである。出生には、子を世に引き出し、名を付ける産婆や祈祷師。結婚には、好ましい相手を見付ける「内緒聞き」と両家を取り持つ正式の仲人。死去の際には、僧侶である。式では仲介人が上座に就く。この仲介人の存在は、後述する「忌避」の項で日本文化論としても描かれている。

次の共通点は、この三つの場合とも、「基本的に家族の出来事である」ということだ。出生は、部落にも価値があるが、まだ潜在的なものだ。それに、かつて赤ん坊はよく死んだ。結婚は家にとって最も重要なものである。結婚によって、「家族の将来の福祉」を担う相続人ができる。部落の人は茶飲みによって結婚を知った。死去の場合は、部落の人は家族ほど悲しまない。葬式の規模は年齢と社会的地位によって異なった。

エンブリーは三大行事を「家族の出来事」と解説しているが、どの場合も部落との関係に触れている。当時のあらゆる行事が、地縁と血縁の二つの「協同」の関係が濃淡混じり合いながら営まれていたことを物語っている。

第六章　女の一生

「われわれは、酒をたくさん飲む妻、意地悪ばあさんである妻、あるいは姦婦として広く知られた妻に出会ったが、これらの妻は、長い間それを耐え忍んできた夫によって離婚されることはなかった」（『女たち』）

「女の子たちは、妊娠や月経についてほとんどなにも教えられていない」

家に入る妻として、母として、また女として、須恵村の女性たちの生涯はエラの目にどう映ったのだろう。

『女たち』の「生活の実態」の章では、まず妊娠と出産の状況、それに関連して女性の重労働が詳述される。

「女の子たちは、妊娠と子育てについて、母親から、どちらかといえば、ほとんど聞かされないし、月経についてもなにも教えられていない」。

だから、それらは学校で年上の女の子か、別の結婚した女性から教わる。十四歳でも月経のない子もいた。

エンブリーが、「農夫達は産児制限について、話として聞いてはいるが実行していない」、「村に堕胎の事実はなく」と短く触れているだけの産児制限について、エラは強い関心を抱いた。

「女たち、および一部の男たちは、百姓は子供をあまりに多く生みすぎる、と考えている。しかし、『避妊の実行はまったく拒否されている』にもかかわらず、『多くの場合、赤ん坊は約三年という間隔で都合よく生まれている』」。

エラは、出産計画による結果と思うものの、村人はそんな計画はまったく持っていないという。「いずれ授かる」というのだ。堕胎は法律で禁じられているが、秘密裏に行われていたらしい。

アメリカの実情について、エラは多くの質問を受けた。「アメリカではすべての結婚は恋愛結婚だといったとき、皆が驚いた。あなた方は、ただきまった数の子供だけをもつのか。私はそうだといった。それは政府の政策か。私は、それがどのようにおこなわれるかを説明した」。

女性と違って、男たちは避妊の問題を妻との関係でなく、売春婦との関係で取り上げた。「町からきた男は、芸者はコンドームやビデを使っているといった。私たちの方法が話題になったとき、錠剤は溶けるままにされることを知って、彼らは衝撃をうけた」。

「赤ちゃんがどこから生まれるかについて」も、「後に友達から教えられるが、『決して親からじゃなか』」。女学校には婦人衛生についての教科があったが、赤ん坊は母親の「おなかから」生まれると教えられるだけで、「学校での性教育はおこなわれていない」状態だった。生まれてくる子供の性別については、さまざまな迷信があったが、「産婆はこれらの考えのすべてを斥け、それがわかる方法は絶対にないといった」。女性が妊娠したいと思ったときは、いろいろな神と女神に詣でた。

計画出産には無頓着に見えた須恵村の女性たちだったが、一方でマーガレット・サンガー（一八八三～一九六六）の名は知っていた。「彼女はサンガー夫人について述べていた。彼女は、産児制限はフランスで広く実行されていると聞いたといい、それを多用すると有害かどうかを知りたがっていた」。サンガーは、一九一四年に「産児制限（バース・コントロール）」の語を考案し、避妊具のペッサリーをアメリカに紹介したアメリカの社会運動家である。一九二二年に来日していることから、須恵村でも名が知られていたのだろう。

授乳とトイレット・トレーニング

生まれた赤ん坊には、母親に十分な母乳があれば定期的に授乳した。子どもがむずかるときには、そこにいる女性の誰かが自分の乳を与えていた。乳離れは遅く、小学校三年生まで乳を飲ませた例もあった。さらに極端な例として、十四歳の男の子の例が取り上げられる。「男の子が入ってきて、母親のそばに座り、母親が乳を与えていた赤ん坊と遊んでいた。それから、この少年は母親の乳房で遊び始め、それをぎゅっと握り、乳首をひっぱり、乳を押しだした。だれもなにも言わなかった」。

これに対し、エラは「明らかに、乳房は性とまったく切り離されている」と感じた。「乳房にたいする無頓着な態度および、かなり年がいった子供にたいして、女たちが乳房を見せる気安さは、いつも驚きの種だった」。

「佐藤源蔵の夫人が小さなみっちゃんを取り上げたが、みっちゃんは彼女の胸をすぐにさぐり始めた。佐藤さんは小さなピンクの乳首といっしょに乳房を出し、『かわいかでしょう』といい、指でそれをはじき、そのたびに『ぴん、ぴん』といいながら、あたかも楽器のように乳首で演奏した。……みっちゃんがそ

田植えの合間に授乳する若い母親

の腕を藤田さんまで伸ばしたので、彼女は着物をひろげて、奇妙に大きな乳首といっしょに乳房を見せた。これが、乳首についての一般的な話の始まりになった。そして、みなは胸をひろげて、小さいのや大きいのや、長いのや短い乳首をくらべるために、乳房をあらわにした」。

「授乳は通常、九時、十二時、三時、五時に予定されていた」が、そのことは赤ん坊を母親が働いている田畑や森に連れて行かなければならないことを意味していた。小さな子どもはほとんど、兄弟たちと一緒に学校に行っているので、田植えの時期には、休み時間に赤ん坊が学校から田んぼに連れて来られているか、母親は心配した。宴会でも、「すべての赤ん坊がそこにいて、乳を求めて泣いたり、お菓子をねだったり、眠ったりしていた」。他人の赤ん坊に乳を与えることも日常茶飯事だった。

授乳に関する結論はこうだ。「これまでに見てきたすべてから、子供はいつでも乳を飲みたいと思ったときに、乳房を与えられ、しかもまったく大きな年になってからもそうだということが、まったく明らかになる」。

「用便のしつけ」という一節がある。「トイレット・トレーニング（排泄訓練）」のことである。戦前にはイギリス人社会人類学者ジェフリー・ゴーラーが、排泄訓練による厳しい子育てが放縦と服従という日本の成人男性の矛盾した性格を形作ると主張したこともある。しかしエラは少し違って、こう分析している。

「用便のしつけはきわめて厳格だとはいえないが、それは確かに非常に早い時期に始められていた」。須恵村では、二カ月たった位の早い時期に、おしっこのしつけをさせられる。現在は二、三歳ぐらいからしいので、当時はずっと早くからおしめを取るしつけが行われていたようだ。

だが実際は、「赤ん坊はしょっちゅうおしめを濡らしている」。しかも「赤ん坊は、歩き始めるまでは、実際にはしつけられない。一歳から二歳になったときでさえ、彼らを見守るものがいなければ、おもらしをする」。ということは、当時の須恵村の現実も今とあまり変わらないということになる。母親の対応は厳格というよりむしろ寛容に見える。

また、「(赤ん坊を)預かっているものが注意するのをすっかり忘れてしまうと、子供たちは、お堂の床を濡らしてしまうが、そのことについてはあまり大騒ぎされない」。ただ、それを見ていた周りの子たちが、堂の床を雑巾でふきながら「汚か子」とはやし立てはするが、それもほほ笑ましい風景にすぎなかった。別の赤ん坊が粗相をして「出ちゃった」と叫んで笑いだした時には、「赤ん坊も、母親も、兄弟たちも、すべてその笑いに加わった」。

さらには、「赤ん坊は昼夜、何回もつかまえられ、排尿、排便のために外に連れていかれる。そして、母親は、ぶうぶうとか、しいしいといって、それを助ける。これらすべては何気なくおこなわれ、赤ん坊がそれを嫌がったり、失敗したときには、ただ、もう一度おこなわれるだけである」という記述からは、厳しい排泄訓練の様子はうかがえない。

「女たちが運んでいる荷物の重さには、ただ驚嘆するばかりである」

一方、須恵村の女たちは、さまざまな婦人病に苦しめられていた。夫から移される性病、妊娠時の不注意、栄養不良、重労働が主な原因だが、中でも「日本の村落でこれまでいくらかでも過したことのあるものは、農家の婦人のおこなう重労働に驚いていた」。女性は月経のときでも働いた。妊娠時も、かなり年を取っても働き、長い休みが取れることはほとんどなかった。

「今日、女たちは山に登り、男と同じ激しい労働をし、木を切り倒し、木材を大きな積み荷にして山腹から道に降ろしていた」。

「野々山つねは、脱穀のあいまに、畑の端にある小屋のなかで座って、一番下の子に乳をやった。彼女は年長の子供といっしょに野良に働きにでかける前、朝のうちに洗濯をすませたといっていた」。

「彼女は牧野さんのところの女中だが、仕事のことでいつも不平を述べていた。仕事があまりにきつく、工場での仕事の方がずっと楽だし、そこでは友達もつくれるといった。ここでは、彼女は一日三回食事を作り、家の掃除をし、また多くの野良仕事を要求される。今日、私はお墓の近くの桑畑に米ぬかを運んでいる彼女と出会った。籠は大変重くて、私は肩まで引き上げられなかった。彼女は、これから五往復するといっていた」。

「女たちが運んでいる荷物の重さには、ただ驚嘆するばかりである。……彼女は妊娠していて臨月だったが、非常に多くの丸太を肩にしょって、注意深く橋を渡っていた。彼女は、全部で六往復か八往復した。息子は毎回、母親の先を渡ったが、ときどき立ち止まって、明らかに心配して後ろを振り返っていた」。

『女たち』では、こうした女性の重労働が十例以上引用された後、ある家の一日の労働スケジュールが紹介されている。『須恵村』でも村民のまる一日の暮らし方が描かれていない中で、貴重な箇所だ。

「子供たちが朝食をすませ、七時を少し過ぎたころ学校にいくと、両親と老人夫婦が食事を始める。老人は先祖の位牌の前で拝み、草刈りにでかけ、一方嫁と娘は山に肥料を集めるためにでかけた。彼らは昼に帰り、残った汁と冷たいご飯で昼食をすませた。老婆は家に残って、夕食の支度をする一方、赤ん坊の世話をした。昼食後、年上の娘は皿を洗い（昨夜から初めての）、お茶をつみにでかけた。一方、老婆は家を片付けた。嫁は風呂をわかすために、家の下の川から、バケツで水を運び、破れたちょうちんを直し、野菜の種を植え、赤ん坊と料理とを年寄りにまかせて野良にでていった。すぐに赤ん坊は邪魔にならないように、年上の娘の背中にしばりつけられ、外にだされた。数分後、二人とも帰ってきて、赤ん坊はまた祖母が面倒をみなければならなくなった」。

農具を背負って畑へ向かう女性

その結果、何が起きたか。医者の診療室はいつも女性でいっぱいだった。「ばってん、その女たちがどぎゃん病気にかかっとるかは、だれもわからん。そら、見かけはしっか清潔で、病気には見えんから」というのが当時の実態だった。

「夜這《よば》いを拒絶することも受け入れることも女の選択のままであった」

続いて、男女の出会いを皮切りに、若者の恋愛と成長が描かれる。

当時の日本社会では普通だった、家族同士で結婚を決めるという慣習の傍ら、「結婚するにはまだ若いが、もう大人になった男女の恋愛行動が多く見られる。そのうちのいくつかは、明らかに恋愛ごっこでしかないが、私生児の数がはっきり示しているように、多くの若い男女は、恋文を交したり夕暮後の秘密の散歩以上の親密な関係にすすむこともあった」。その手の噂話やからかいは、大部分はユーモアのあるものだったが、悪意に満ちたものもあった。

若者たちは恥ずかしがり屋だったので、実際には「若い男女は、自分たちが親密につきあうのを認めてはいないし、私も男女がカップルで、または集団のなかでいっしょにいるのを見たことがない」とエラは言う。未婚の男女の交際に関する社会的な決まりは、きわめて明白だった。つまり、「男の子と女の子が人前でいっしょになったら、人びとが笑うので、彼らは決してそうしない。学校では男子と女子が遊ぶときも、別々の場所が作られているといった」。もちろんエラは、それが上べだけのことだと知っていた。

「多勢の大人たちは、不義の性行為をするものは、奉公人に限られると断言していた。……彼は嘘をついていた。相手は娘さんで、奉公人ではなかった。他のものは、農家の娘はそのようなことはしないという、彼の主張を否定した。……人目を忍んだ逢引《あいびき》や性的な関係は、事実、須恵村の家族のなかの奉公人に限られるものでないことは、すぐに明らかになった」。

「若い人たちが出会うのにお祭りや畑仕事以外の機会があることがわかった」。その一つが同級会だ。卒業して二年経つと、お盆と正月の年二回、男女一緒に同級会を開く。そのころはまだ若すぎるが、すぐに適齢期を迎え、女の子の何人かは結婚する。「もう女の子は男の子に取り囲まれると恥かしがり、もじもじする」。この集まりは普通は女の子が十八歳になると解散する。『須恵村』にも『女たち』にも、いわゆる「若衆宿」の存在の記述はない。同級会やお堂がその役割を担っていたのだろう。

男女が出会う別の機会が夜這《よば》いである。「若い男たちは、その家の娘や女の奉公人と性交する目的で、夜家に忍びこむと見なされている（このような行為は、夜這いと呼ばれている）」。『女たち』でおおっぴらにされた〝エンブリー宅夜這い事件〟は、何とも愉快。エラのノートでは一九三六年十月初めのことだった。

「今朝、あきは笑いながら私に、朝の二時半ごろ、まただれかが家のなかに入ってきたといった。その男は台所の戸を開けてなかに入って、彼女のそばに横になった。彼女はその男の頭をたたいて、出ていけといった。そしたら、その男は『痛か』とつぶやいて（だが、彼女はその声がだれであるのか、分からなかった）、座りこんでしまった。彼女はあかりをつけたが、その男は顔を手拭《てぬぐい》でおおっていたので、だれだったか分からなかった。その男はだれだか分からないまま、また満足しないまま立ち去った――あるいは彼女がそう語っていた」。

「あき」はエンブリー夫妻のお手伝いで、十五歳の少女だ。当時、家はきちんと戸締まりしていたというから、あきが戸を開けておいたのだろうか。エラは、集まった若い男たちに「だれが昨夜、私たちの家に入ってきたのか」と尋ねた。

「男たちはみな興味を示し、『そん男はどぎゃん風だったか、いつだったか、目鏡ばかけとったか、泥棒か』と聞いた。私が、泥棒ではないだろうというと、後藤のところの跡継ぎが、『ああ、豆の泥棒』といった（これは駄じゃれである。mameno doroboは豆の泥棒であるがmamena doroboは勤勉な、または献身的な泥棒を意味する。『豆』を意味するmameは、ここではヴァギナを象徴している。こうしてmameno doroboはヴァギナ泥棒を意味する）。そして、下坂哲夫は、それがだれであるか知っているといった。というのは、昨夜三人の若者が彼のところに泊ったが、そのうちの一人で部屋の一番端に寝ていたものが、突然、手拭《てぬぐい》をつかんで外に出ていったからだ。その男は川瀬から来た奴だといったが、名前はいわなかった」。

だがエラは、その男が誰かを聞き出すことに成功する。そして、「私は、他の男たちといっしょに、川瀬からの仕事の帰りに、彼が立ち寄ったのを見た。みなが私とあきにあいさつをかわしたのに、彼は帽子で顔を隠して、赤かぶのように赤くなって、サッサといってしまった。だが、あきは、自分がその若者を知っていることを認めようとしなかったし、また『自分が処女である』と強くいいはった」。

夜這いは、若い男女の間ばかりではなかった。五十歳の男のケース。当時の日本の平均寿命は四十八歳なので、男は「老人」なのだ。

「みなは、老人が彼女のところに夜這いにいったときに、多分彼女を妊娠させたのだと思っていた。彼女たちは、この夜這いという言葉を、女性と結婚するまえにヴァギナを試すことを意味する、と説明した。つまり、それは実際には、女性と禁を犯して会うために、その人の家にこっそり忍びこむことを意味している。彼女たちは、人間はしょっちゅう性交するから、本当に汚いと決めていた。牛を見てごらん、一年に一回しか交尾しない、と彼女たちはいった。このことが、牛や馬の交尾についての露骨な話を引き起こした。文雄がその集団にやってきたので、彼女らは陽気に『ここにきて、ぼぼ—ちんぽ（ヴァギナ―ペニス）の話に加われ。おんたちは、いつもこの話ばしとる』といった」。

エンブリーも『須恵村』で「夜這い」に触れている。「娘は拒絶することも受け入れることも自分の選択のままであった」。ここでは、当時、性に関して女性にも拒否権や選択権があったことに注意したい。その上で、「今日ではどこの家でも夜もすがら電灯がつけっぱなしにしてあるので、ひそかに行われることは、むつかしくなって以前にくらべてずっと少なくなった。学校教育がさかんになった結果は、娘たちが新しい道徳観念に目覚めてきたことにみられる」と観察している。

民俗学者・赤松啓介（一九〇九～二〇〇〇）は、「明治政府は、一方で富国強兵策として国民道徳向上を目的に一夫一婦制の確立、純潔思想の普及を強行し、夜這い弾圧の法的基盤を整えていった」（『夜這いの民俗学』）として、国家による「性民俗の弾圧」を非難している。一八九八年施行の明治民法では一夫一婦制が制度化され、エンブリーが言う「新しい道徳観念」によって日本の性風習は次第に変化していった。

ある少女の恋文

エラが深い関心を寄せたのが、ラブレターのやり取りだ。これもお手伝いのあきから聞いた話である。やり取りをしていたのは、多良木町に住む芝田正義と須恵村の玉子というお手伝い。エラは二人の恋愛談に興味津々だった。

二人は多良木町の祭りでたまたま知り合い、三時間ほど遊んで互いに好きになって別れる。正義は中学校卒、十六歳か十七歳の玉子は小学校卒だった。「昨日、最初の手紙が来た。それでみんなは大騒ぎになった」。手紙には、あいさつの決まり文句の後、「いっしょにいた三時間がどれだけ楽しいものだったかとか、どれだけ彼女にまた会いたいと思っているかという肝心なことが書かれていた」。

玉子は手紙が書けないので、友達のあきに手伝ってもらいに来たのだ。「にもかかわらず、下書きをぞんざいな字で書き、みんながくすくす笑うなかで、あきは彼女のために清書した」。秘め事を託す恋文さえオープンなのだ。あきがエラにも下書きを見せてくれた。「玉子は、眠れぬ夜や会っているときの楽しさなどについて語り、ひまなときに会いにきてほしいと頼み、返事といっしょに写真を入れた。結びとして、あきは『あばよ』をすすめた。……しかし、玉子はそれを消して、『ただ、さよならて書いて』といった。……あきは、これからは、手紙がひんぱんにいったり来たりするだろうといった」。

正義から返事が来た。玉子は「彼はすてきな男じゃあなか。酒はたくさん飲む。ただ、かわいい顔ばしとるだけで、実際はよくなかよ」と言うが、「二人の恋愛はすぐに公然の秘密になった。……玉子は、満月が上がっていくとば眺めたか」、「私がたとえどぎゃんことばしとっても、私の心はいつも貴女でいっぱいです」などだ。

恋文には幾つかの紋切り型の言葉があった。「貴女の肌は豆腐のごつ白か」、「貴女の柔かか腕ば枕に、彼女と正義のあいだにはなにもないといった」。

「恋文を書くことはロマンティックで興奮することだ、という点で、十代の少女たちと年上の女たちの両方の意見が一致した」。

そして、あきの次の解説は的確だ。

「もし愛し合うことができないとしたら、若い人たちは会ってなにをするのか、と私がたずねたとき、あきは『ただ、話すだけ。話が面白ければ、そら楽しか』といった。手紙を書くこと、若い男たちと話をすること、だれかと恋をすること――これらのすべては楽しいことである。若いときには楽しいことばかりだ、だからみんな恋愛をする。しかし、結婚するときになったら、そんなことは忘れて、すべての手紙を捨て、両親の望みに従う。それは恋愛とはまったく別の事柄である。手紙をやりとりした男との結婚を期待してはならないのだ」。

玉子も結婚する気にはなっていなかった。「玉子が同じ寝室のもう一人の女中に、正義が昨夜ここに泊ったと語ったので、今日、女の子たちのあいだで噂が広がっていた。……数日後……あきは正義からの手紙を読むのを手伝っていた。その手紙は、彼女が別の男をつくったことを非難していた。というのは、彼女が前の手紙で別れることについて話していたからだ。……彼は、できることなら死にたいと書いていた」。

エンブリーの日録には、恋愛を経験した玉子の成長ぶりが描かれる。「何人かの女たちが、いかに玉子が魅力的になったか、いかに彼女が大人びてきたかを指摘した。『今年は玉子が恋文をもらうようになった最初の年で、玉子はすっかり夢中になっちゃっとる』と藤田さんはいった。二人は引き続き会っていた」。

その後、「まったく突然に、玉子と正義の関係は劇的に変化していった」。正義が結婚してしまったのだ。玉子はこう言った。「あん人はうちに手紙ば書いて、家のものが自分のために花嫁を見つけてくれたこと、彼女は顔立ちはあまりよ

洋装の若い娘とその兄の妻

くなかことばいってきた。彼はうちに、会いにくるよういってきたが、うちにはそぎゃんことする暇はなか」。エラが玉子に、もう処女は失ったのか聞くと、彼女は笑って「私はそぎゃんこつはせん」と言った。

以上が玉子と正義の恋の顚末《てんまつ》である。主な情報源であるお手伝いのあきが、いかに情報通だったかということもよく分かる。

「かつて、花嫁の純潔は重要なこととはみなされていなかった」

恋愛が引き起こす問題も多かった。避け難いのが未婚の妊娠だ。

「いまでは私生児の数はずっと少なくなった」とはいえ、「恋愛沙汰の結果妊娠する可能性について、未婚の女子の両親が心配するのには、正当な理由がある」という実情があった。一般には未婚の妊娠は「望ましい状況ではない」し「すべての人を非常に不幸にする」と考えられていた。しかし、「多くの事件が起きる」ことも事実だった。

「私は日本の家では秘密の逢引をするのはほとんど不可能だといったが、彼は、女中と奉公人とは、いつも母屋から離れた別々の部屋にいるから、彼らが会うのは簡単だといった」。こうした話をエンブリー夫妻は「女中と奉公人」に対する「社会差別」と受け取るが、この問題は奉公人に限らなかった。

夫妻は「ここでは十九歳以上で処女のものはいないだろう」と思っていた。四十代のある女性によれば、かつて「結婚のときに処女であることはそんなに望ましいことではなかったし、女の子はすべて十八歳ぐらいになると処女を失った」と言う。「処女ば失うとが遅ければ遅かほど、事態は悪うなる」からだ。その女性はそうした「不幸な事故」が起きたのは時々でしかなかったと付け加えたが、エラは「この地域の私生児の数を考えると、私はこの情報がどれだけ正しいのか疑問」に思わざるを得なかった。

エラはさらに、この問題をこう分析する。

「女の子が無知だったから、かつては多くの『秘密の赤ん坊』がいたが、今日では少ない。同じように、昔は多くの離婚や再婚があったが、いまでは事態は変ってしまった。かつては、結婚式は極端に簡素で、それ自体あまり意味をもたなかった。したがって、女の子は新しい家でなにか気にくわないことがあれば、実家に帰って、やり直すことができた。花嫁の純潔は重要なこととはみなされていなかった。これが、なん回も結婚した、年寄りの女性が多い理由である。しかし、いまでは、結婚は丹念に作られた事柄になり、女の子もそれを軽くみなくなり、また、簡単に離婚しなくなった」。

未婚の娘が妊娠すると、親は夫を見つけることに努力した。男の方から「名誉ある行動」（結婚）を取る場合もあったが、涙を誘う結末に終わることも少なくなかった。『女たち』には、三人のケースが具体的に取り上げられている。

一つは、「下田の未婚の娘のこよちゃんの妊娠」である。こよちゃんは堕胎を考えたが思いとどまり、妊娠四カ月で相手の若い男と結婚することになった。事情通の谷本さんの話が、当時の農村社会の事情をうまく言い表している。「谷本さんは、これは彼にとっては、家柄の高い人と結婚できるから、非常によい話で、よい家の生まれで教育も受けているこよちゃんにとっては、非常に悪いことだといった。……こよちゃんは彼を非常に愛していたので、他の三つの縁談を断っていた。私はその男がだれであるかたずねた。それは、佐藤さんのところの奉公人の一人だ、ということがわかった」。

その後、こよちゃんはどこかへ行ってしまった。「一人の若い結婚している女性は、確証のないまま、彼女は堕胎するために宮崎にいったといっていた」。

エラは奉公人の主人の佐藤から詳しい情報を聞こうとする。「私が、彼女とその男は結婚すべきだというと、彼は、それは女の子は最初の恋人と必ず結婚すべきだという清教徒的な考えだといった。彼は『男は娘を養えない』から、実際二人は分かれるべきだと考えていた」。

村民の考え方はエラには理解しにくかったと思われる。

「恋仲になった二人がいたら、二人は結婚を許されるべきだという考えを、人びとは思いつくことさえしなかった。……こよちゃんがどこかにいって、ここにいないにもかかわらず、また彼女が不幸な境遇にあることは広く知られているにもかかわらず、彼女の部落の人びとは、この事件について、ほとんどなにもいわない。……私は、ただ家族のものだけが、彼女の居場所を知っているのだと思う」。

エラの腹立たしさが伝わってくる。アメリカに帰国後、エラはこよちゃんが宮崎で亡くなったことを知る。

次いで「同じように窮地におかれていた別の若い女性」礼子の妊娠。そして最後に、「父親によって売春宿に売られた二人の姉妹のうちの、姉の方の妊娠」の例が取り上げられる。二十四歳の白木の娘は「熊本の料亭に売られ、そこで見知らぬ男によって妊娠させられ」、赤ん坊を生むために須恵村に帰って来た。赤ん坊は実家の戸籍に入った。彼女は約十日後に熊本に帰ることにし、母親に付き添われて熊本に行った。熊本に三日滞在して、白木さんが赤ん坊を連れて帰ってきた。「母親は悲しそうだった」と白木さんは言った。

その経緯は、エンブリーの日録が一層詳しい。「白木は彼が属していた講で大きな借金をした。……彼は長女を、売春宿に無期限で八百円で売った。……次に、彼は次女を同じ条件で売り、その金でいくらかの田を買い、家の修理をした。……このことはすべて、女の子が家のためにおこなった犠牲と見なされるが、この場合は、その原因はひどい貧困にあるのではなく、父親の利己心にあった」。

須恵村には娘を芸者に売った男が八人いた。エンブリーは『須恵村』で、「娘を売った人達はいつも貧困である。彼らは村の土着の者でなく、旧家でもない。自分の娘を売っても、軽蔑されはしない。まず高い社会的地位にない者だけが売るのであり、仮りに貧しくとも、農業で確固たる社会的、経済的基盤の上に家庭をうち建てようとする人は、こんなことは決してしない」と分析している。

「若い女性は結婚を拒否することができたし、再婚はきわめて普通のことである」

『女たち』では、続いて須恵村の結婚と離婚の実態が詳述される。冒頭に結論である。

「日本の農村社会に関する文献からは考えられないほど、須恵村の女たちは、結婚や離婚などで、予想のできないほどの著しい自立性を見せていた」。

『女たち』の記述では順序が後になっているが、まず結婚の場合の「自立性」について。

須恵村では「家族の考慮」「家族の利益」を優先して「しばしば、結婚の取り決めがなされた」ので、十五歳というとても早い結婚があれば、若い女性の結婚を遅らせることもあった。とはいえ、「若い女性は、将来の夫が気に入らないときは、結婚を拒否することができたし、またそうしていた」。

一般には、「大きくなったら結婚させるつもりで、

稲荷神社に詣でる免田の芸者

親たちによって二人の子供が婚約させられることは、珍しくなかった」という。現にそんなケースもあったが、それでも「もし両親が娘の嫌いな男を選んだときには、両親は考えを変えて、娘のためにだれか他の男を見つけるよう、説得させせられる」し、まれではあるが「恋愛のときは、男女は普通、自分たちの力でことを運ぶ」。

和夫の家族が、和夫を林の長女と結婚させたくて林の家に申し込んだ。和夫は自分で彼女に単刀直入に自分と結婚するかどうか聞いた。彼女は「いいえ」と断った。「おそらく、彼が大酒を飲み、信頼できないと考えたからだろう」。再婚や夜這いだけでなく、最初の結婚でも女性に選択権が担保されていることが強調されている。

次に、離婚と再婚の場合だ。

「彼女たちの多くは一度以上結婚していた。そして、びっくりすることは、女性の方が結婚生活に終止符を打つことは、その結婚が正式のものであれ、慣習法上のものであれ、決して珍しいことではなかったということだ」。エラは、幾つかの例を紹介する。

「植村さんは、……十八年間の結婚生活後、玉木平八と別れて、佐藤又市のところにいき、二、三年後に二度目の妻として植村のところに嫁いできた。彼女と植村は、結婚して八年になる。彼女は、これらの男性のだれの子供も生んでいなかった（このことは、最初の二人の夫のもとを去ったのが彼女の方であるという事実を、いっそう顕著にさせている）」。

次の例は、再婚を繰り返した結果、名字の呼び方で村民が戸惑っているケースだ。

「後藤さんは、佐藤さんの親戚と結婚したが、その人と別れた。……現在の夫は、彼女の三人目の夫で、みなが野口と呼んでいる男だ。彼女は後藤とも結婚したが、彼は三十三歳で死んだ。……その後、野口が婿養子になった。……彼女の年上の子供たちは皆二番目の夫の子供なので、後藤を名乗っている。年下の子供たちは皆、野口の子供で、野口という苗字で登録されている。しかし、後藤というのが屋号なので、みんな彼らのことを後藤と呼ぶ」。

「実際、他人のどころか、自分の苗字さえも思い出すことができない人びとがいることへの言及は、驚くべき数にのぼる」。「苗字（名字）」は、一八七〇年に平民も使用を許され、七五年にすべて名字を名乗るよう定められた。それから六十年が経っていたが、須恵村ではなお十分定着していなかったのだろう。さらに、「離婚と再婚がひんぱんであることが、この問題で少なからぬ役割を占めているように見える」という視点が面白い。

封建的な、と思われる当時の日本の農村で、女性主導の離婚、再婚は、エンブリー夫妻には意外だったかもしれない。エンブリーも日録の中で触れている。

「再婚は、ここでは、きわめて普通のことである。上手《おあで》のある女性は、かつて人吉の男と結婚したが、姑が嫌いだったので別れた。それから彼女は浜《はま》の上《うえ》の男と結婚したが、夫が好きでなかった——彼女は夫と寝なかっただろうといわれている——ので、最終的に上手の男と結婚し、そのあいだに六人の子供を持った」。

エラはエラで、前野という上手の女性の件を次のように書いている。

「前野と結婚する前に二人の夫がいた、と彼女は笑みをうかべていった。最初の結婚は、姑の絶え間ない非難に耐えられなくて、たった六カ月しか続かず、別れてしまった。二度目の結婚は、たった一カ月しか続かなかった。彼女はその男が嫌いで、床を別にしていた。この三度目の結婚は、相手を見ないで取り決められた。それはうまくいっている。……新しい冒険に乗りだそうと決めていたのだった」。

亡き夫の初盆の宴会。女主人が客をもてなす。後ろの土間に米が蓄えられている

それは子にも引き継がれる。「前野の娘が、昨日ここにきて私たちの宴会を手伝うことを拒否して、『うちはそぎゃん仕事はしたくなか』といったようだ。そこの女の子たちは大きな発言権を持っているが、それは彼女たちの母親の強い性格となにか関連があるかもしれない。その母親は、自分の自由な意思によって、最初の二人の夫と別れたのであった」。

そして、私が最も驚かされた記述の一つが、再婚回数の記録を持っている「反野のおばあさん」の例だ。「彼女は少なくとも十人の男と結婚し、結局、反野で終りになった。みんなは、反野が非常に静かな人なので、彼女はいっしょに暮せるのだといっている」。

十回の結婚！　ただし、「彼女は、他の人とうまくやっていくのが、例外的にむずかしいといわれている。須恵村にも、彼女のような人は他にはいない」という個人的な資質が原因だった。だから、「年ばとった女が家のなかで発言権ば持てることはめったになか。うちはそこの若か嫁がかわいそうだと思う。子供たちはみな、ばあさんば怖がっとる」。しかも、うち一度は自分の祖父の妻だったという。

それでも、エンブリー夫妻が滞在した一九三〇年代には、「離婚はそれ以前よりも、ずっと一般的でなくなったというのが、女性も男性も同じように持っている一般的な意見だった」というのだから驚く。

理由の一つは、以前は花嫁と花婿は婚礼まで会わなかったが、今日では会って話す機会がいつでもある、ということ。また、以前の婚礼は五円で済ませることができ、きわめて簡単だったので「それほど考えもせず、結婚を破棄した」。しかし、現在では多額の資金が必要になった。

さらに、昔は姑の問題があり、同時に花嫁がしばしば十四、五歳という非常に若い年齢だったことも離婚が多い原因だった。一般的には、「女たちは、夫婦に子どもがいれば、妻は多くのことを耐え忍ぶと考えていた」。

以下、離婚・再婚の数多くの具体例が引かれるが、特に「女たちの心に強く残った」例を最後に一つだけ引用する。大内という夫婦の離婚である。

「大内はしばしば売春婦を訪れに免田にいくといっている。これは、村落にたいする都会の影響をあらわしている、興味深い事例である。大内は須恵村の外部と多くの接触をもち、ほとんど外出している。……農家の夫婦と異なって、この夫婦は、いっしょになにかをすることはほとんどない。配偶者のどちらかが分担している仕事を拒否すれば、ほとんどの農家で喧嘩が起きるだろう。大内夫妻の離婚では、原因はこれとまったく異なる。大内さん（妻）はとてもよく働き、大内（夫）は、ほとんどの都会風の男と同じく、評判がよくない」。

性産業、都市化と夫婦関係。短い数行に、いろいろ考えさせられることが詰まっている。

エラは須恵村の状況を見て、「大変驚くことは、これらの離婚、再婚の非常に多くが、とても狭い地理的範囲で起きていることである。こうして、近くの隣人同士である人びとは、驚くほど多様な組合せで、一度またはそれ以上結婚している」とまとめている。

芸者遊びと性病

夫婦関係に関して、しばしば芸者のことが話題に上った。
「佐藤は、まったく不可解にも、『ばってん、アメリカで男が芸者のところに通えんかったら、どやんして性的衝動ば満足させるとか』と聞いた。私が男には妻や恋人がいるというと、彼は『いや、妻は別だ』といった。……彼は結婚にはロマンスはなく、あるのはただ愛情と一定の義務だという。すべての性的な喜びは、結婚以外の関係から得られるとされる。この点から、妻はまったく問題にされないのである」。

エンブリー夫妻は、須恵村の男らと一緒に、免田の芸者を連れて遠出をした。後でそれを知った女たちは、「自分たちはそんな楽しい旅行をしたことがない」と言った。「彼女たちは、町で宴会がおこなわれるたびに、男が芸者と寝ることを知っていた。……それについては、どうすることもできないといった。……しかし、ときには家庭のなかで口論がみられる。……『その旅行はあんたにとってよかことばい。ばってんうちをごらんなさい。十円、十五円を養蚕で稼ぐのに一生懸命働き、その金さえも主人に持っていかるっとだけん』。小さな遠出でも七十円はかかり、須恵村の多くの家族はひと月にそれ以下で生活していた」。

夫妻は男たちの集まりで、妻を愛しているかどうか聞いた。男たちは、「外人は恋愛が最初でそれから結婚する。ばってん、日本人は最初に結婚して、それから愛が始まる」などと口々に話した。妻のありがたさは次のように表される。
「もし、芸者と遊ぶ宴会から夜遅く飲んで帰り、どんなに帰りが遅くなっても妻が待っていて、丁寧に出迎えし、脱ぎ捨てた着物をたたみ、横になったらふとんをかけるとしたら——そうされたときには、あなたは心を動かされ、よい妻を持つということがなんであるかを理解する。そして、もし一晩に二十円、三十円を使って家に帰ってきて、二十銭を節約するために足袋をつくろっている妻を見たとき、あなたは『なんで、そぎゃん心配ばすると。新しかとば買いなっせ』という。だが、後になって、あなたはそのことについて考え、いかに妻が正しいかに気がつき、一生懸命考えて、心の底から感動する」。

こうした男女の問題にほとんど触れていないエンブリーだが、芸者と比べながら言及したユニークな個所が『須恵村』にある。芸者は隣町にはいるが須恵村にはいなかった。エンブリーは、「小さな事業家、村の公務員、中産階級」にとって妻の役割以外の存在として「芸者が必要」とする一方、「農村にはこのことは必要でない」という。なぜなら、「女は農民の生活では、極めて自由であり、上層の女が言ったり、行ったりしそうもないことも彼女らはやらかすのである。そのために農民の妻は芸者のように着飾ることはできないが、宴会では芸者のように、思う存分笑い、ふざけ、踊るのであろう。これらの宴会では男も女も思いを述べるのにいい機会である」からだ。

夫妻が須恵村の夫婦関係で感じた「もっとも不可解な側面」は、男の結婚前または結婚外の性的関係によってもたらされ、妻に移された性病の多さだった。その無防備さに、さすがに二人は驚きを隠せなかった。

「性病は男にも女にも広まっていた。エンブリー夫妻は……彼らの知識の欠如に驚いていた。……彼らの推薦するすべては、小便をしろである」。

エンブリーも日録で触れている。「小便をするのはこのこととまったく無関係だということを示唆すると、彼らは、女が歩くと子宮が開いて、精液が流れでるといって反論した」。

しかし、中にはいくらかの医学的な知識を持っている者もいた。「鈴木は……コンドームを使用するか、焼酎か酒で、行為のすぐあとペニスの亀頭を洗うことを勧めていた」。

エラは、最近病気になった妻のことを夫に尋ねた。「彼はまだ独身だったとき、放蕩生活を送ったといわれており、おそらくそのとき淋病にかかり、それによって彼は子供が生まれなくなり、その病気が妻にうつったのだ」。

「この問題は特殊なものではない。『鈴木武雄はある種の性病を持っていたが、それをとくに秘密にしていない。彼の妻も同じく性病にかかっているようだ。その子供たちは、五歳か六歳になったら消える吹き出物が皮膚にできていた』。……男たちは、免田と多良木の女はすべて病気だが、熊本の売春婦は公認され、定期的に検査されているので、大丈夫だと思っている。……こうして、妻と子供の両方がその影響を受けたのである」。

さらには、「妻を肉体的に虐待することで知られている男たちがいた」。今で言うドメスティック・バイオレンス（DV）だ。ある家の娘は、「両親はいつも喧嘩をし、父親はときどき母親を殴るが、母親は子供たちのために家を出ていくことはない、と私に語った。彼女はときどき、家庭のこのような状態のために泣いていた」。

妻たちのこうした境遇を見知ったエラは、とんでもないことだ、と思っていたはずだ。しかし、自分の意見を極力抑えて、多分に女たちに同情しながら、村民がどう考えているかを忠実に記している。ただし、「私たちの女中は、この地方のこのような従順さを否定していた」と、ひと言添えることも忘れなかった。

「彼女たちは、少額の金を稼ぐことを誇りに思っている」

こうした苦労の一方、須恵村の女性はまた、経済的な面でもたくましかった。村には、農家、学校教師以外に職業を営む女性が三人いた。二人は「産婆」、もう一人はミシンで服を繕う「お針屋」。このほかに、未亡人や主婦の中には、豆腐を作るなどして収入の足しにしている人がいた。

「安男は、姉が一日中家のなかと家の土地で働き、さらに八十銭か九十銭（およそ一日の野良仕事の賃金）稼ぐために他人のために働くのを見て、涙が出たといった。……彼女たちは、そのような少額の金——彼はそれを謙遜だと思っている——を稼ぐことを誇りに思っているのである」。

覚井の豆腐屋。店には缶詰、菓子、ビール、下駄などを置いていた。腰を降ろして話をする集会所でもあった

もちろん、「男が家の財政をしっかりと統制していたことは、ほとんど疑いのないように見えた」。家族は家長から必要なときに金をもらうのが普通だ。しかし、「女たちが自分たちの金を貯めるよう工夫している証拠はあった。……藤田さんは、自分は欲しいときはいつでも夫から金をもらうという。彼女はただ、『私の財布に入れといて』というだけだ。夫は養蚕で得た金のすべてを彼女に与えている」。また、「石橋は娘たちから多くの金をもらっている、と女たちは一致していった。月に決まって七円から十円である」というケースもあった。

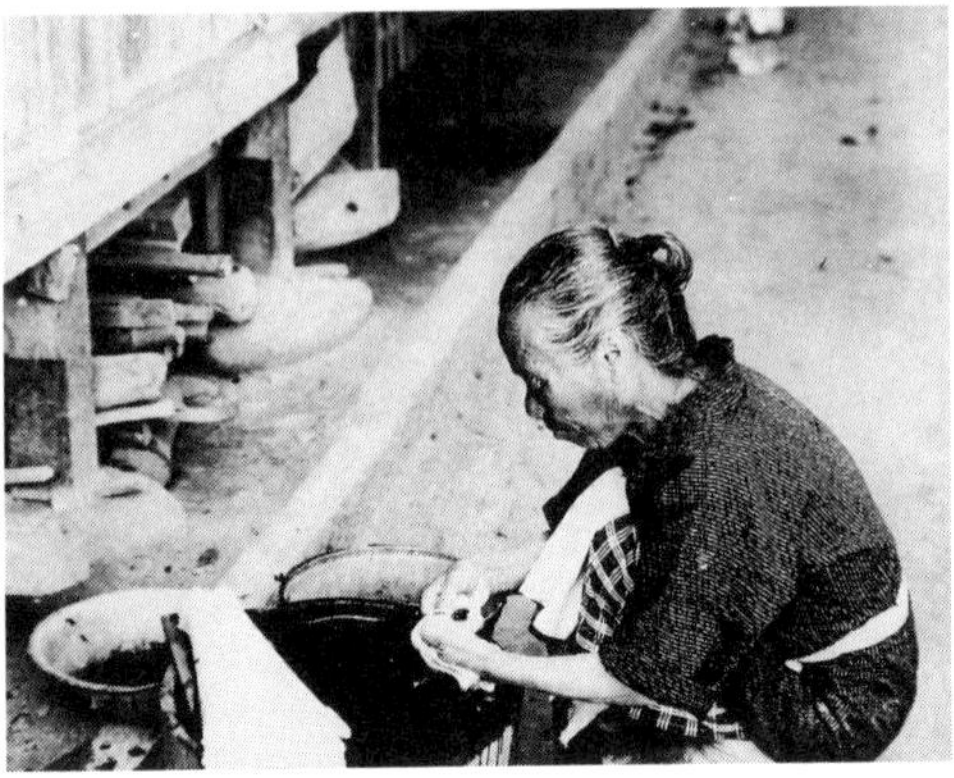

繭を選り分ける女性

女性たちは養蚕の収入の一部を自由にできた。それは、エラが手織物を試しに買おうとしたときに証明された。魅力的な織物を作る原田さんは、「夫はこのこととまったく関係がない」といった。「それはすべて彼女の仕事であって、夫はまったく無関係だし、それについてなにも知らない。原田さんは、手織物は養蚕から得られる唯一の楽しみだといった。値段は安いし、あまり金にはならないが、糸を紡ぎ、布を織り、原料から新しい着物が作られるのを見ること、これらは本当に喜びである」。

養蚕以外にも、「何人かの老婆は、少し余分の金を作ることのできる、一つか二つの技術を身につけていた」。例えば江田のおばあさんはマッサージと針の技術で名が通り、「気持ちだけの二、三銭を集めていた」。

経済的自立は同時に、女性たちの協同を促した。エラは、こう確信する。大部分が結婚によって村の部落に移ってきたよそ者である女たちが、「かなりの程度、経済的な結びつきを形成し、労働をともにし、まったく女たちだけの友情のきずなを固めてきたことを無視するのは誤りだ」と。そうした女性の協同のネットワークや「非公式に組織された集団」が経済活動にも生かされていた。女性たちの経済的自立性は、収入額では測れない女性の強さの源だったと私には思われる。妻の不貞も、女性の自立の表れの一つかもしれない。

しかし、ムラの夫婦関係の基本は、まず夫の優越だった。

何人かの夫は「妻の欠陥にたいして驚くほど寛容だった」が、他方しばしば夫は「それがいかに妻の幸福と心の平静を犠牲にしようとも、家庭内の事柄にたいして決定的な支配力を行使した」。

一つは一夫多妻の例。男は妻と権妻《ごんさい》の両方と暮らしていた。権妻とは、本妻でない妾《めかけ》のことだ。「この三人は仲がよかったが、それは珍しいことだ、とみなが私にいった。……女たちは、二人の女を同じ家に住まわせるのは、かつては普通だったといった。たとえば、上手の佐藤清助はかつて人吉の芸者を家に連れてきていた。彼の妻は、その芸者を好きでなかったけど、家においた」。その芸者も権妻と呼ばれていた。

「ここの女たちはしばしば、夫とは別の男ば持っとる」

片や「妻の行う姦通」は、エンブリー夫妻には「注目すべき」出来事だった。

エラは女性も不貞を働くのか尋ねた。「『ええ、しますばい。ここの女たちはしばしば、夫とは別の男ば持っとる。女たちは夫のおらんときに、その男と会うとです』。女たちは、友川さんのと思われる事例を口にしたが、それによると彼女は少なくとも四人の男を持っていたとされている」。

狭い村の中で三人の女性と付き合っている男がいれば、四人の男性と逢い引きしている女性もいた。『女たち』は、さながらそんな女たちの事例集だ。

とはいえ、エラの観察によれば、「夫婦の不貞について、それが過剰だとは私は思わない」という。理由は記されていないが、「これらの物語はすべて、結局はきわめて入りくんでいて、だれがだれと、いつ、どのようにして、いっしょに住んでいたかは、すべて完全に知れ渡っているが、その跡を追うのはほとんど困難」だった。

極端な結末の例として、隣村で首をつった女性がいるが、理由は夫の妹の夫と寝ているところを見つかったからだった。「このような徹底的な償い（自殺）は、須恵村で起き、記録されていたいかなる姦通事件の場合にも、またそれにかかわった、いかなる女性の場合にも、見られなかった」。

要するに、噂話は山のようにあり、村人はそれを知ってはいるが、皆上手《じょうず》にやっているため証拠はない（ということにしておきたい）、ということらしい。だから、「過剰」とは思えないのだろう。

密通の当事者でさえ、女性たちの噂話は奔放だった。「アメリカでは男は妾を持たないし、もし持ったら妻たちは必ず夫と離婚する」というエラの話に対し、多くの噂話の対象の女性は「ここにおる、トラブルにまきこまれとる女たちのことば考えれば、そらよかことばい」と言ったので、みな笑わずにいられなかった。

「過剰ではない」としながらも他にも多くの不貞が列挙される。夫が重い病気にかかっている「友川さん」の事例。「藤田さんは私に、友川さんは大丈夫だ、『というのも、友川さんには夫の代わりになる男が十分おるからです。友川さんは男たちを愛しとるし、男たちもそこに通っとります』といった。……友川さんにたいする主な攻撃は、彼女がときどき、というよりいつも男狂いになることに向けられるようである」。友川さんは五十歳に近かったが、赤い着物のじゅばんを着ていた。「それは彼女にとってあまりにも若すぎた」。

最も派手で知れ渡っていたのは、和内と藤田さんの関係である。養蚕の式典後の宴会。初めのうちは男女別々に座っていたが、酒が入ると入り混じった。藤田さんも酌をして人々の間を回り始めた。「和内のところへいったとき、藤田さんは彼にぴったりくっついていた。彼女は彼の手を握り、足をなでて、ほとんど彼のひざの上に座るようにしていた。……後で藤田さんは私に、和内は今夜彼女のところを訪ねていくと暗示した」。

さらに酒が運ばれ、いつもの腰を動かす挑発的な踊りがあった。「疑いなく、このような宴会の後には、ことが起きている」。藤田さんは、エラに夫の面倒を見てもらうため、コップを持たせて「うちのとうちゃんといっしょに飲むとよ」といった。エンブリー家で二次会があった後の二人の関係は藪の中だ。ここに取り上げた夫婦関係の事例は、『女たち』の一部にすぎない。こうした関係が個々の女性たちの幸福につながったかどうかは疑問だが、そこに暗さや惨めさはあまり感じられない。ましてや、語る女性たちに後ろめたさはみじんもない。

「明確な緊張があるにもかかわらず、不貞の主題については、多くの冗談が交わされていた。……多くの人たちは、冗談の標的にされるか、自分自身について冗談をいう人たちだった」。

女性たちのたくましさについ快哉を叫びたくなる、と言うと不謹慎のそしりを受けるだろうか。

「未亡人は特別な地位をもっている」

また、エラのノートに度々登場するのが未亡人の「松本さん」である。「谷本さんは、『あれは男が好きだし、男たちはそこにいきたがっとる。ひどい話じゃなか』といった。既婚および未婚の両方の男がそこにいく。そして、幾人かの妻はそのすべてを知っていた。……谷本さんでさえ、寡婦になれたらよい、『そしたら、何人も恋人ばつくれる』という」。松本さんの噂はあちこちで聞かれたが、男性だけでなく女性たちからもあまり嫌われている様子はなかった。

「谷本さんは、寡婦の松本さんはちょっぱいが好きだといった（この言葉は辞書になかったので、私はこの点について彼女に話を切り出した。『ちょっぱいするというのは性交のことか』と私は大胆に聞いた。そうだった。彼女は、この言葉をかわいらしい表現だと思っているが、しかし急いで私に、男たちはぼぼするという、と語った)。……石橋は、だれが松本さんといっしょにいるかを見に出ていき、彼女が平野の男の子の腕のなかで寝ていたのを見つけた(その男は、礼子を妊娠させた男だ。彼は女たちをすべてものにしている)。だれもがそこにいく。谷本さんは私に、ためしにジョンをいかせたらどうか、といった」。

未亡人については、『須恵村』にこんな記述がある。

「未亡人は特別な社会的地位をもっている。……再婚しないかぎり、彼女は性的には全く自由である。そして近所の男たちの世間話の対象になり、また彼女自身も冗談を飛ばす間柄にある。この村では妾をもったり、免田の芸者屋に通えるほど余裕のある人は多くない。部落の未亡人はこの問題のひとつの解決をなしているようである」。

この一節については、『須恵村』の原注が解説になっている。「明治以前、日本の上流階層では未亡人は再婚せずに、亡夫の冥福を祈るものとされた。この厳重な規範は農民には通用するものではない」。明治以前どころか、八十年前の農民の日常、庶民の倫理観(モラル)なのだ。

ただ、『女たち』で描かれた女性たちは、不貞や姦通、未婚の母を、表向き良いこととは思っていない。「彼女は続けて、佐藤七平のところのおばあさんも、若いころは『悪かった』といった。……娘たちは、母親の悪い手本に従った。その一人は須恵村を出ていく前に子供を生み、もう一人は、他の家で働いていた男の奉公人とのあいだに三人の子供がいた。……彼女は、このような情事を話題にするのが好きだったが、義憤の情を示すことも忘れなかった。『ひどかじゃなか。結婚しとらん女が子供ば生むなんて、本当に恥ずかしかことばい』」。

もっとも、女たちの倫理観は微妙だ。「彼女は、そのようなことも起きるが、須恵村では非常にまれだといった」。しかし、舌の根も乾かないうちに、「彼女は、『取手さんと佐原は、これのごたる』といって、二つの指をいっしょにつけた。……取手さんの夫はこのことを知らない。……これが、いままで五年にわたって続いた。……谷本さんは、取手さんは二人の違った男と目下、情事をもっているといった」。

おおらかな性愛

作家の森崎和江（一九二七〜）は、戦前までの日本女性を包むこうした村の性の風土を、『からゆきさん』の中で温かい眼差しを注ぎながら描いた。それは、須恵村の女たちを見つめるエラと一致する。外国を指す「から」の娼楼に出稼ぎに行く「からゆき」は、天草をはじめ九州出身者が多かった。

「わたしはからゆきさんがこのような風土のなかで育ったことを心にとどめておきたいのである。ここにはりくつぬきの、幅広い性愛がある。それは数人の異性との性愛を不純とみることのない、むしろ、性が人間としてのやさしさやあたたかさの源であることを、確認しあうような素朴なすがたがある。それは同じ村の人びとのあいだのことだからこそ、手がたい生活の一面として、おおらかに、傷つきあうことすくなく、伝えられてきている。村の少女たちはこのようななかではぐくまれた感情以外には、性についての感じ方、考え方をしらなかったろう。たとえば武士階層が伝えて、やがて中産階級が生活規範とした家父長的な性道徳や貞操観念は、かれらには無縁のものであったろう」。

「素朴な」「おおらかな」と、「みだらな」「不純な」そして「ふしだらな」は、一見、真逆のようで、実は同じことを別の価値観で言っている。

森崎は「武士階層が伝えて、やがて中産階級が生活規範とした家父長的な性道徳や貞操観念」と言う。「貞女、二夫にまみえず」式の儒教思想を指すのだろう。加えて、明治の西洋化に伴う禁欲的なキリスト教の一夫一婦制が、「おおらかな」性道徳を一掃する後押しをした。武家の封建社会における性道徳とその後の近代的性道徳の思いがけない融合。今では、日本古来の価値観と思われがちな家父長的な男女関係が確立したのは、一八九八（明治三十一）年の民法施行からという見方が強い。エラが描いた須恵村の状況や「からゆきさん」は、それ以前の江戸時代から続く庶民の間の男女関係が農村で根強く残っていたことを物語る。

だが、つい八十年前の『女たち』の社会を「あんなの好かん」という高齢の女性が今の須恵にもけっこういるほどに、戦後社会の性倫理は西欧の影響を受けて一変した。

須恵村にも身売りする女性はいた。「未婚の妊娠」の一節で、身売りに対する夫妻の批判は前述した。森崎は、当時の売笑制度を「わたしはこの村人の伝統を悪用したものにいきどおりを感じている」と、より厳しく指弾する。「村人の伝統」とは「おおらかな性愛」のことだ。

「村むらは貧しかったのだ。が、そのひもじく、寒いくらしの底にこの血汐は流れつづけた。おおらかで、そしてふてぶてしいエネルギーを脈々と流してきた。この気脈なしに娘たちも村びとも『からゆき』を生きぬくことはできなかった。新しい国家としての明治日本は、出稼ぎするほかはひもじさを癒せない人びとに対して、全くなんの力にもならなかった」。

近代化の過程で、「おおらかで幅広い性愛」は文明化され、市場化、商品化される。森崎の筆遣いには、男に都合のいい性を指弾し、からゆきさんや芸者の立場、生き方に身を寄せた激しい視線が感じられる。

これまで描いてきた須恵村の女たちに対して、『女たち』の最終章「結論」で論じられたエラとスミスの総括と評価はこうだ。

「彼女たちは、煙草、酒、性に楽しみを見いだしていた。おそらく、いたるところの百姓の女たちと同様に、彼女たちのユーモアは土くさく、性的な関係についての話は率直で、隠しだてのないものだった。たしかに、少女たちははにかみ屋だったが、女の子は男の子といちゃついていたし、男の子に追いまわされ、ときには望んでいない妊娠という、高い代償を払った。年とった女性の多くは、酒をたくさん飲み過ぎていたが、彼女たちは、アルコールが、若者の公の行動にたいする社会的圧迫によって、あまりに長く禁じられていた激情を発散させるのによいことを知っていた」。

「結婚した女性はときどき不貞を働いたが、それは、そのような行為をするのは通常、夫だけだという、この時代の日本において一般に承認された知識ときわだった対照をなすものだった。さらに注目すべきことは、不貞の関係を知った夫によって、妻が離婚されるとは限らないということである。また、われわれがすでに知っているように、寡婦たちは、恋をあさる夫たちと未婚の若い男たちにとって、いいかもとみなされ、またそうであることが証明された」(傍点筆者)。

なぜ不貞の妻に夫は我慢したのか。回答の一つは、「当時の小さな小売商の家や農民の家が要求していた労働力の性格のなかにある」。かったりなど協同の重要性にもかかわらず、「絶対最小限の労働力」である家の比重、夫婦という二人の「壮健な大人」の存在が大きかった。そして男は「女性がおこなっていた仕事のほとんどを、どのようにするのか、文字通り知らなかったからである」。だから、「酒をたくさん飲む妻、意地悪ばあさんである妻、あるいは姦婦として広く知られている妻に出会ったが、これらの妻は、長い間それを耐え忍んできた夫によって離婚されることはなかった」。

女性主導の離婚が多かった背景には、「別の夫をみつけることがきわめて容易だということがある」。夫が大酒飲みだったり妻を虐待したり、姑とうまくいかなかったりして別れることはあるが、「我慢しなければならない限界を知っている自立心があり、意思の強い女性が多くいるという事実」は無視できない。

「たんなる犠牲者ではなかった」

須恵村を含めた日本女性は、身体的、精神的エネルギーの多くを子どもの世話に費やしていた。「妊娠がいかに多く後悔されようとも、女たちはいつも、新しい赤ん坊を歓迎していた」。現在と同じように、女性は夫より約五年長生きしたが、それは「その人生の終りに、後継者である息子とその妻か、別の結婚している子供たちに完全に依存することを意味していた」。だから一人暮らしの年寄りの中には「悲劇的」な女性もいた。

当時の須恵村が特殊だったかどうかは分からない。しかし、こうしたムラの実態は、日本の「どこでもほとんど同じだった」という。そう思える根拠として『女たち』の原注では、大正時代に熊本県の五家荘《ごかのしょう》を含む五村を調査したアメリカの社会学者トーマス・ジョンズの『日本の山の人びと』（一九二六年）を引用し、ジョンズが「不道徳」と呼んだ「婚前の性交渉」「私生児」「堕胎」「間引き」がどこでも行われていたとする。

エンブリーも足を運んだ五家荘でジョンズは、村長夫人が「すべての娘が結婚前に性的関係を持っている」と語ったとし、「五家荘では男性の九パーセント、女性の八パーセントは、手続き上の私生児だった」と言う。その上で、『女たち』の中でスミスは、「読者は、須恵村での調査よりやや早い時期でのこれら他のコミュニティについての情報のどれもが、エンブリー夫妻によって集められた明白な証拠と、決して矛盾しないことに気づくであろう」とし、須恵村に特殊な男女関係ではないとの立場を取っている。ともあれ、ジョンズの「不道徳」という指摘に対し、夫妻はそうした倫理観は努めて封じ込めた。ちなみにスミスによると、ジョンズの同書は、戦前にエンブリー以外でアメリカで博士号（人類学ではないが）を取得した唯一の日本研究書だが、本格的な村落調査には程遠い。

エラが男女関係や子育てを中心に描いた須恵村の当時の姿を、父権社会の厳格な規律に縛られたものと見るか、厳しい中にもおおらかで緩やかな関係があったと見るか。

そのことを考えさせられるのが、バンコク滞在時の調査をエンブリーが分析した論文「タイ――緩やかに作られた社会システム」だ。「タイトな（規律の強い）」日本社会に対して「ルースな（緩やかな）」タイ、という対比は、賛否の論議を呼び、今も東南アジア研究の古典として引用される。

エンブリーは、「緩やかな」、つまり「個人的行動の許容範囲が大きい」タイ社会の特徴について、親子・家族関係が緩やかであること、講《こう》のような長期の金融システムが見当たらないこと、泥棒や他人への危害は自力で防がねばならないこと、学校の教室や教師との会話は少しも堅苦しさがないこと、仕事よりも楽しいことを優先すること――など具体例を挙げながら、対照的な日本や中国、ベトナムとの違いを強調する。要するに、タイ人は権利と義務の観念が薄い個人主義者というわけだ。

一人暮らしの女性

一方の「規律の強い日本」では、「地域集団である部落は、加入するときと離村するための特別な儀式を伴う明確な社会的な単位であり、そのメンバーのために権利と義務が全うされねばならない。個々人は、遅かれ早かれ地域集団の代表であるという責任を負わねばならず、道路整備や葬式の準備のような部落の協同の機会には手伝わなければならない」という。エンブリーは日本について、「tight」とともに「close（親密な）」という言葉も使っている。規律の強さはまた、親密な協同性の裏面でもあることを指摘している。この日本観が、須恵村の調査を基にしていることは明らかだ。

冬季の糸紡ぎ（1936年9月の『フォーチュン』誌日本特集号にも掲載された写真）

確かに、エンブリーが『日本人』で「堅固な」と呼んだ江戸時代の社会階級制度あるいは武家社会はそうだったかもしれない。

だが、私がエラの『女たち』から感じる須恵村は、エンブリーの分析と違ってむしろ「緩やかな社会」だ。これまで紹介した須恵村の女たちの奔放な男女関係、多い離婚、甘すぎる子育て、極めて開放的な話術や踊りや酒宴の様子には、タイに似て南方系の緩やかさの印象が強くないだろうか。

そして『女たち』の「結論」では、戦前の須恵村の女性たちの置かれた境遇を、調査の五十年後と比較しながら、極端にひどいものとみなすことも、逆にロマンティックに描くことも戒める。その上で『女たち』を、スミスはこう結ぶ。

「たしかに、須恵村の女たちの楽しみは粗野であり、彼女たちが直面した災難はきわめて大きいものだったが、エラ・エンブリーの日録の女たちは、生活の諸条件によって没人格化されてしまった、のらくらものではなく、われわれみなに、いつでも、そのような女たちがいたに違いないと思わせるような人たちだった。彼女たちは犠牲にされた人たちであったとしても、たんなる犠牲者ではなかったのだ」。

「没人格化」「犠牲者」どころか、それぞれが置かれた場で男性と渡り合う須恵村の女たちの個性やたくましさに、私たちはただ目を見張るばかりである。「犠牲者」が秩序との関係で言われる言葉なら、秩序としての良妻賢母を突き抜けた一個の自由人にさえ見える。それでいて、「協同」という点から見ても、明らかに今ほど孤立してはおらず、はるかに自立と連携がしっかり根を張っていたと思える。

そしてエラ自身は、須恵村の女たちに対する評価として、「私は……日本の妻のまったくの善良さについては、なんの疑問も持たない」と言い切っている。

「まったくの善良さ」。これは、須恵村の男たちによる、「ずる賢くて、執拗」なヘビに例えられる「罪深い」女という評価と好対照だ。いや、そんな悪評を受け止めた上で、女としての性と母性を生きる女性たちに対する、同性であるエラによる同情も込めた共感だと思う。エラの一見辛らつな描写のそこここから、女性たちに対する深い愛情が伝わってくる。

第七章　巡る自然と暮らし

「農民の日常生活にとってずっと重要なのは、家庭や道端の数多くの神々であり、病気を療し厄を追い払う祈祷師である。毎年の祭礼の繰り返しは、形式的な仏教や神道よりも月齢や農業の周期に一層密接に関連している」
（『須恵村』）

旧暦と新暦のはざまで

「観音や地蔵のような全部落のお祭りは、部落の者が一緒に集まって愉快に過ごす機会として役立つ。仕事を忘れて楽しみにひたる。正月やお盆の大休日には、親類がみなやってき、寄り合いをもつことによって互いに結ばれるのである」。

須恵村の協同（はじあい）の心を、私が最も感じ取ることができたのが、それぞれの部落ごとに行われる四季折々の祭りと年中行事だ。エンブリーは、祭りを「協同の諸形態」に含めず、「宗教」の章の最後に一年間の「祭事暦」（巻末「須恵村の年中行事と祭り」参照）として紹介している。しかし、祭りが、ムラの協同を維持し、暮らしを楽しく豊かにする重要な実践であることは言うまでもない。

私は須恵で過ごした三年の間に、部落の祭りや年中行事のほぼ全てに参加した。今村部落の年三回の薬師堂の祭り、平山の火の祈祷、覚井《かくい》と上手《おあで》の観音堂の三十三観音巡り、川瀬《かわぜ》の観音堂の御夜と祭り、覚井、湯原《ゆのはる》、屯所《とんところ》、中島の四つの部落の地蔵祭り、阿蘇の釈迦堂の花祭り、阿蘇と諏訪原《すわのはる》の水神さん参り、覚井の天神祭り、十五夜など、情緒あふれる祭りが今も各部落で続いている。

エンブリーは、祭りを二つの型に分けている。「部落が共に集合する」祭りと「親類が共に会合する」祭りだ。前者は主に農耕と関係する祭り、後者は直接農耕と結びつかない正月やひな祭りなどの五節句がある。また、結婚式や葬儀など後者の一部には部落の人々も参加するなど、混在するケースもある。私が参加したのは、家族の行事より部落の祭りが多かった。

亡き霊が安んじて帰れるよう、お盆の数日前の墓の掃除をする村びと

エンブリーがこれら日本の田舎の祭りや年中行事をどう分析していたか、見てみたい。まだ若いアメリカ人らしからぬ自然観、時間感覚を感じさせるのが、次の文章だ。

「一年を円として理解する考えは『丸一年』という日本人の観念に通ずる。……満月期には、最も重要な行事（盆、市房《いちふさ》〈筆者注・市房山の「おたけ祭」〉、旧正月）がある。朔月《さくじつ》（新月）は重要でない。上弦の月の時は、満月新月の中間（火祭り、薬師、七夕、とりこし〈筆者注・親鸞の法要〉）、下弦の月の時は上弦ほど重要でない」。

日本人の円環的な四季や時間の感じ方を見抜いているのが驚きだ。須恵で今も行事が残る小《こ》正月は、暦が普及する以前に一月十五日の十五夜満月を正月としていた名残。エンブリーはその重要性を理解していた。太陰太陽暦（旧暦）を太陽暦（グレゴリオ暦、新暦）に改めた明治政府による改暦は、太陽暦を使う外国と付き合い、グローバル化を進める上で避けられないものだったかもしれない。改暦もまた、近代化、文明化の一環だった。しかし一方で、自然に誘われ自然との密接な関係を大事にした人々のそれまでの暮らしを様変わりさせた。

「明治以前には祭は旧暦によったが、今では新暦による国の祭日ができて、生徒たちは休日であっても、農民にはどうしても不便でなじめない。他方、旧暦のお祭りは大部分半どんにするか、または主婦が単に特別な御馳走を作る日と変ってきている。学校も役場もこういう地域的のお祭りには関係していない」（傍点筆者）。

ここでエンブリーは、須恵村の休みの取り方に注目した。「村の祝祭日は、陰暦によっていることが多い」と、日本の暦が中国暦に従っていることを解説しながら、須恵村もそれを当てはめて考えることができるとする。

「一、八、十五、二十四の日は『村』の休みの日である。部落によっては二十八日も休みである。この日には午前に働くだけで、午後には『講銀《こうぎん》』とか『同年講』とかまた学校の集会が開かれる。祭がこの休日と重なればお寺参りや親類の訪問をするが、休日の一両日まえに祭がくれば休日は帳消しとなる。……学校や役場は日曜ごとに休み、地方の休み日と無関係であり、農夫は日曜でも、休むことはない。満月になる各月の十五日はきまって祭日であって、どうかすると一日（朔）、八日（上弦）、二十三日（下弦）にも（祭日と）することがある」。

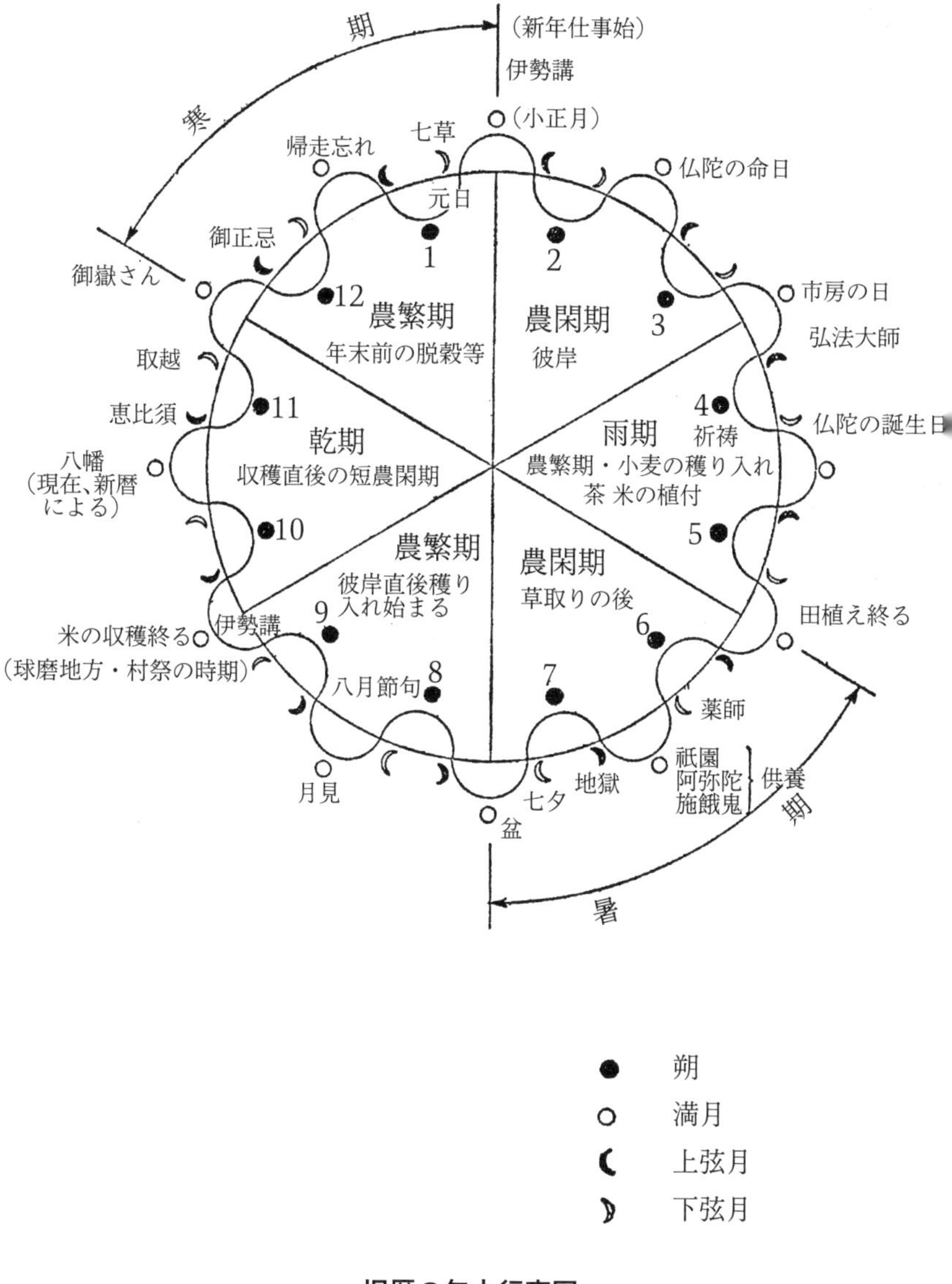

旧暦の年中行事図

(『須恵村』より)

陰暦には「週」という時間の単位がない。だから「日曜」もない。日曜が法的に休日になったのは、改暦された一八七二（明治五）年。新暦を使う学校や役場と、慣れた陰暦に従う農家の暮らしが混在する様子がうかがえる。そのため、「各家に掛かっている太陽暦のカレンダーの日付の下には、陰暦の月日、友引、大安等とかの日も書き加えてある」。

また村には、このほか国の祝祭日があるが、「この日は役場の吏員が村の神社に参拝するだけで、村人たちは普通の日とすこしも変ることなく仕事にいそしんでいる。……この祭日は、季節感覚と連関のない都市には行われやすいが、野良仕事に忙しいときの祭日は村人たちにとって容易なことでない」。自然に従った休みと国策の祭日。新暦によって季節感が失われ、陰暦が消えて行く様子が、エンブリーには残念に思えたようだ。

正月に守永留吉村長宅で雑煮を振る舞われるエラ。その右が村長

「……陰暦の周期は次第に破られていっている。行事にはその意義を失いつつあるものがあり、新暦や新しい職業がこれを放棄し、たとえば村社の祭礼は今では新暦によって米の収穫が全く終わらない先にやってくるし、学校は陰暦をほとんど無視している」。

この変化については、別の箇所でも「季節」の一節を設け、次のように述べている。旧暦と新暦が、暮らしの中に混在している微妙さがうかがえる。

「農家では太陰暦をつかっていて地方的な休日や祭日もあって、すべてこれでかたづけられている。……太陽暦を採用している学校でさえ村の青年男女が出席する青年学校は、部落の休日に行われて、地方の習慣に従っている。冬小麦や養蚕のような新しい農業経営と役場や学校の日曜を休日とする太陽暦の採用は、部落の年中行事のリズムをみだしはじめかけている」。

ここにも、農村と国や都市、村の中の農家とそれ以外の職業における近代化過程の分化現象がある。

エンブリーの思いは、明治の改暦の際に『改暦辨《かいれきべん》』で旧暦を面罵《めんば》した福澤諭吉（一八三五〜一九〇一）と正反対の視点に思える。新暦を定着させるために福澤は、

「……日本国中の人民此《この》改暦を怪む人は必ず無学文盲の馬鹿者なり。これを怪しまざる者ハ必ず平生《へいぜい》学問の心掛《こころがけ》ある知者なり。されバ此度《このたび》の一条ハ、日本国中の知者と馬鹿者とを区別する吟味の問題というも可なり」と、過激なプロパガンダを展開した。福澤には、新暦を変だと思う人は「無学文盲の馬鹿者」と映った。その意味では、五世紀ごろに伝来し古代日本の自然の暦に順化した中国暦とは事情が違う。

苗床に堆肥を運ぶ村びと

「東の国」の自然観

『須恵村』に、「労働力の年配分」を記した表がある。一年を二カ月ずつに分け、農作業を中心に村のさまざまな仕事が分類されている。労働から見た自然との付き合い方と言える。

稲作で見てみると、「比較的暇のある季節」の一～二月は「空き水田の調査」。「集約的でない労働」の三～四月は「水田の貝採取（女）」。貝はタニシのことだろう。「非常に多忙な季節」の五～六月は、もちろん「田植え」だ。「灌漑《かんがい》溝の修理」も行う。「除草が終るまで非常に多忙な季節」の七～八月は「田の草取り」。夏ほどではないが「多忙な季節」の九～十月は「米の収穫」。その直前に翌年のために「クローバーの種を水田に撒く」。「収穫と脱穀で多忙」な十一～十二月は「米の収穫（続き）」と「米の脱穀」である。

稲作だけでなく、野菜、栗や柿、山菜にキノコ、味噌作り、養蚕、家畜の世話や狩猟、屋根葺《ふ》きや道路、橋の修理まで、季節ごとの決まりごとに乱れはなく、人は毎年、巡る自然条件に合わせて仕事をする。

ただ、自然の時間に対する観察力にもかかわらず、エンブリー夫妻が自然そのものにあまり関心を示していないことは指摘しておきたい。

日本に一八九〇年から十四年間滞在し、熊本五高で教えたギリシャ生まれの作家ラフカディオ・ハーン（小泉八雲、一八五〇～一九〇四）の自然観はこうだ。

「おなじ『自然』を見るにしても、われわれ西洋人は、東洋人が見るようなぐあいには『自然』を見ていない。……われわれは、東洋人ほど、『自然』をリアリスティックには見ていないし、また、そう『自然』をくわしく知ってもいない。それはなぜかというと、その道の専門家はべつとして、だいたいにおいて、われわれは『自然』を擬人化して眺めるからである。……おそらく、われわれ西洋人の、美的感受性の資源ともいうべきものは、そもそもの大初からして、人間の認識にあったのだろう」（『東の国から』）。

エンブリーは二十代前半からハーンに親しんでいた。それだけでなく、エンブリーが自然にあまり言及していないのは、社会や文化を研究対象とする社会人類学という学問がエンブリーの自然観を規定した面があるかもしれない。

一方、改暦による変化と同時に、機械化の波や工場労働の時間が須恵村にも次第に押し寄せて来る。エンブリーは、祭りが減っていくムラの変容を幾らかの嘆息を伴って描く。

「昔は今よりも一般に年々の祭りは守られていた。ところが換金用の小麦栽培で仕事が増加し、また県庁の奨励による副業がふえてきて祭りは少なくなる一方である。さまざまの経済計画、殊に新経済復興計画は、これまでの行き過ぎの虚栄の出費をおさえて、村人にもっと多く働くことをすすめている。それに近郊の町が年々の祭りを商業化させてくる傾向にあったので、村人は町に出て縁日や雑踏を楽しもうとし、村の祭りに気をつかわなくなってきている」。

もみ殻の日干し

最後にエンブリーは、中国の太陰暦などの研究で知られるフランスの社会学者マルセル・グラネ(一八八四〜一九四〇)の言葉を引いて祭りの意義を強調する。

「祭りというものは社会生活の季節的リズムのテンポを画する大集会であり、それは短期間のうちに人々が共に会して社会生活が緊密となるものである。この時は、人がちりぢりにいて社会生活が実際に停頓する長い期間と交替になるものである」。

「どんな小さな儀式でも、しめくくりに酒が出る」

ムラの暮らし、特に祭りに欠かせないのが酒宴だった。「大きな問題の一つは、常に酒を飲むということであった」とエラが『女たち』で嘆息しているように、酒はエンブリー夫妻の悩みの種でもあった。ひんぱんに開かれる宴会に加わることで、「いつも酔っ払っていた」ことが調査の障害になっていたのだ。

参加しつつ観察する。それが夫妻のフィールドワークだった。参加するということは、可能な限り住民の暮らしの中に溶け込み、同じ行動をし、理解や情緒まで同じレベルに達しようと努めることだ。それは酒の席でも同様であり、しかも当時の須恵は現代とは比べものにならないほど酒宴が多かった。酔うことは、「ノートをとるのに妨げ」（エラ）だったかもしれないが、取材し話を聞き出すには打ってつけの武器であり好機だったことは間違いない。その結果が、先述したようにエラの『女たち』に余すところなく表れている。

『須恵村』にはわざわざ「寄り合いと宴会」の項を設けている。「寄り合い」は「meeting」ではなく「party」。物事を決める協議の場でなく、酒宴と一緒の扱いだ。酒は、昔も今も時代を問わず労働の気晴らしだ。エンブリーはこの項を、須恵村の農作業を巧みに描くことから始めている。『須恵村』の中でも最も印象深い文章の一つだ。

「須恵村の農民には、重労働が山積している。この重労働は農民とその妻との手をごつごつ節くれだったものにし、顔を赤銅色にしてしまい、しかも非常に従順な忍耐心をいだかせるのである。だが土地を相手にする仕事は、機械相手のものと趣が異なって、男はいつでも煙草をくわえて坐ってちょっと談笑もし、妻は赤ん坊に乳をふくませるのに、手を休めることもできる。土壌いじりの仕事は、また多産と

田植えの合間の、午前の「よけまん」

性とを意識させ、農民はどこでもあけすけで飾り気のない気質をもっているが、日本の農民もこの例外ではない。歳時行事が一段落つくと、部落民や親類が集まって、愉快にたらふく飲食する機会にめぐまれる」。

酒は、地縁、血縁をつなぎ、はじあいを保つ大事な潤滑油である。ここにも「機械」という言葉が、自然相手の農業と対比的に使われていることに気付く。さりげない、しかし卓抜な暮らしの時間論でもある。

『須恵村』には、主な宴会が列挙されている。

まず「主人役が催す宴会」として、①名付け祝い、②結婚式、③葬式、④盆や法事、⑤村入り、⑥送別会、⑦兵士の出発や帰還の会、⑧新年——がある。

次に「全員が参加費を払う宴会」は、協同作業の後に行われ、「村仕事は最後は宴会をもってうち上げることになっている」。橋を架けた後、葬儀の準備が済んだ後、田植えや道路工事、家の建築や屋根の葺き替えなど、「どんな小さな儀式でもいつも結末には、しめくくりに酒が出る」。

「役場または会社が負担する宴会」は、学校で行われる役場や紡績会社の講演会後の集会である。

多くは農閑期の冬に行われるが、田植えのような協同作業が終わった後も開かれた。八十年経った今の須恵でも多くの場合同じだ。もちろん酒は豊かな稲作に支えられた球磨地方特有の米焼酎。飲酒に伴う遊びも多い。中でもジャンケンに似た遊びである「くまげん（球磨拳）」は盛んで、女性も参加した。焼酎が回ったころに、接待する家の者や近所の女性らによる三味線が入る。

「するとまもなく歌や踊りをともなって座が和やかになり、男も女も歌い座を立って踊る。その踊りは種蒔き——農家のもっともむづかしい疲れる仕事の一つ——であったり、悲しい物語をなぞらえたり、また酔っぱらいのかえ歌もはいる。やがて踊りは慾情的な性格を帯びてきて、上手な主婦の踊りに加わり、好き勝手な歌詞に合せて、尻を前にぐいと出しながら踊る。男は杖を男根のしるしに用い、それを讃美した歌を唄う。こういった余興は集まった人々に爆笑の渦をまき起こさせる」。

宴会の効用は、楽しい憂さ晴らしだけではない。「このように宴会は酒に酔うが、おのずから親交を深める。酒盃のやりとりを通じて相互の友情がふかめられ、踊ったり唄ったりすることは、自分というものをはっきり知ってもらう望ましいチャンスを与えてくれる」。

平山部落の盃のやり取り

村民の友情に感謝する『須恵村』序文のエンブリーの述懐が印象的だ。「国際的友愛のなかで、一九三五年から一九三六年に至る須恵村の酒宴ほど深いものはないであろう」。

当時は今よりずっと宴会は多かったが、それでも「村の人びとは『昔ほど回数が多かったし、ひと回り大きな宴会が催されたものだ』と口々にいっている」という。政府の〝生活改善〟の動きに応じて、役場や学校が「過度の浪費」を抑制するよう呼び掛けた影響だ。

中でも「大酒のみ」だったという平山部落。『須恵村』巻末の家計費の一覧表が証明している。「交際・焼酎・煙草（大部分は焼酎）」の項目がある。川瀬の「普通の農民」は年間九十二円（現在の三十万円前後）で家計費の八％、上手は百五円で十五％であるのに対し、平山は百三十七円で二十四％と群を抜いている。さすがに付き合いの多い村長は百八十円と多額だが、家計費に対する割合は六％だ。

塩辛すぎた郷土食

「すべての部落で、ほとんどの人が自分たちの食べる野菜を栽培し、毎日十分に使えるだけの漬物を一年分作っていた」（『女たち』）という須恵村の暮らしは、こと食に関しては貧しさとは程遠く見える。

ただ夫妻は、『須恵村』でも『女たち』でも、食という、ムラの暮らしに欠かせない大事なテーマをあまり具体的には書き込んでいない。エラは、須恵の食べ物の印象を、「村ではすべてのものが、都会の食物より粗末で、塩辛く、口に合わなかった」と漏らしている。加えて、エンブリーは「日本の食物を食べなかった」という。素材は豊富なのに味覚が合わず、食が進まなければ筆も進まなかったとみえる。

とはいえ『須恵村』には、あくまで断片的ではあるが、冠婚葬祭や祭り、贈り物などの場でさまざまな球磨の料理が紹介されている。例えば、平山の「火の祈祷」の宴会では「お神酒や焼酎、それから魚、松茸が出される。女には魚でなく、切り干しが出される」。お盆では「米、焼酎、蝋燭、線香やまたお菓子屋は菓子箱の贈り物をする。蝋燭の代わりに『そうめん』も贈られる。御礼に客には精進の御馳走が出される。そうめんが魚の代わりをしている」。端午の節句では「竹の葉に包んだ長い『ちまき』がつくられ、田で捕えた大きい蝸牛（筆者注・タニシのこと）が蔬菜とまぜて食べられる」といった具合。食べ物の名は相当数挙げられているが、料理の味や作り方、歴史や特徴などには言及がない。

その中でも、何度か出て来る例外が「つぼん汁」である。「秋の祭りの日に作るご馳走」とされ、エンブリーは、「さと芋、こんにゃく、ごぼう、豆腐、海草で作られ、午前は家族の者に午後は来客に出されたものである。いまは唯《ただ》少数の家で作られるだけで、大抵はよく食膳に上る野菜と御飯を混ぜた『まぜめし』がつくられるにとどまる」と、やや突っ込んで書いている。

だが、私の大好物でもあるこの代表的な郷土食も、記述はそこまで。現在では、つぼん汁は日常的に家庭で作られているが、当時は「少数の家で作られる」祭りのご馳走だった。須恵の料理上手に語源を聞くと、祝いの席で一緒に出される酢の物が浅い椀に入れられるのに対し、汁物は深い椀に入れていた。その深い椀を「つぼ」と言っていたことから、「つぼの汁」が「つぼん汁」と発音されるようになったという。

球磨地方の郷土料理「つぼん汁」（筆者撮影）

「あらゆる宴会に欠かせない」のが豆腐だ。「魚の代用」として使われ「蛋白質の多くは大豆から摂取される」。まだ貧しい当時、ちょっとした酒のつまみはいつも豆腐だった。屋根葺きなど加勢の宴会用の贈り物にも豆腐が使われた。豆腐屋は各部落に十軒ある。ほかの店数軒でも販売され、毎朝作られた。その名残か、今も宴会では豆腐が出ることが多い。持ち帰られるようにパック入りだ。当時のお茶請《う》けは「豆と漬物」だった。
「牛乳は医者の指示がある時、やっと飲まれる」だけだ。鶏をはじめヤギ、兎、小鳥、豚も飼われるが、豚は売るためで消費は少なかった。
そんな中で、ややまとまった食のやり取りが『女たち』に一カ所ある。貧しい村の中でも特に貧しい農家に対する女性たちの噂話だ。
「非農家の女たちは、農家の人たちの食べているものについてとやかくいい、それを彼らの遅れた状態のもう一つの表示と見なしていた」。

「永田さんの家が、現在では少しお金を貯えることができ、もはや次の収穫まで米を使い尽すことはないといわれている。しかし、このことはすべて、きわめて低い生活水準という犠牲のうえになしとげられたものである。……永田家は、じゃが芋と薩摩芋で生活し、さきの女たちからみれば食卓にだすのが不適当な、その他のものも食べている」。

「江田家も同じように貧しい。……かつて、彼らは、だれにも見られないように雨戸を閉めて食事をしていたが、いまでは、相変わらず食物は貧しいが、戸は開けたまま食事をしている」。

「もっともひどいのは、中島のある老人で、大麦をひき臼《うす》でひいてから、それを煮て食べていた」。

農家の出ではない話の主たちは、「土地の醤油が口にあわない。味噌は小麦こうじをたくさん入れて作るべきで、そうすればよい味になる」と言う。「しかし、それでは高くつくので、土地の人びとは小麦の方を多く使い、そして自分たちの味噌の方がよい味だと主張する。農民は、醤油にも味噌にも、持ちをよくするために多量の塩を使う。だれかが魚の干物を持ってきたが、それは料理する前に水につけなければならなかった」。

なるほど、エラが須恵の食べ物を「塩辛く、口に合わなかった」という理由がよく分かる。

エンブリー家の前に住む澤田徳治さんは当時小学校四年生で、よく家に出入りしたと話す。「エンブリーさんの家からは、いつも嗅いだこともないようないい匂いがしとった。たぶん、ステーキかオムレツか何かだったごたる」。お手伝いだった奥田モモエさんは、「朝はパンじゃった。こっちにはない材料やら缶詰を東京から取り寄せて料理を作っとった。西洋料理の作り方を書いて教えてもろた」。エラが洋食のレシピを渡していたのだ。

ところが、エンブリー夫妻がいかに須恵村に溶け込んだかについて、周囲の予断が働いたのも事実。「夫妻はパンとミルクの生活をやめて、ミソ汁にタクアンをかじり、畳の上にふとんを敷く、日本人と少しも変わらぬ生活様式をとることを、研究上の基調とした」（『サンデー毎日』一九五四年）など、さも目撃したかのような記事が一度ならずあった。時々は「ご飯にミソ汁」だったかもしれないが、エラが「私たちは西洋風の料理に近いものが食べられるよう努めた」と言うように、食べ慣れた洋食中心の生活だったことは疑えないようだ。

百を超える民謡を収集・英訳

酒宴は、酒食とおしゃべりだけでなく、エロティックな歌と踊りにあふれていた。『須恵村』には「民謡と踊り」の短い項があり、民謡もまたムラの協同と結束の一環としてとらえられている。「歌い手みんなに親しまれている民謡は、村民の間に強い統一感情を起こさせる」。民謡の効用は、むろんそれだけではない。「平凡な日常をおくっていると、自己を現す機会も少ないが、宴会では自分を表現したい衝動にかられる。みんなのよく知っておるいつもやる踊りは、男にも女にもこの機会を与える」。

ハレの日の催し、憂さ晴らしであり、その最大の機会が盆踊りだった。しかし、当時でさえ「須恵村では盆踊りは廃れてしまい、ただ数人の老人達だけが地方の盆歌の幾節かを知っているにすぎない」という状況だった。それでも、学校や役場の新築など大きな出来事があるときには披露され、「部落ごとに別々の踊りを準備し、祝日の期間中、踊りぬくのである」。

以上の短い解説に加えて、須恵村で歌われていた「球磨六調子《ろくちょうし》」「田舎の庄屋」など七つの歌が紹介されている。中には「私の婆さん女です」という、ただ酔って即興で作ったのか分からない俗歌もあり、面白い。

「私の婆さん女です」

いうちゃ　すまん　ばってん
うちのかか　おなご
けさも　はがまで
ぼぼ　あろた

エンブリーには『Japanese Peasant Songs〔日本の民謡〕』（一九四四年）の著書があり、関心の深さを物語る。同著では、須恵村で集めた百を超える民謡の日本語の詞と英訳を並べて紹介。長唄や都々逸《どどいつ》、子守唄の音節やリズムの取り方まで詳細に解説した驚くべき書物だ。

エラのノートには、歌と踊りの練習風景を描いたこんな記述も見える。

「少女たちは実にうまい。彼女たちは、音楽と踊りに対するセンスみたいなものを持っている。ここの人々は、みな歌謡を伝え、どんな歌でも知っており、一曲か二曲は優雅な踊りの歩調を取ることができる。西洋人の耳には、彼らは音痴で、最初は彼らの高い音程の声はおかしく聞こえるが、ひとたび喉を締め付ける声に慣れれば、その歌は魅力的になる。きっとこの土地の音楽の形式は、私たちの音楽では理解しにくいので調子はずれに聞こえるのだろう」。

宴席での踊りの一方、二人の本には伝統的な郷土芸能としての踊りの描写がほとんどない。わずかに『須恵村』に、「以前は各部落毎に特殊な踊りがあった。『ぬしどうり』の役目は世襲的であり、踊りの特別の役もまた世襲的であった。学校のような大きな建物の落成式には、部落はその踊りをしばしば演ずる。見物人からお金をとるが、これで大抵は焼酎を買う」と短いコメントがあるだけ。夫妻が撮った写真の中には数枚の踊りの場面があるが、当時の詳しい状況は分からない。

深田小学校の落成式のお祝いで踊る女性たち

「神々に対して、彼女たちはなまんだという」

ムラの暮らしの自然観から生まれ、また祭りを生み出したのが、信仰であり宗教だった。『須恵村』では、村の宗教を簡潔に解説、分類している。

村民は、伝統的な宗教である仏教の経典も神道の儀礼もほとんど理解しておらず、仏教は「魂の救済手段」であり、神社は「村の生活の庇護者」と考えている。村民にとっては、仏教も神道も「土地固有のもの」であり、「唯一の宗教上のシステム」は、月齢や季節を記した旧暦の年中行事図（195ページ参照）なのだ。そしてそれは、「地方の共同体の暮らしには密接不可分なもの」だった。

つまりムラでは、教義を伴った宗教ではなく、暮らしに根付いた信仰として、それらは存在する。だから、廃仏毀釈《きしゃく》につながる明治政府の神仏分離政策を経てもなお、神仏習合が当たり前に見られた。村民は「いつも神社に礼拝するとともに『ほとけ』を信仰している」と話す。日本人のこうした信仰心は、八十年後の今もほぼ変わらない。

エンブリーは、須恵村の信仰や祭式の慣例を七類型に分類している。①神道、②仏教、③家の守り神、④道端の神、⑤呪法《じゅほう》と信仰療法、⑥一生の三つの危機についての信仰、⑦一年の祭礼――である。

個人にとって重要な仏教に比べ、「神道は村にとって重要」である。諏訪原部落にある諏訪神社が村社だった。「村社には村全体の安泰の守護神である氏神が祀られている」。神社の儀式には氏子総代、役場職員、時に小学校長が参加するが、その意味が分からない村民は、普通は出席しなかった。「神官は、どちらかと云えば国家主義者で、外来のものはすべて、仏教もふくめて日本文化在来の純粋性を腐敗させているものと考えている」。

ただ国家神道や天皇制の宗教性ついてエンブリーはほとんど触れていない。『女たち』ではむしろ、「天皇陛下は神様のようにしとりますが、本当の神様ではなかとです。天皇陛下は人間で、とても偉か人です」などと話す村の女性の「あやふやな理解」が浮き彫りにされている。エラが抱いた感想は「天皇崇拝とはこんなものなのだ」というものだった。

現在の須恵の神道は、諏訪神社の例大祭や大嘗祭（七五三）などの年中行事に残っている。また各家の床の間には「天照皇大神《あまてらすすめおおかみ》」の掛け軸が掛けられている。

仏教の宗派の中で、球磨地方で最も普及しているのは浄土真宗だった。須恵村の正規の寺院は、覚井にある曹洞宗の了玄院だけで、門徒は五十戸にすぎなかった。残りは隣の深田村の真宗の寺に属する。真宗は相良《さがら》藩によって禁止されたが、隠れ真宗となって生き残り、当時のままの仏壇を残した農家がある。

免田の神社の祭日の参詣

前代の名残として頭髪を剃らない「毛坊主」がいた。植え付けご供養や報恩講などの法会が組の組織で行われる。そうした集まりは、「信仰心からの集まりというよりは故人の冥福をいのる親戚たちの会合であり、共に食べ、共に飲む聖なる機会である」。今も続く報恩講や植え付けご供養では、女性たちは宗祖親鸞が書いた正信偈《しょうしんげ》を、時には僧侶より淀みなく唱える。

神仏習合に関して、エラがたびたび観察した神社の拝み方が面白い。

「彼女たちは、小銭を賽銭箱に入れ、拍手を打ち、なまんだ（仏教の念仏なむあみだぶつを短くしたもの）と目を閉じて敬虔に繰り返した。……彼女たちは、違った寺や神社では、違った念仏が唱えられなければならないというが、だれもそれを知らない。だから、神道の神々にたいしてさえ、彼女たちはなまんだという」。

逆に仏像の前で柏手を打つなど、今でも拝み方の習合あるいは混同が見られる。形式にはこだわらないどっちつかずの鷹揚《おうよう》さの中にムラの文化の豊かさを感じる。

「農民の日常生活にとって重要なのは、家庭や道端の神々と祈祷師である」

エンブリーが強く魅せられたのが須恵村の民間信仰だ。神道や仏教に比べ、「農民の日常生活にとってずっと重要なのは、家庭や道端の数多くの神々であり、病気を療《いや》し厄《やく》を追い払う祈祷師である」。

家には、仏壇、神棚が同居していた。「床の間にはお稲荷か天皇か、また同時にこのふたつの掛図がかけてある。……この代わりに、またはこれに加えて仏像の掛図もあり……」という。台所には、大黒と恵比寿の木像があり、かまどの神に供える花が活けてある。井戸の神にも花を供えた。多くの農家の玄関わきには、太陽に供えるため花をさした竹筒が飾られている。庭には、荒神《こうじん》あるいは地主と呼ばれる大地の神の祠《ほこら》があり、石の地蔵が置かれた家もよくあった。

「ごっどん（牛頭《ごず》天王）」という「特殊な型の『お札』」もあった。「角の生えた鬼や裸の嬰児の絵が、木版に墨をつけ、白い粗紙の上におしつけて図取りされたもので、二月一日（太陰暦）に祈祷師によって作られる。納屋や家の中に貼られることもあるが、大抵は折りたたまれ、紐に通して首の周りにかけられるか、着物の裏側に針でとじつけられる。これらは災害から身を守ってくれる」。エンブリーには「Godzu Tenno〔牛頭天王〕」（一九三九年）の論文があるほか、エラのノートにも記述がある。インドを起源とした神仏習合の珍しい伝承に、夫妻の関心が見て取れる。ごっどんの木版は、今も須恵の二軒に保存されている。

お守りとして、竹串に紙の垂《しで》を挟んだ「御幣《ごへい》」もあり、平山の火の祈祷で作られるだけでなく、今も須恵の数軒の家の周りに立てられて、風景の一部になっている。

便所の付近には南天の茂みがあった。「便所で用をたしている時に倒れたり、倒れそうになると、この茂みを摑むとすぐに治るといういわれがある」という。

次に、「道端の神」として、堂、石地蔵、庚申《こうしん》、水神が挙げられている。堂には、観音、薬師、阿弥陀などが安置されている。

さらにエンブリーは民間信仰の対象の擬人化に言及している。「これらの神は人間的に考えられていて、家に独りいるときも孤独感に襲われることはない。即ち『様』とか『さん』の敬称でとなえられる。また話の中では『あのひと』という」。「須恵村では一人でいたり、一人で仕事をすることは嫌がられるが、それでこのような時とかまた子供が家で留守番をする時とか家の多くの神様と一緒にいるのですこしも寂しさを感じないのである」。安心なのは、家の中だけでなく、道端の堂の中や地蔵のそばでも同じだ。

一九四三年の著作『日本人』でもエンブリーは、地蔵、観音、薬師を「重要な人気のある神」として特に取り上げている。それらは、子どもや身ごもった女性、健康を祈る神であり、人々の身近な存在だった。

子どもの背中に付けられた「ごっどん」

『須恵村』の書評で鈴木榮太郎は、信仰に関するエンブリーの記述を「きわめて精緻」と評価しつつ、社会性に無関係な分野に立ち入りすぎているために「意味の無駄」が多い、と批判する。「ほとんどそれを羅列しただけ」というわけだ。果たしてそうだろうか。私には、エンブリーは当時の暮らしに根付いた民間信仰の社会的意味を十分に感じ取り記述していると思える。

エンブリーは一九四一年の論文で、「ある社会の宗教を理解するためには、その社会の社会的、経済的組織を理解する必要がある。日本の農村共同体の研究においては、宗教的信仰に加えて、コミュニティにとって最大の社会的価値を持つそれらの事柄に注意する必要がある。さらに、宗教的な生活は、関係集団の社会関係を強め、個人および集団の相互依存を重視するために役立っていた」（「日本農村における宗教の社会的機能」）と、宗教の社会性に留意することの大切さを強調している。

祈祷師と犬神持ち

「ごっどん」などとともに今は過去の存在となったのが祈祷師だ。『須恵村』にはたびたび登場し、当時はまだ重要な役割を果たしていた。「祈祷師」「憑《つ》き物」の節を特に設け、計八ページにわたって説明している。

「祈祷師は祈りごとを職業としているので呪《まじな》い師ともいわれ、小さな宮とか寺とかをお守りしているのが普通である」とし、須恵村には当時、少なくとも五人の祈祷師がいた。主なものは、覚井部落の二人のお稲荷さんと上手《おあて》の天台宗の末寺の計三人で、最も人気があったのは、盲目のため「けぎゅう（検校）さん」と呼ばれる天台宗の祈祷師。次に有名なのは覚井の舟場《ふなば》稲荷神社の神主で、農業も営み妻は豆腐屋だった。三番目は同じ覚井の北嶽《きただけ》神社の神主。

村では病人が出ると、医者に掛かるよりまず祈祷師の所へ行った。「村人たちは祈祷師の治療に関する力を医師と同じくらい、あるいはそれ以上だと考えているし、治療代はずっと安くてすむ」からだ。牛馬の病気、ものに憑かれた場合にも行く。隣村の多良木の医者の治療代が一回の往診で一円かかるのに対し、祈祷師には十五銭ほどの米か卵で済むというのだから、当時の庶民の医療知識からすれば当然かもしれない。祈祷師は、症状などを聞き、祈りを捧げる。患者が神道か仏教かに関係なく、頭の上で御幣を振り、お札やお守りを与えて治療上の注意をする。

エンブリーは祈祷の効果や真偽については触れていない。だが「病は気から」とも言う。医療がただ技術だけでなく心の問題も関係するとすれば、祈祷が一定の役割を担った過去があり、今もそうした地域があってもおかしくはない。

ただ、「医者には誰も社会的関心を払わないために多くの子供たちが死んでいく」のが当時の実態だった。須恵村には医者はおらず、「隣村に医者はいるにはいても、藪井竹庵」であれば、なおさらだ。

祈祷師の役目の一つに、憑き物を追い出す仕事がある。『須恵村』によると、「犬神持ち」と言われる人が各部落に少なくとも一人はいた。「生まれつきから病的なのではないが、とりつかれた人の意にかまいなく時として本人の意志から離れて魔道を働く」とされる。犬神に取り憑かれると、奇妙な叫び声を上げるのでそれと分かる。犬神が憑くと祈祷師に行く。「呪《のろ》いは祈祷師がとりはずすか、あるいは呪われた人の無事を願う祈祷を行うことによって解かれる」。ほかに、灸やひし餅型の紙のナイフで犬神が取り憑いた体の痛い場所に触れて祓《はら》い清める。

「呪詛をするのは、羨望と嫉妬とからである」のは、富が限られた社会だったからだろうか。「もしも非常に富裕な家の者の隣りに『犬神持ち』がいれば、その家のものがことさら嫌いでなくとも、その人の富をただ羨望するだけでもう犬神が飛び出して行って、その金満家の馬（百五十〜二百円）が死ぬとか、その家屋が焼失することになる。嫉妬はさらに病や死をひきおこすようである」。

『女たち』にも、「魔女」の最も典型的な例として犬神持ちが登場する。「村人は女だけが魔力を持つと信じていた」。

「猫神持ち」もいた。「森のおばあさんは……自分は猫神につかれているのではないかと思うと打ち明

現在の舟場稲荷神社(筆者撮影)

けた。……彼女が魚しか食べたくなくなったからである。……僧侶は、『そうばい、これは風持ち（犬神持ちの別の名前、風と同じように魂も目に見えない）じゃなく、そこに死霊がおる。二つの家の二人のもの——男と女——が、釘づき（木に釘をうちつけること）で、あんたば死なせようとしとるばい』といった」。三頭の馬が死んだ際にも、風のせいにされた。「風という言葉は、超自然的な力によって引き起される病気に関して、いつも用いられる悪い神を意味する」。

『女たち』には、特別な種類の犬神で幸運をもたらす「福神」についても書かれている。「米を売るか与えるとき、この福神が米のなかに入り込んで、それをふくらますから、買い手やもらい手にとって、一升が三升にも見える。他方、もらうときには、福神がそれを踏みつけて、与え手にまだ十分入れてないと思わせるようにするから、福神を持っている人は、彼がもらうべきよりも多くもらう。この神を持っている人は裕福になる」。貧乏神は登場しない。

覚井の祈祷師だった舟場稲荷神社は、エンブリーも滞在時に十円の寄付をして改築され、現在も親族によって守られている。しかし祈祷師も犬神持ちも、今の須恵では話題にさえならない。

第八章　ムラの光と影

「部落民に対する地方のもっとも強力な制裁は、協同を拒絶することである」（『須恵村』）

「多少とも教育のあるもののほとんどすべてが、村を離れる方法を探していた」（『女たち』）

夫妻が愛した「山の部落」

当然だが、ムラ社会にはじあいの精神が常にあふれ、協同の関係が満ちていたわけでは決してない。ムラの結束、濃密な人間関係、家族の紐帯は半面、個人を拘束し自立や自由を妨げる足かせであり、よそ者を排除する閉鎖性を生む。

協同的、牧歌的、自然的、共生的、重層的といったムラのプラスイメージに対して、マイナスイメージを挙げよ、と言われれば、閉鎖的、封建的、保守的、抑圧的、因習的、没主体的、排他的、利己的、非合理的、無知で蒙昧《もうまい》……。きりがない。「純朴な田舎」の裏面。

平山の夫婦。妻は盛装している

エンブリーもエラも、須恵村のマイナス面に目をつぶっていたわけではない。エラの『女たち』には、須恵村の女性に対する愛情と同じぐらいの辛らつな批判が並ぶ。恐らく私が挙げたイメージ以上に、文明国アメリカを知る知識人として身をもって抱いただろう違和感の大きさが想像される。

独特の球磨弁が残っており、外来語の普及が遅いことなどを挙げて、エンブリーは須恵村を「遅れている」と感じた。しかも、大都市の近郊農村と比べると「十年ないし十五年」も。

ただ、「遅れている」という表現が、進歩に関わる言葉なのかどうか、優劣の価値が込められているかどうかは別だ。単に文化や政治経済などの情報が遅れて入ってくる、という程度の意味だったのではないか、とも思える。

平山に少し寄り道してみよう。平山は「今日でも電気がついていないばかりか、どのような近代的動力もない」山の部落だった。二人は五、六キロの山道を歩いて平山に通った。山道といっても、車馬は通れる。夫妻のノートによると、一九三五年十一月十日の初訪問以降、翌年一月、五月と度々訪れ、五月には五日間滞在している。その時は岩森家に世話になったようだが、布団など宿泊設備の関係で岩森家は最初は「断った」という。岩森家と縁続きの平田助弘さん宅には、エンブリーが撮った当時の写真が今も残っており、平田さんは「お礼に白砂糖一斗缶（十八リットル）をもらったと聞いている。貴重品だった」と話す。

必ずしも親類関係ではないが、当時の平山では「平田」と「平野」という姓が二十五世帯のうち二十世帯を占めた。原因は「明瞭でない」という。現在もこの傾向は変わらず、部落の結合の強さの一因になっている。

『女たち』には、隣町への小旅行に関連して、「平山の女たちはすべて、このような行事や学校での会合に出席する。というのは、そうでもないと、めったに山から降りて来られないし、それにでてくることが、彼女たちにとって楽しみだからである」と書かれている。人里離れた、という印象だ。平山に電気が届いたのは一九五八（昭和三十三）年というから、須恵村で初めて一九二三（大正十二）年に浜《はま》の上《うえ》部落に点灯してから三十五年も経っている。

平山での、「かったり」による田植え

エンブリーは、雇い人が川瀬《かわぜ》は五人、中島四人など他の部落が須恵村の他部落から行っているのに対し、「興味あるのは、平山には須恵村の他の部落から雇い人は一人も行かないということである。これは平山が他部落人には荒地、山地であると考えられており、他方では平山の人の眼に他部落民は良き働き手として映らないとされるためである」と、山の部落の一側面を描く。雇い人がいないということは、部落内のかったりで足りているということであり、協同の強さを表してい

男性の調髪は、自分たちでやっていた

る。「貧しい」孤立した部落では、助け合いは不可欠のことだった。

生活費を見ると、部落平均で「豊かな水田の川瀬千百十七円」「商業部落の覚井七百十二円」に対し「山の部落の平山五百四十二円」となっている。エンブリー自身は年千二百円としているので、平山は川瀬やエンブリー一家の半分以下である。だが半面で「はじあい」に満ちた平山を夫妻はこよなく愛した。「ここは大酒飲みと親切と純朴でことさら知られている」というエンブリーの言葉に、その気持ちが存分に込められている。

ところで『須恵村』には、こういう文章がある。

「須恵村の生活の基本形態は明らかに古風である。それは永い、そうして変化のある歴史を経過したものであり、少なくとも六世紀頃の中国文化の導入時代まで遡《さかのぼ》られるものであろう。このような古くからの停滞性に関しての一つの理由は、きっと球磨地方が山また山に囲まれた生気のない谷間であり、常に主要な交通路から取り残されてきたことである」。

文中に、「古風」「停滞性」「生気のない」といったマイナスイメージの表現が使われているのに違和感を覚え、原文に当たってみた。すると、「古風」が「old」なのはいいとして、「停滞性」は「stability」、「生気のない」は「dead-end」の訳だった。ということは、それぞれ「安定性」「行き止まりの」と訳す方が正しい。「行き止まり」は単に地理的表現にすぎない。特に「停滞」と「安定」では、この文章全体の印象と価値観がまったく逆転し、古風だが「変化のある歴史を経過した安定性」というプラスイメージに転換する。つまり、エンブリーが避けたかった偏見、須恵村が停滞したムラだという思い込みを、翻訳者が抱いていたのではないか、と思えるのだ。

『女たち』でも、この点に関して慎重に言葉が選ばれている。「平山の山間の部落は、非常に孤立しているから遅れている、と須恵村の他の人びとは広く信じていた」と村民の見方を紹介した後、エラは「今日、われわれが、須恵村の他の部落より『伝統的』ということのできる平山」と評した。

現在の平山は、山に囲まれてはいるものの道は改良され風景も一変、他の部落と暮らしぶりに大きな違いはなくなったように見える。もちろん個々の課題を抱えているのはどこも一緒だが、他の部落以上に団結が強く、若い跡継ぎの家庭や子どもが多いことが話題になることが多い。

「教育のある者のほとんどすべてが、村を離れる方法を探していた」

一方で『女たち』では、女性が置かれた当時の厳しい状況を反映し、農民層の閉鎖性や拘束性がより具体的に描かれている。それは、農民とそうでない階層の村民との間で顕著になる。例えば、生け花教室に習いに来ていた農家の娘は、「他の農家の主婦たちからあまりに意地悪くからかわれたので、しばらくのあいだ、習いにいく途中、花を持って村のなかを歩くことができず、だれかに持ってきてもらっていた」という。「社会的差別は明らかであり、その掟を破ったものは、噂というきわめて強力な制裁を受けなければならなかった」。前に述べたように「よそ者」扱いは激しかった。

そんな村の生活の制限、制約に対して、若い女性、特に未婚の女性は不満だった。

演奏会で琴を弾くため盛装した女性たち

『女たち』に「逃亡・村外で働く」という一節がある。ここには、ムラの「強靱な社会的紐帯《ちゅうたい》」、つまり協同の裏側にある拘束性に対する反発や、若い女性たちの「自立の精神的気質」が感じられる。

「多少とも教育のあるもののほとんどすべてが、村を離れる方法を探していた」し、「結婚していない須恵村の若い女たちの多くにとって、目標は、村を逃げだし、町や都市で仕事を見つけることだった」。

須恵村には、養蚕の取引で関係がある紡績工場から労働者を探しに人がやって来た。『須恵村』には、「絹織業の他の特色は、十六、七歳の娘を募集して紡績工場に出稼ぎさすことである。数年間は都会へ出稼ぎに行ってから、村に帰って結婚する。彼女らは帰村しても、村では面白くなく、都会生活を渇望し、たとえ帰って来ても、もう前のように農村的でなくなっている」とある。

若い女性が村を離れたがる理由はこうだ。「たしかに仕事は、彼女の嫌いな農業よりも軽いものとみなされている。彼女は、工場では午前五時に仕事を始め、立ったまま午後の二時まで働いたといった。その後、彼女は裁縫の稽古にいき、夜は遊びにいったという」。賃金もまずまず。募集員は、最初は一カ月四円五十銭だが、平均では十円払うと勧誘した。過酷なイメージがある「女工哀史」とは異なり、女性たちが「工場を好きになっても、不思議ではない」現実があった。

また、エンブリー夫妻のお手伝いのあきちゃんは「大阪で結婚するか、そこの会社に働きにいくか、バス・ガールになる」ことを夢見ていた。「都市生活の雑多な楽しみを味わった一人の若い女性」は売春婦だったが、それでさえ「仕事は、楽しくはないとしても、きつくはない。……料理屋で働くのと、そぎゃん違わん」と言う。

自立の徴候をみせている女の子もいた。その子は家族に、「自分は農業に向かないので熊本にいって、ある家族の女中として働きたいといった」。その熊本の家族は長い間アメリカで暮らし、女の子はその家族からアメリカについて多くのことを学んだのだ。とはいえ、「つつましやかな自立と農業からの脱出の夢は、結婚の時期がくれば、男の子にとっても女の子にとっても終りになった」。

嘲笑という名の制裁

『須恵村』の第五章「社会階級と団体」では、ムラの秩序や協同を維持するための「社会的制裁」が取り上げられている。制裁は「協同」や「互助」の裏返しといってよく、ムラの拘束性を表してもいる。エンブリーは制裁として、①警察（法的処理）、②協同の拒絶、③嘲笑――の三つを挙げている。

まず警察について、一番近い警察署は多良木にあり、「週に一度須恵村の役場にくる」。エンブリー夫妻がいた一年の間に警察官が「法を執行した」のは、乞食が米を盗んだときと溺死があったときのたった二回だった。部落の隣人として手助けする消防夫や婦人会の役割にも触れ、「大体において村の人々は県の警察なしでうまくやっている」のだ。

警察よりも、「部落民に対する地方のもっとも強力な制裁は、協同を拒絶すること」だった。「断られた男は家の建築・屋根の葺きかえや田植えに手助けを受けられない。講《こう》にも入れないし、埋葬の『手伝い』も受けられない」ほど厳しいものだった。とはいえ、須恵村のように、「農民にはこのような手伝いは絶対に必要なものであり、農業部落ではこのような制裁をやらねばならないということはほとんどない」というのが実状だったようだ。むしろ、部落の人々が生活する上で「協同」を何より重んじなければならなかった様子がうかがえる。

ただ、商業部落では農民と商店の利害が一致せず「誤解や不和が起ることがある」。協同拒絶の制裁が下されると、現金で人を雇用して対応した。

姦通は部落による処罰の対象ではなく、夫婦間の問題とされた。その場合、「女には不貞な夫を罰する手段はないが、夫から去ることはできる」。女性側からの離婚の例は第六章で見た通りだ。姦通罪は戦後刑法で廃止されたが、当時は訴えることもなかったのだろう。一方、多良木や免田のような「部落的観念は全く制裁力をもたない」商業的な町では警察が活躍した。

加えて、「嘲笑」という制裁もあった。

「当惑するような場面に出会う恐れ、この致命的な恐れこそ嘲笑や冷笑の制裁に大きな威力を与えている」。嘲笑は、とりわけ若者に対する制裁手段だ。「青年男女が伝承的な行事をやるのに気を配るのは、実は誰かが嘲笑しないかと怖れてのことである。部落の人々は噂が広まるとすぐ、その本人を嘲笑《あざわら》う」。また、「ある少女が『堂』の祭りのとき、自分がうまく料理ができないので、参詣者が気づくかも知れないと思うと、豆さえ煮ない」。こうなると、周囲による制裁というより、本人の「恥」の意識とも深い関係があるようだが、エンブリーの繊細な観察力のたまものである。

エラは、若者に限らず嘲笑が入り混じった「悪口」や「噂話」もまた、制裁の一つとして取り上げている。『女たち』は、それらのオンパレードと言ってもいい。

「伴川さんはしばしば、藤田さんの家にいる。藤田さんは伴川さんといつも非常に仲のよい友達のように見えるが、藤田さんは私に、伴川さんが大嫌いなことを明らかにした」。藤田さんは別の友達とエラの家に立ち寄って噂話をする。「伴川さんの名前が上がり、二人はまったく自制心をなくした。『あんひとは完全に狂っとる。……』」。

エラの友達四人によるエンブリー夫妻の送別会でも同じだ。「花の飾られた食卓にだされた食事は、たしかに豪華だった。しかし、このような機会でさえ、女たちは互いの悪口をいわずにはいられなかった。まず初めに、さしみはもっと醤油がいると不平をいい、加藤さんの用意の仕方に不満を示した。……それから、女たちは焼酎があまりに薄すぎることについて、……薄い焼酎は我慢できないし、少ししかだされていないといった」。食事だけでなく、贈り物の評価も辛《しん》らつだった。「女たちは互いに明らかに批判的で、著しく遠慮のない痛烈な発言をしていた」。

球磨郡の村の農会長の会議

ただ、「表面上の友好的雰囲気や楽しいふるまいを維持するために、ある種の注意が払われていて、個々の人の真の感情と他人に向けられた行為とのきわだった対照が見られた」というように、一定の節度が保たれていた。こうしたダブルスタンダード（二重基準）は、ずる賢い田舎者の悪知恵のように見られながら、一方で次に紹介する「仲介」と同様に、争いを避ける生活の知恵でもあったと私は思う。

披露宴の仲人夫婦

仲介の原理

エンブリーは、直接交渉することによる厄介な事態を避ける須恵村の慣習を「仲介の原理」と呼ぶ。

協同の拒絶にしろ嘲笑にしろ、人々は「面と向かっての争い事はずっと避けている。集まりのときなど最初の発言には、ほかの者は皆うなずき、次の人の意見がこれと全く異なっていても、また同じく納得する」という。噂話や悪口と同様に、決定的な争いを防ぐ知恵の一つだ。

結婚の仲人や、農家と小売店などの中間に入るブローカー、仲買人などはその典型だ。仲人の役割は重要で、結婚する両家の間を取り持ち、「問題が起ってもそれは非常に親密な個人的な間柄にあった場合のように互いに迷惑しないことになる」。

それに加えて、「そしらぬ風をする」ことも、厄介な事態を避ける方法とされる。エンブリーは例として夜這《ば》いを挙げ、女が男を拒絶した場合、相手が誰であるか「知らない」ことにしておけば、もし翌日二人が道で行きあっても気まずい思いをしなくて済むというわけだ。

ルース・ベネディクトは『菊と刀』で、日本人が持つ「義理」の観念を説明するのに、エンブリーの「仲介の原理」、ベネディクトに言わせれば「どんなところにも姿を現す仲介者の制度」を借用している。「日本人は従来、常になにかしら巧妙な方法を工夫して、極力直接的競争を避けるようにしてきた」というわけだ。

代表的な仲介である「仲人」の役割も、ベネディクトの説明はエンブリーよりずっと詳細だ。「このように間接に取引を行うことによって当事者は、もし直接に話しあえば、名に対する『義理』の手前、どうしても腹を立てずにはいられないような要求や非難を知らずにすむ」。ほかにも、客が訪れた際の着替えの場面や夜這いなど、『須恵村』から引用しながら、「日本人の作法はまた、どんな計画でも、成功が確実になるまでは、できるだけ人に気づかれないようにすることを要求する」という日本人の性格構造の分析に至る。

ベネディクトはまた、「日本の小学校では競争の機会を、アメリカ人にはとうてい考えられないほど、最小限にとどめている」と言う。『須恵村』に「運動競技でも一、二、三等はなく全員が賞を貰う」と書かれている通りだ。ただ、エンブリーが競争や対立回避策としての仲介を肯定的に受け止めているのに対し、ベネディクトの表現にはやや冷笑的なニュアンスが漂う。

「不適合者」とムラ

『須恵村』では「不適合」、『女たち』にも「心身障害者・不適応者・放浪者および魔女」という一節が設けられている。エラは、「須恵村のような共同体は、……ときおり、このような人たちを虐待した」と、ややいら立ちを感じていたようだ。言うまでもなく、須恵村に「不適合者」という言葉があったわけではない。実際には身体的・精神的な障害に応じた呼び方をしていたはずである。以下、訳には差別的な表現もあるが、そのまま引用する。

「肉体上の不具は、須恵村では必ずしも普通の生活を不能にするものではない」というエンブリーの観

疫病神を追い払う鍾馗《しょうき》に扮して家々を歩く男性

察には、当時いた「数人の身体障害者と精神薄弱者」が一定程度ムラの暮らしに溶け込んでいた様子がうかがえる。

「いまは未亡人である一人の聾《つんぼ》で唖《おし》の婦人は、うまく家庭をきりまわし、部落の行事にも出席し、宴会で踊ったりする。一人の精神薄弱者は、盲目であり、条件が一層不利なのであるが、それでも家で子守りをしている」。

彼らは「不適合」に挙げられてはいるが、まったく排除されていたわけではない。むしろ、「強固な協同生活に対してきわめて不適合なのは、むしろ利己主義者」だった。「不適合」は「協同」の反対語に近いニュアンスで使われている。

不適合者として、他に「大学教育を受けた人」「協同労働をしない女（嫁）」「性生活に起因するヒステリーの女」が挙げられている。「大学教育を受けた人」は七人いたが、村に戻ったのはエンブリー夫妻と親しかった愛甲慶寿《けいす》家《け》一人だけ。村の変革を訴えるような高等教育を受けた者は、ムラの暮らしには不向きと思われたようだ。

『須恵村』に登場する「聾唖《ろうあ》の婦人」は、『女たち』に「節子」という名で登場する。エンブリーの観察と同じように、「ひどい逆境に直面しながら、自立した生活を送っていた女性のみごとな例」だった。

節子は、鹿児島の障害者のための学校に行き、身ぶり手ぶりで理解し理解してもらうことを学び、村の全員を、その人が誰であるのか身ぶりで示すことができた。「彼女は読むことができ、音楽を聞くことができないにもかかわらず、よい踊り手である。今夜の宴会での、こみいった踊りの際に、彼女は他の女たちにステップの踏み方を教えていた。……彼女にたいする他の女たちの態度は、幾分保護的であるにせよ、きわめて友好的だった。……決して不幸には見えなかった」。

節子の次の逸話は、現代社会では考えられない「はじあい」と自立の心を感じさせてくれる。

節子は自分の子どもたちと一緒に、七十歳になる下田という名の盲目の女性と住んでいた。その経緯は、おばあさんが自分の面倒を見てくれる人は誰もいなくなったと言って、泣いて節子の所に来たので家に入れた、ということだった。おばあさんは今では、「節子はうちの亭主（てっす）たい」と言う。その通りに、「節子は得意気に、自分は男の仕事――たき木を取り集める、田畑を耕すなど――をすべてやる、と身ぶりで示した」。節子は三度結婚したが、二人は死に一人は勝手に家を出て行った。息子は外に働きに出ており、今は家に男はいない。「本当に驚くべきことは、彼女のやることや、そのやり方が、他の女たちとまったく変らないことである」。節子に対するエラの共感が滲む。

とはいえ、「須恵村にはまた、多くの知恵遅れのものがいた。人びとは彼らを不親切には扱わなかったが、大変恩きせがましく扱い、また笑いものにした」という実情もあった。子どもたちの中でも、そんな子は「しんけ」と呼ばれ、同じように「あまり気づかわない仲間といっしょ」だった。「しんけ」は神経のことと思われる。

このように、障害者や不適合者に対する須恵村の女性たちの態度と行動は、エラにとっては「思慮に欠けるものがあった」。そのため、エラは「一般的な観察」として、「私は、家事の嫌いな女の子や創造的な精神の持ち主である女の子は、このような社会で生活するのは困難だと思う」という結論に至る。なぜなら、「ここの社会は、女性をよい母親に育てようとしている」からだ。『女たち』で「家事の嫌いな

村を回る年老いた二人の瞽女《ごぜ》

女の子や創造的な精神の持ち主である女の子」と不適合者が同列に置かれている状況は、『須恵村』で、大学を卒業して「須恵村の風俗習慣を変えようとしている」愛甲慶寿家が不適合者とされているのと同じだ。

そして、エラの視線はさらに厳しさを増す。

「もし、その白痴が役立たずか、さもなければ厄介者であるなら、彼はよそにやられる。そうして、町には、家のないうすのろのたまり場ができる。しばしば、その一人が村のなかにさまよいこんでくる」。その結果、びっこのものは、老人、病人、精神薄弱者たちといっしょに、巡礼者として遍路をたどる」ことになる。

「盲人は音楽の師匠になるか、浪花節の語り手になる。

「その多くが家族によって追い出された」乞食、放浪者、巡礼者の例が幾つか紹介される。「かどひき（街角の音楽家）」という三味線弾き、盲目の琴弾き、少なくとも毎日一人は通りかかる乞食、須恵村に住みかを探しにくる流民、さらには「不適合」には入っていないが、エラが「もっともひどい侮蔑が与えられた」と言う朝鮮人。

村民は朝鮮人とも中国人とも面識があった。「今日、朝鮮人の男が、多良木で売るがらくたを買いにやってきた。彼は村々を通り過ぎながら、古い車輪、壷、鍋などがらくたを集める」。また『須恵村』には「二、三の朝鮮人家族がいる」との記述もあるが、それ以上の分析はない。

なぜ須恵村に不適合者が少ないのか。「これらの人は、つねに外にだされるか、乞食になるのである」

という実状は、協同の裏面としての排除の構造をあぶりだしているとも言える。

二人の本に書かれていない例としてハンセン病があるが、エラのノートには「レプラ」として、患者の家族が結婚差別を受ける例が引かれている。

とはいえ、エンブリー同様にエラは、「須恵村の人びとが通常は、障害者をちゃんと遇しようとしていたことは指摘さるべきことである」と強調している。

そうした考察と前後して、『女たち』では当時の日本社会に対する批判が吐露される。スミスによれば、以下の言葉は「（エラの）日録のほとんどを通じて、まったく隠されていた、ある確信を反映している」。「確信」とは、夫妻が極力抑えていた日本の軍国主義に対する珍しい直接的な批評である。

「すべての子供を軍国主義者にすべく訓練し、平和主義への余地をまったく残さない教育制度、自由な思想のあらゆる表現を抑圧し、科学と歴史のもっとも初歩的な教育によってさえ、神の子孫であることが疑われる天皇についての盲目的な崇拝を期待している政府、女子のための教育水準が上昇し、少なくとも都市において若い男女の交際が増大するなかでの、見合結婚という時代遅れの制度の維持などを考えるならば、不適応者たちが救済されるのか、それとも創り出されるのかについて、ここでなにかいうことは困難である」。

「適合（応）」か「不適合」かという分類は、そう分類する社会や自分自身を映し出していることにも気付かされる。病んだ社会では、正気の人が狂気とされる。場合によっては、エラは出会わなかったという「既存の社会秩序に反対するというような不適応者」、例えばテロリストや政治犯などのように。その意味で、「不適合者」の側から見れば、むしろ社会の側こそ「不適合」なのだとも言える。社会によって受け入れられたり排除されたりする、つまりエラが言うように社会や文化によって「創り出される」側面があるのも事実だ。

ただ、夫妻がムラの閉鎖性を非難し糾弾するまでには至らなかったのは、閉鎖性の半面に、むしろそれを上回るような村民の開放性や自由を感じたからだろう。日本で育ったエラだが、「日本人と社会的な接触を保つのは困難だった。日本人は自分たちからすすんで、外国人と交際しようとしないからである」と思っていた。しかし、「須恵村では、隔絶という問題は存在しなかった」。むしろ、まったくプライバシーがない状況だった。ムラには、村外や気心の知れないよそ者に対する閉鎖性の一方で、一度気を許した相手に対する開放性という二重の基準があった。部落は、内と外、自と他の境界を明確にすることで成り立っているかもしれないが、内外、自他の交通が意外に頻繁に行われていたことは、『須恵村』でも明らかだ。閉鎖的であったかもしれないが、抑制されたエネルギーとしての開放への志向性は思いのほか強かったのではないだろうか。

第九章　変わりゆくもの、変わらないもの

「日本は新文明を、注意深い政府の統制の下で、引き入れる道を熟慮しながら選んだ。全般的にいって、そして貨幣や機械のような統制されない要素にも拘らず、日本はとくに須恵村で論証されたように、この政策が地方で成功したのである」（『須恵村』）

須恵にもたらされた「予期せぬ変化」

明治維新以降、夫妻が滞在した一九三六年まで七十年ほどの間に、須恵村そして日本はどのように変化したのだろうか。『須恵村』の最終章は「須恵村の社会組織における外観上の変化」と題し、近代化に伴う変化を総括的に論じている。エンブリーは、「明らかに古風な」須恵村の暮らしにもたらされた、「明治維新の感化や西洋文明の影響」による変化を指摘する。

エンブリーは、村の変化には、部落、組および世帯間の「内的関係」に影響するものと、近隣町村や中央政府、国家との「外的関係」に現れるものの二つの様態があるという。また、「政府の統制」と「統

制のない経済的要素」という二つの大きな影響力を指摘する。後者は、「機械の地方への進出」と「貨幣経済の浸透」を指す。

政府の統制についてエンブリーは、「日本には制御された構造の変化という特殊事情がある」という。つまり、「明治以前の時代を特徴づけている父系主義の態度を継続した政府は、日本の農村に影響を及ぼしている変化や西洋の感化を注意深く管理することに重点を置いていた」と分析する。

政府の統制は、明治以降、「封建的統制」から「中央政府による統制」に切り替わり、国家主義の性格を強めていった。愛国的な教育、徴兵、消防団や国防婦人会など国家的な団体、産業組合が村に進入し、同時に、「西洋思想は政府の是認する限度内で国民に与えられた」。その結果、部落の内的関係にも影響し、村の利益と国の利益が一致するように仕向けられ、須恵村にも間接的に「予期しない変化」を引き起こした。

エンブリーがここで列挙した変化を箇条書きで整理してみよう。

①部落内の労力交換（かったり）や「組」のグループは、「まさに崩壊しようとしている」。ただ、外的関係だった領主（相良侯）への忠節は天皇への忠誠に変わり、領主に責任を負っていた「五人組」は、「三、四世帯でやる種々の『組』」に受け継がれている。

②機械の地方への進出、つまりバス、鉄道、自転車、県道改修に伴い時間距離が短縮された。貨幣使用の増大が機械依存を増大させた。機械と貨幣が及ぼす村の外的関係の変化は、部落の境界の崩壊という内的変化をもたらした。

③武士、農民など、階級差別は喪失し、「村は県庁に責を負う多少とも自治的な単位になった」。貨幣と職業に基礎を置く新しい階級が成長し、新しい緊張と破壊的状態をもたらした。

④学校、国家的団体、産業組合などが村に進入して来ると、「ぬしどうり」や部落の協同形態など「地方的諸形態は崩壊に傾いた」。地方経済組織の中央集権組織への置き換えである。

⑤武士階級は近代的徴兵制へ切り替えられた。

⑥政府は節約を奨励し、誕生日、結婚式、葬式等の行事に「虚栄」の出費を抑制させた。その結果、会合は画一的になり、「祭りの形式を省略する理由となった。……祭りや宴会が減少するにつれ必然お互いのやりとりも少なくなることになった」。

⑦政府統制の予期せぬ結果として、村民とはあまり共通点のない学校教師という特殊な階級が、村における重要な地位を持つようになった。

この中でエンブリーが特に注目したのが②の「機械の進出」と「貨幣使用の増大」による変化である。エンブリーは、徳川末期と同様に、当時の農村生活には、「貨幣使用の増加につれて以前の社会構造に対する分解作用」が見出されるとする。国家統制に加え、「統制のない」産業資本主義の浸透の影響を強調しているのだ。

「貨幣が利用されるにつれて、協同労働はその影を失い、水田『部落』に対して、商店『部落』における協同の組織の崩壊は、須恵村ではこの現象の好《よ》い例証を示す」。それだけでなく、「水田部落でも富農は田植えは雇用労働に頼っている」という状況になっていた。「百姓であっても、誠実に協同の作業をすることができなくなり、労働の交換と組との交代に基づく部落の密接な一致は破れてしまう」。協同（はじあい）の仕組みと実践は、「政府の統制」と「統制のない貨幣経済」という二重の外圧によって崩壊の瀬戸際に立たされていた。

貨幣と機械使用の表れとして、引き続き変化の例が挙げられる。

湯原部落の国防婦人会。トレードマークの白い割烹着を着ている

⑧町の商人による市《いち》としての祭りが興味を持たれるようになった。祭りが商業化し、宗教的儀式としての地方の村祭りの重要性が低下した。

⑨田畑では機械製品が自家製品（手作り）に置き換わりつつあり、機械は小さな「組」の組織を破壊する傾向にある。貨幣と機械は多くの家内工業を工場製品に取り替え、家庭経済にも影響を与えている。貨幣による変化の本質的性格は「貨幣をそれ自体において望ましいものにみることへの変化である」。

⑩部落から離れていることを望む果樹園の経営者や、貨幣をよく使用する裕福な家族が孤立。こうした貨幣に頼る新しい経済グループの出現は、相互援助に基礎を置く部落の緊密な統合を弱めることになる。

⑪「村の独立主義を破ろうとする他の勢力」として、まだ影響力は大きくないが、新聞がある。それより、教師の影響の方が大きい。

⑫娯楽の新しい形態としては、免田の映画館が青年たちには魅力を増している。

⑬村落共同体の構造にほとんど影響を与えてはいないが、二、三の外国語や仕事をするときの洋服の使用も変化の例として挙げられる。

⑭雇用労働のために、地方の協同組織（「組」「かったり」等）の破壊をきたした。

機械時代の犠牲者──愛甲慶寿家《けいすけ》の死

そして、エンブリーが須恵村を去ってわずか一年後の一九三七年十一月、「機械化」を象徴する悲しい事件が起こった。

エンブリー夫妻が須恵村に滞在した間、最も世話になった人物が二人いる。当時の村長の守永留吉と、その甥の愛甲慶寿家だ。特に、北海道大学に通い英語を学んだ愛甲とは、親しい友人関係を結んでいた。愛甲は体格もよく、エンブリーと並んでも見劣りしなかったという。焼酎の醸造を生業とし、その焼酎は酒宴を舞台とする村の協同の潤滑油だった。

エンブリー夫妻のノートには愛甲の結婚相手探しの経緯が度々描かれ、気に掛けていた様子がうかがえる。なぜなら、適当な花嫁を探し出すのが極めて困難だったからだ。「(愛甲は)農民であるために、高等教育を受けた女はこないし、また教育があるために、農民の娘では満足できないと考えられた」。

一九三六年十月三日のエラのノートには、「私の愛甲との会話は、今日私を最も感動させた。彼は午後にやって来たが、私に会うためだった。入ってくるなり私の名を呼び、『私の結婚話がまとまった』と言った。……でもまだ決定はしてはいないと言う。仲人が村長か人吉の人か。二人とも厄年なので婚礼は来年になるだろう。彼女は二十歳だ」とある。

しかし、その翌年、愛甲が運転していたオート三輪車が免田の踏み切りで列車にはねられて亡くなるという悲劇に見舞われる。悲報は、アメリカ帰国後も連絡を取り合っていた通訳の佐野寿夫から届いたと思われるが、エンブリー夫妻の驚きと悲しみはどれほどだったろう。

エンブリーは『須恵村』を愛甲に捧げ、献辞にこう記している。

御正忌の日に、深田の真宗の僧侶に野菜や焚き木を寄進するためにオート三輪で出かける愛甲慶寿家

「愛甲慶寿家を偲んで——学者、紳士そして酒の鑑定家であり、機械時代のために死んだ須恵村の最初の市民であり、悲劇的な適性の持ち主であった。一九三七年十一月のある夕方、彼はオート三輪に乗って免田町から帰宅のとき、人吉・湯ノ前線の汽車とぶつかった。この日、須恵村はその最初の車の運転手そして最も有為な息子を失った。また本書の著者は日本の最良の友人を失った」と、「機械時代」「市民」という文明論的な言葉を選んでその若い死を悼んでいる。

縁戚の愛甲スミさんによると、十一月十二日に人吉市の結婚相手と見合いをし、その夜は免田の妹の家に泊まり、翌十三日早朝にオート三輪車で帰宅する途中だった（エンブリーの献辞の「夕方」は勘違いと思われる）。「朝ご飯は？」と勧める妹に「須恵で食べるから」と言って、結婚が決まった吉報を母親に伝えようと急いだことがあだとなった。霧が深い寒い日で、愛甲は耳まで覆う防寒頭巾を被っていたといい、スミさんは「列車の警笛が聞こえなかったのでは」と述懐する。

『須恵村』の愛甲への献辞の中で「機械時代」という言葉と並んで注意を引くのは、「須恵村の最初の市民」という表現だ。「市民」。ムラには場違いな、いかにも西洋人らしい言葉である。エンブリーは「市民」の意図するところを明らかにしていないが、古い共同体社会を脱し、自由な個人を基本とする市民社会こそ、近代西洋が目指す理想社会だった。愛甲は須恵村に残っていたただ一人の大学卒であり、英語を話した。県庁勤めも経験している。

だがムラ社会の中で、「市民」としての愛甲の悩みは深かったかもしれない。それは、エンブリーが愛甲を不適合者に分類していることに表れている。愛甲は「村の型に適合しない」「現代的」な知識人として、都市と農村の価値観の違いに挟まれ、「彼の頭のなかは須恵村の風俗習慣を変えようと、いつもざわめいている」。愛甲は、須恵村に新風を吹き込もうとしていた。例えば、音楽クラブと乗馬クラブを作ったのも愛甲だし、キャベツやホウレンソウなど新しい野菜も導入した。電気のない平山に、馬を利用した製粉機を採用する計画も立てていたという。

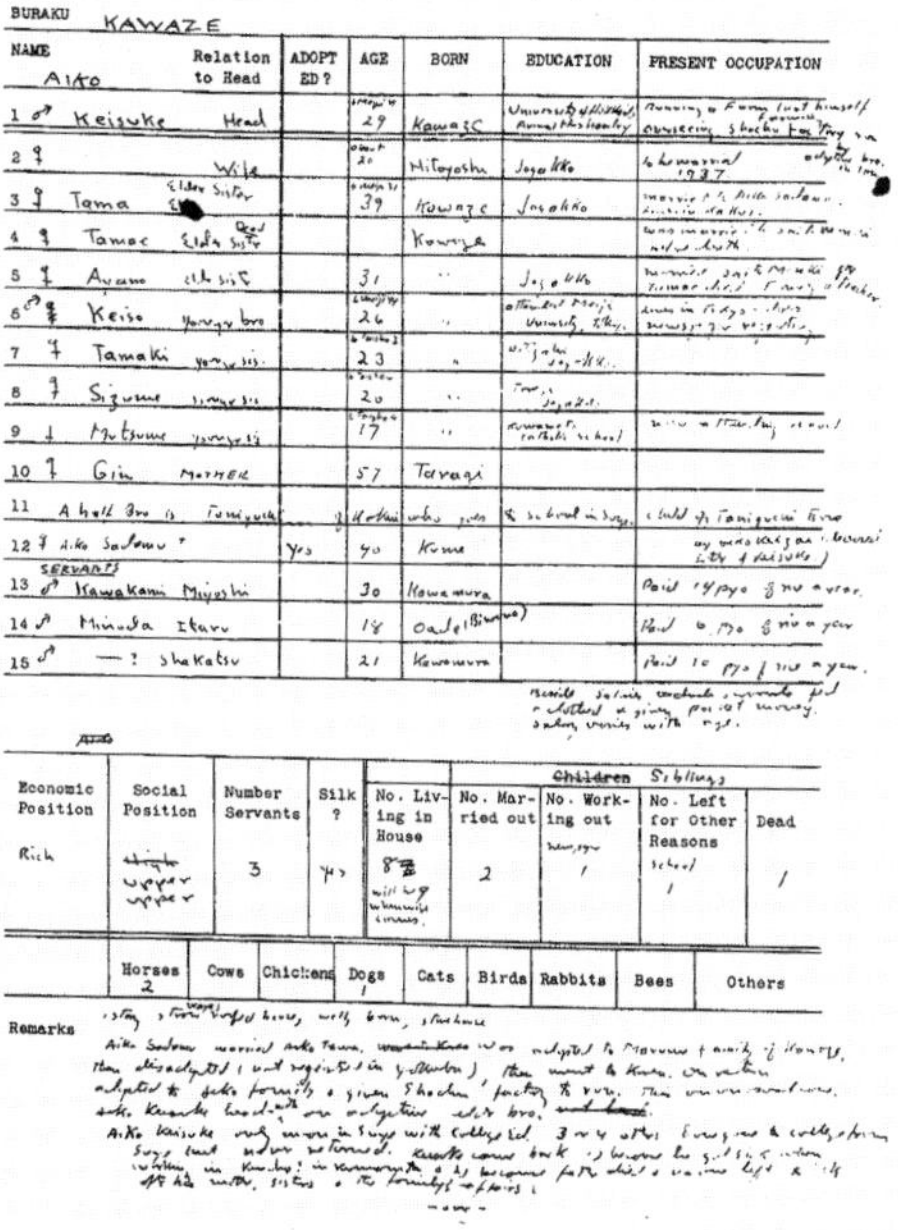

BURAKU KAWAZE

NAME Aiko	Relation to Head	ADOPTED?	AGE	BORN	EDUCATION	PRESENT OCCUPATION
1 ♂ Keisuke	Head		29	Kawaze	[illegible]	[illegible]
2 ♀	Wife		20	Hitoyoshi	Jogakko	[illegible] 1937
3 ♀ Tama	Elder Sister		39	Kawaze	Jogakko	[illegible]
4 ♀ Tamae	Elder Sister (Dead)			Kawaze		[illegible]
5 ♀ Ayano	elder sister		31	〃	Jogakko	[illegible]
6 ♂ Keiso	younger bro		26	〃	[illegible] Meiji University, Tokyo	[illegible]
7 ♀ Tamaki	younger sis.		23	〃	[illegible]	
8 ♀ Sizume	younger sis		20	〃	[illegible]	
9 ♀ Mutsume	younger sis		17	〃	[illegible]	[illegible]
10 ♀ Gin	MOTHER		57	Taragi		
11 [illegible]						[illegible]
12 ♀ Aiko Sakumu		yes	40	Kume		[illegible]
SERVANTS						
13 ♂ Kawakami Miyoshi			30	Kawamura		[illegible]
14 ♂ Minoda Itaru			18	Oade (Bingo)		[illegible]
15 ♂ —? Shakatsu			21	Kawamura		[illegible]

Economic Position	Social Position	Number Servants	Silk ?	No. Living in House	No. Married out	No. Working out	No. Left for Other Reasons	Dead
Rich	upper	3	yes	8	2	1	school 1	1

	Horses	Cows	Chickens	Dogs	Cats	Birds	Rabbits	Bees	Others
	2			1					

Remarks [illegible]

エンブリーによる愛甲家の戸籍調査メモ

幅広い視野を持ちにくいムラ社会で、部落にとどまらず村全体の利益を考え、いつも外へ向けて自律的積極的に動く。それがエンブリーにあえて「市民」という表現を取らせたと思われる。自分だけ、家だけ、部落のことだけ考える利己主義者ではなく、他者との関係を前提とし公共人として活動する市民のイメージだ。

日本の近代化はどのように浸透したか

事故で「最良の友人を失った」そのエンブリーもまた、二度にわたって交通事故に巻き込まれている。最初は十一歳のとき。自転車で走っているところをトラックにはねられて骨折、二年間の松葉杖生活を余儀なくされた。インドシナで共に仕事をしたフランスの人類学者ルイ・マルレはエンブリー死後の追悼文で、その後も足が不自由になったこの事故をとらえて、「エンブリーの劇的な死の予兆」と運命的に回顧した。また、シカゴ大の同僚フレッド・エガンも追悼文で「機械時代との早すぎる遭遇」と、『須恵村』の献辞を想起させる言葉を使ってしのんでいる。

エンブリーの自転車事故に関係する遺品が、須恵文化ホールに展示されている。覚井の借家で使っていた椅子だ。『須恵村』も『女たち』も、エンブリーが事故の後遺症を抱えていたことには触れていないが、エラは一九八五年訪問時の回想録でこの椅子に言及している。

「郷愁を誘う手触りのように、(エンブリー会の一人が撮った)そのビデオ映像には幾つかの思い出が盛り込まれている。その中に、『エンブリー愛用の椅子』と呼んでいた椅子もあった。正直に言うと、私はその椅子に見覚えがなかった。しかしそれは、私たちが須恵のわが家の縁側に置いていた二つの椅子のうちの一つに違いない。畳は椅子を使うのに適さなかったが、縁側の木の床なら大丈夫だった。椅子を使ったのは、ジョンの身長が約六フィート(百八十センチ)と背が高く、十一歳の時に遭った自転車事故で足が不自由だったため、日本式の座布団に座るのに苦労したからだ」。

一九二六年に家族とともに初めて日本を訪れたエンブリーの日記にはこう書き留められている。須恵村調査の十年前、好奇心あふれる高校生が観察した京都の街の「機械化」の風景である。

「自動車が日本に侵入し始めている。まだわずかだが、運転は素晴らしい。日本人は車すれすれの狭い道を運転する。でも、この奇跡的な運転はゆっくりで、道を歩く人ごみのために時速二十マイル（約三十二キロ）以上は出せない」。

そんな日本の近代化の変化を踏まえ、『須恵村』の最後でエンブリーは、その変化が「どの程度まで西洋の影響の結果のものなのか」と問う。やや長くなるが引用する。

「前時代の社会の自然的発展の結果が何処までであるのか。すでに明治以前に貨幣が使用され始められていたのを知っている。機械施設の導入、『武士』の廃止、及び他の諸変化は、その発展のコースを『変えた』というよりは、発展の本来の趨勢を単に『促進』したに過ぎなかったともいえる。西洋文明に感化された様相は、それが地方に入って来たときに政府が成功裡に統制を進めたという事実そのものは、激烈な変化よりは、むしろ加速度の理論にいいような証拠である。実際一定の社会の型が他との接触——西洋文明——によって著しい変化を受け、しかもなお残存することは恐らくは不可能である。ポリネシアの証拠がこのことを示すように思われる。これが残存するためには二つの道が開かれているようである。出来る限り新秩序を排撃して、中国がなしているように常に成功はしないがほんのわずかずつであるが、それを受け入れるか、また西洋文化を統制された形で採用するか、の二つのうちどちらかである。日本は新文明を、注意深い政府の統制の下で、引き入れ

須恵文化ホールに展示されている、エンブリー愛用の椅子

エンブリーと娘クレアを祀る、須恵村の村長だった守永家の仏壇(1951年8月)

る道を熟慮しながら選んだ。全般的にいって、そして貨幣や機械のような統制されない要素にも拘らず、日本はとくに須恵村で論証されたように、この政策が地方で成功したのである」。

「ポリネシアの証拠」とは、列強によるポリネシア諸島の植民地化あるいは併合を指す。そこでは、言語など固有の「社会の型」は残存できなかった。日本は逆に、中国のように西洋文明を退けもしなかった。西洋の影響を受けた日本の近代化は、「注意深い政府の統制」によって「加速度の理論」で、つまりゆっくりと地方に浸透し、成功した、というのがエンブリーの結論だ。

とはいえ、政府の統制政策が「地方で成功した」という評価は、やや甘い日本びいきかもしれない。明治政府の急速な中央集権化による改革が、庶民の暮らしの実情を知らないまま進められた弊害は、柳田國男が「東西の各府県を一貫して、陰惨を極めたる農村衰微感があり、数百万家の農民は大となく小となく、前途に向って若干の不安を抱いておらぬ者はない」と嘆息し、「以前あった平民の結合力の解体と、もとの組織のやや乱暴な改造」(「国史と民俗学」一九四三年)と糾弾した通りだ。

もし「成功した」としたら、それは政府の政策以上に、むしろ長い暮らしの歴史と伝承を子どもたちに伝える地域の無言の知恵がそうさせた、と言えるのではないだろうか。

確かに、ムラの民間信仰は、明治政府による廃仏毀釈や神社整理などの宗教政策によって大きなダメージを受けた。旧暦から新暦への改暦は暮らしや祭りと自然の関係を混乱させた。当時のムラの最大の社会構造の変化が、部落の解体や協同（はじあい）の破壊だとするなら、それらは崩壊の兆しを見せながらも、ムラ内部のエネルギーによってしぶとく残存した、ということになるだろう。ムラでは、協同に基づく人間関係も祭りも信仰も、かろうじて維持されてきた。それを支えたのは、人々の暮らしそのものだったと私は思う。

柳田が、続けて「とにかくにこういう大切な事実だけは明らかにして、これを同時代の為政者の参考に供すべき職分だけはある」（同）として民俗学の方法を推奨したのが、ちょうどエンブリー夫妻が須恵村を調査地に決めた一九三五年十月だった。

それからまる一年の滞在を終え、夫妻が須恵村を去ったのは三六年十一月二日のことだ。二人はその日のノートに、「朝六時に女たちが猪口《ちょく》と燗をつけるやかんを持ってやって来た」（エラ）など、須恵村の仮住まいで早朝から短い別れの酒宴を持った様子を詳述している。

「女たちは、私が二人の女性に金玉を一個ずつ置いて行くべきで、その代わり豆（女性器）を記念にあげる、と言った」（エンブリー）。最後の日まで、須恵村らしいジョークが楽しい。覚井部落から石坂までバス停一駅を歩き、三味線と多くの村民の涙に見送られて村を後にした。

熊本に二泊、福岡に一泊して東京に戻り、一カ月滞在。その間、十一月二十九日に柳田國男の自宅を再訪し談笑している。エンブリーのノートによると、二年前に始まった二週間に一度の木曜会の日だった。

「柳田は、アメリカと日本の小学校を比較してどう違うか私に尋ねた。私は、日本の学校では国家主義が行き過ぎていることを除けば大体同じだと答えた。すると柳田は、学校の国家主義は最近の現象だが、大学でも感じられるようになったと言った」。

柳田は須恵村調査の感想は尋ねなかったようで、ナショナリズムの話題しか触れられていない。

そして十二月七日に二人は横浜港を出港、帰国する。

エラの見た戦後日本

次いで、アメリカによる占領政策や世界に類を見ない高度経済成長を経た、戦後の須恵村を簡単に眺めてみよう。エンブリーの妻エラは、須恵村を去った後、戦後三回にわたって村を再訪している。『女たち』には、その際に感じた須恵村の変貌ぶりが短く記されている。

最初の再訪は一九五一（昭和二十六）年、エンブリーの死の翌年に開かれた追悼会出席のためだった。エラの印象を基にした共著者ロバート・スミスの文章だ。

「彼女（エラ）は、その後の宴会が十五年前のそれとまったく違っていないのに気がついた。同じように放埓なにぎやかさ、活発な踊り、大酒飲みのすべてがそこにあり、彼女が覚えていた通りだった」。

戦後六年しかたっておらず、アメリカによる占領が続いていた。戦後復興の途中で、まだ戦前の風習が色濃く残っていた。

しかし、十七年後、一九六八年の二度目の訪問時は「まったく違っていた」。一度目は、五四年に高度経済成長政策が始まる前だったが、二度目は高度成長の終盤で池田内閣による所得倍増計画の目標が達成された翌年だった。一九三五年にはなかった自動車が走り、宴会のわいせつな踊りは踊られなかった。

「彼女（エラ）の知っていた年とった女たちの多くは死んでいた。歓待は、都会ずれした小さな町で集まるような、礼儀正しい、正式のものだった。彼女は、生活様式が変化したことを痛切に感じた」。高度成

村を去るエンブリー夫妻を見送る須恵村の人々

長政策に伴う農業人口の削減により、六七年には農業就業人口が二割を割り、農村の過疎問題が深刻化することになる。

つまり、明治の西欧的近代化は、七十年の時間を掛けて田舎にはゆっくり浸透したが、高度成長政策による産業近代化の仕上げは、たった十年で「激烈な変化」をもたらした。

続いて『女たち』では、一九三〇年代の須恵村と、四十五年後の一九八〇年代に同書の内容を巡ってエラとスミスが議論した当時の日本との比較、時代変化が紹介される。夫妻が滞在した当時の「須恵村の女たち」と、四十五年後の「都市の女たち」を比べると、どう変わったのか。それは、さらに三十年経った現在でも多くの示唆を含む記述となっている。

「いくつかの明確な点で、もちろん望ましい」変化があった。それは、重労働からの解放であり、病気の優れた治療環境であり、その結果、寿命は五十年で三十歳以上延びた。

しかし、そのことは、女性が長く子どもたちに依存しなければならないことを意味した。また親孝行は減り、居住空間は狭くなった。親の面倒を見る選択も狭まった。世話をする公的施設が不十分なため、老人人口の中には身体的心理的に弱い立場の女性を生み出し、女性の地位はなお低いままである。それでも、一九七三年には、まだ七十歳以上の四分の三は子どもと一緒に住み、息子との同居が八割を占めていた。

結婚は、なお半数が親や雇用者が決めるが、本人同士の発言権が大きくなり、居住形態は夫婦単位に大きく変化した。その結果、若い女性は、長男の嫁さえも家に入らなくてよくなった。

離婚率も「一九三五年のそれより少し高いが、須恵村の老婦人の若いころに比べればずっと低い」。厚労省などの記録によると、一九三五年当時の離婚率（人口千人当たり）は〇・七で、「老婦人の若いころ」

の一八九〇年代後半の三に近い高さに比べ四分の一に急減したことが分かる。五十年後の一九八五年は離婚率一・三九で「妻の法的地位は現在（一九八〇年代）の方が恐らく強い」。だが、「長いあいだ女たちに押し付けられてきた理念――良妻賢母――に従って生きる」という考えはなお存続し、妻は家庭内では依然として不利益な状態に置かれている、とする。ちなみに、二〇一六年の離婚率は、婚姻率五・〇に対して一・七三で、三人に一人が離婚している。

子どもたちはどうか。「彼らは幼年期を生き残り、虱《しらみ》にとりつかれず、疑問の余地なく、須恵村の子供たちより、ずっとよい栄養をとっている」。ただ、「今日の社会の母親の方が、須恵村の女たちよりも、より強く子供にまきこまれている」ように見え、「主婦――母親の役割はかつてよりももっと重要になったとみなされている」。家は、狭くなりはしたがあらゆる点で改善されており、家庭は妻の責任下にあって、依然として夫は妻の家事能力に全面的に依存している。女性はかつてより良い教育を受けているが、仕事の面での男女格差は大きい。

「古い苦痛は新しいものに取り替えられた」

では、一九三五年の須恵村の女性と一九八〇年代の都会の女性のどちらが恵まれているのだろうか。

「今日の都市の団地の若い母親は毎日、一日中、小さな子供に縛りつけられ、昼間のテレビのメロドラマに夢中になり、いかなる種類のどぎつい人間的接触からも、いろいろなかたちで隔離されていて、かつての須恵村の女たちの生活の仕方を、即座に拒否できるという、そんなうらやましい地位にいるのだろうか」。

否定的な疑問のまま、『女たち』では最終的な結論は導かれていないが、「日本の女性にとって、古い苦痛は新しいものに取り替えられたのであり、また自立と依存の程度から見て、現代の日本の女たちが、自分たちは、激しい労働と激しい遊びをした須恵村の女たちよりましだ、と想像できるだけ進歩したとみなすのは困難である」と、あくまで懐疑的だ。

さらにエラは、二度目の訪問から十七年、『女たち』刊行から三年後の一九八五年、夫妻の須恵来村五十周年の記念式典に招かれ三度目の須恵村訪問を実現している。その時の村の変貌ぶりをエラは『女たち』の「日本語版への序文」でこう描く。

「今日の須恵村は、五十年前に私たちが研究したのとは、大きく違っている。そこは近代的な農村コミュニティで、農民たちは最新の農業技術を駆使している。かやぶきの屋根はなくなり、道路は舗装され、すべての家が、室内に水道、ガス、電話、テレビを持つようになった。ほとんどの家が一台または二台の自動車を持ち、当時ただ一つの自動の乗り物だった、愛甲慶寿家の三輪オートバイは、いまでは奇異な骨董品とみなされるだろう」。

「変化」の一方で、エラは「変わらないもの」を見る。「とはいえ、球磨の渓流の美しさは昔のままで、村はいぜんとして熊本県で一番小さい村であり、人口は千六百人で、当時とまったく同じだった」。そしてエラは、五十年前に感じたのと変わらない夫妻との親密な関係、協同（はじあい）に帰着する。「もっとも重要なことは、須恵村の人びとが当時と同じように、いまでも心暖かく、親切だということである」。

協同という言葉こそ使っていないが、須恵村に対するエラの思いが込められている。

スミスもまた、エラと同じ見方を吐露している。香川県の来栖《くるす》部落を一九七五年に再調査し、二十余年の変化を報告した『来栖――むらの近代化と代償』（一九七八年）。文中の「来栖」を「須恵」と読み替えても、あるいは「日本のムラ」と読み替えても大きな違いはないだろう。

「かつて来栖の人びとは相対的に収奪されていたかもしれないが、彼らの生活が目にあまる悲惨な境遇にあったわけでは決してなかった。……日本全般で巻き起こっている消費革命に彼らも熱狂的に加わっているが、だからといって人間味を失っているわけでもない。……来栖は物騒な場所では決してない。誰も暴力によって肉体的に傷つくことを恐れることもない。そこに住む家族は、もし何か事が起こった時には周囲の者が走りまわって助けてくれるのを期待することができる。……村の生活のあり方が村落社会としては分解寸前であるように見える時でさえ、来栖の人びとは依然として、非常に長い歴史を通して彼らを結び付けてきた古い村中心の社会慣習を活発に使いこなしているのである」。

スミスはさらに、『日本社会――その曖昧さの解明』（一九九五年、日本語版への序文）で、「日本と日本国民は、この十五年間、一般に言われているほど変化しているとは、私にはとても思えない」と述べ、その理由として、「大衆的なメディアには、目新しさを求めて、一時的で表面的で瑣末《さまつ》なものを強調し、その一方で社会の根本原理を無視する傾向にあるが、その根本原理は変化をうながす圧力に対して実際きわめてゆっくりと反応するものだからだ」と記している。

第十章　対日政策との葛藤

「政府の仕事と大学の間で繰り広げられている最近の奇妙な事態は、特に敵国に対する『国民の性格構造』に夢中になっていることである。……そこには、自分たちの敵の忌むべき性格構造と、反面の自分たち自身の立派な美徳を根拠に、自分たちとは異なる民族の家庭生活、教育、民間信仰に、必要ならば暴力的に立ち入り、改革する道徳的権利を持っている、という強い思惑がある」（エンブリー「応用人類学およびその人類学との関係」）

ハワイ大、トロント大を経て特務機関を歴任

わずか一年間の滞在とはいえ、エンブリー夫妻の人生に大きな影響を与えた須恵村。では、須恵村を去りアメリカに帰国した後の夫妻はどんな生涯を送ったのだろうか。

エンブリーによると、第一次大戦ではほとんど顧慮されなかった人類学者や民族学者だが、第二次大

戦では人材が不足するほど活用されることになる。戦争を勝利に導く情報戦略と同時に、戦後のドイツや日本での占領政策を円滑に遂行する人材の早急な育成のために、その専門的な知識と分析能力が求められたのである。アメリカの人類学者の半数が直接、情報機関を中心に数十の政府機関で戦争関連の仕事に携わり、残りの多くも非常勤で戦争業務に関わっていたという。そうした状況で、日米開戦の五年前に須恵村を調査したエンブリーが放っておかれるはずはない。当局から引く手あまただったとみられ、その証拠にあちこちの部局を短期間で渡り歩くことになった。

日米間の戦争に翻弄されながら戦中戦後に残した諸論文で、エンブリーが問い続けた主張は主に二点に絞られる。一つは、植民地主義につながる「自民族（自文化）中心主義」に対する厳しい糾弾である。もう一つは、占領後の日本の「真の民主主義」実現に対する懸念だ。ともに、『須恵村』に劣らず現代という時代を省みる貴重な視点を提供しているように思える。

まず、主としてエンブリーのシカゴ大の同僚フレッド・エガンの追悼文に依《よ》りながら、アメリカ帰国後の夫妻の足跡をたどっておこう。

一九三七年　シカゴ大学で博士号取得後、ハワイに移りハワイ大で助教授（アシスタント・プロフェッサー）となる
四一年　トロント大へ移る。日米開戦後、情報調整局（ＣＯＩ）勤務
四二年　日系アメリカ人キャンプを統括する戦時転住局（ＷＲＡ）の課長を務める
四三年　シカゴ大准教授（アソシエイト・プロフェッサー）。民政訓練学校で日本の地域研究を指導
四五年　ハワイに戻り戦時情報局（ＯＷＩ）の太平洋地域の心理戦争プログラムを指導。サイパ

ン、テニアンを調査。終戦後はハワイ大准教授を務める
四七年　国務省文化顧問としてタイ、ベトナム赴任
四八年　エール大准教授となる
五〇年　エール大東南アジア研究所長。十二月二十二日、交通事故でエンブリー死去、四十二歳
五一年　エラ、ハワイ大でフランス語、ロシア語を教える
六八年　エラ、ハワイ大を退職
二〇〇五年　八月十六日、九六歳でエラ死去

一九三六年十一月に須恵村を後にしたエンブリーは、三七年に博士号を取得した後、ハワイに移住。四一年八月まで助教授としてハワイ大で人類学を教える。この時の業績は、ハワイ島コナ地区で三八年二月まで半年間行った日本の移民（農民）の調査だった。

この調査には父親が理事長を務めていたローゼンウォルド基金が資金援助。エンブリーは、その記録を「コナの日本農民の新しい地域血縁集団」に書き留めている。須恵村の協同や交換労働、組などの「社会構造」を詳述しながら、日本人コーヒー農家の四割が熊本県出身者というコナ地区の移民社会と比較し、その文化変容の実態を描いた。例えば、協同については「日本の田舎より少ない」とし、その理由は「アメリカの資本主義的な環境ではその機会が少ないことや組のメンバーは親戚でもない見知らぬ人同士であり、さらに移民たちはハワイに金を稼ぐために来ているため」などと分析している。ちょうど『須恵村』執筆中のことでもあり、それは、日本の地方農村出身者から成る都市と故郷との比較に似て興味深い。ただ、コナ地区に須恵村出身者はいなかったという。

一九四一年九月、ハワイ大から修士号を取得したトロント大に移るが、三カ月後の十二月八日（現地時間七日）、日本海軍によるハワイの真珠湾攻撃が勃発、日米開戦の余波でエンブリーの境遇も大きく変化する。

その日午後、夫妻が開戦のニュースを知ったのは、日曜日を利用し二人の妹や友人を招いてトロントの自宅ですき焼きパーティを開く準備をしている最中だったという。

アメリカ政府はエンブリーを直ちにワシントンに呼び、大統領直轄の戦時情報機関である情報調整局（COI）勤務を命じた。COIは、四二年六月に統合参謀本部傘下の諜報機関である戦略事務局（OSS）と一般市民への情報伝達を専門とする大統領直轄の戦時情報局（OWI）に改組され、エンブリーは引き続きOSSの調査分析部に所属した。OSSは戦後に中央情報局（CIA）となる特務機関だ。

COI、OSSでエンブリーは、戦争のための幾つかの報告書作成に関わった。

鋭い権力批判を展開しているアメリカの文化人類学者デイヴィッド・プライスの『Anthropological Intelligence〔人類学的知性〕』によると、一九四二年一月十二日のCOIのメモでは、須恵村を調査したエンブリーについて「日本における幅広い現地研究を行った際立った資質を持つ一人の優れた人類学者」と紹介。「この敵国の人々に関する精神的社会的な報告を作成する能力において彼より優れた者は誰もいない」と最大限の評価を与えている。

COIの設立には、須恵村にいるエンブリーを一九三六年に訪ねた『フォーチュン』誌のアーチボルド・マクリーシュ（109ページ参照）が、後にアメリカ議会図書館長を務めた時に人脈を生

壮年期のエンブリー

かして関わっていた。そのマクリーシュがエンブリーをCOI要員にリストアップしたとしてもおかしくない。また、エンブリーがOSSに在籍していた同じ時期に、マクリーシュは一方のOWIに所属するという縁もあった。

エンブリーは、終戦時にはハワイのOWIに所属しており、COI、OSS、そしてOWIというアメリカの情報機関をその設立直後から知り尽くしていたとも言える。

日本人への異端視に異議

日米開戦の翌年、一九四二年八月から一年間、エンブリーは十二万人に及ぶ日系アメリカ人キャンプ（強制収容所）を管理する戦時転住局（WRA）で働き、後半はコミュニティ分析課長を務めた。戦時転住局は、軍事地域から立ち退かされて収容された日系人の再定住を進めるために設立された政府機関である。

エンブリーは、主に西部に設けられた十カ所の収容所からコミュニティ分析課に定期的に送られる報告書の管理および収容者の研究を行い、「コミュニティ分析報告書」などをまとめた。この中で、収容所の待遇の改善、転住局の管理上の課題、日系人の心理分析など詳細に報告している。

エンブリーの署名がある少なくとも七件の報告書には、エンブリーの日本に対する胸の内が随所に表れている。「日系アメリカ人との関係」と題された報告では、日系人理解の基本を説く中で、「日系人の気質については、決定要因は人種というより文化である」として、収容所での待遇に「敵国日本」に対する人種的な偏見や差別を持ち込まないように釘を刺している。

後にコロンビア大学図書館で日本関係の蔵書充実に貢献したミワ・カイ（甲斐美和）という日系二世の女性を、エンブリーがユタ州のトパーズ収容所から救い出したエピソードは興味深い。甲斐は、エンブリーが須恵村滞在時に隣の多良木町の旅館の娘・山路八重子に彼女の日常を付けさせた日記を英訳した人物だ。

サンフランシスコ生まれの甲斐は、十歳で日本に引っ越し、十九歳だった一九三二年に日本初の音楽コンクールのピアノ部門で大賞に輝くなど、当時の日本では有数のピアニストとして知られていたが、二十六歳で渡米し、直後の日米開戦に伴い収容所送りとなった。日本でエラと接触があった縁で一九四三年十二月にエンブリーによって解放された後、シカゴのエンブリー家に身を寄せ、その間に山路の日記を翻訳。四四年からコロンビア大図書館でタイピストとして働き、その後、司書となる。山路の日記に

エンブリーから日記を付けることを頼まれた山路八重子(右から２人目)

ついては、エラとロバート・スミスが『女たち』を書き上げて間もなく、エラの勧めで読み直したスミスが出版を検討、エラが甲斐をスミスに紹介し、甲斐の最初の英訳から四十年後、『日本の旅館の娘の日記』として日の目を見ることになった。甲斐は二〇一一年、ニューヨークで九十八歳の天寿を全うした。

強制収容は、終戦後の一九四六年六月まで続いたが、アメリカがその非を認め、ようやく賠償に応じるのは一九八八年、レーガン大統領の時代になってからである。

この間、エンブリーは四三年一月に、須恵村調査を下敷きにした四十三ページの簡潔な冊子『日本人』を刊行した。これは、国立の学術研究機関であるスミソニアン協会が〈戦

争背景研究〉シリーズの第七巻として刊行したもので、エンブリーの日本研究や情報を戦争あるいは戦後統治に役立てようという政府の狙いは明らかだった。

しかし『日本人』は、アメリカの自民族中心主義に対する批判の萌芽とも言える内容を備えていた。いきなり「日本人については、神秘的なオリエンタル（東洋的）なものは何もない」という結論から書き起こされているのが象徴的だ。続けて「日本人の思考と行動は、他の人々と同じように早い時期の訓練と文化的環境によって決定される。そのことがより理解されればされるほど、日本人の振る舞いはより理解できるし予測できるだろう」と、日本を異端視することに異議を唱えている。須恵村での経験に加え、ハワイの日本人移民社会、収容所の日系人に寄せる気持ちもあっただろう。さらにここには、日本人だけでなく異民族に対する理解やコミュニケーションについて、人類学者としてのエンブリーの立場が明確に打ち出されている。

「日本占領後の困難を『劣った』人種のせいにしてはならない」

次いで戦時中にエンブリーが果たした重要な役割の一つが、シカゴ大に設けられた民政訓練学校（CATS）の指導である。シカゴ大の准教授となったエンブリーは四三年八月から四五年半ばまで、民政訓練学校の日本地域研究部主任として、日本占領に当たる陸海軍の士官訓練に携わった。

シカゴ大図書館などの資料によると、アメリカ陸軍省では、第一次大戦後のドイツ・ライン地方占領の際に、占領行政の訓練を受けた将校がいなかったために大きな障害があった反省から、その人材育成が求められた。日米開戦直前の一九四一年十二月三日付の指令で、日本やドイツの軍事的占領に備えて軍による行政（軍政）要員の訓練を開始。翌年五月にはバージニア大学に軍政学校を開設。一方の海軍はコロンビア大とプリンストン大に軍政学校を設けた。

さらに、訓練を拡充するために、一九四三年三月には陸軍省に非軍事的活動全般を統括する民政部を設置、地域研究で実績のある大学に民政訓練学校が設けられた。当初はヨーロッパ中心だったが、四四年には極東を対象に、シカゴ、ハーバード、エール、ミシガン、ノースウェスタン、スタンフォードの六大学に民政訓練学校を置いた。軍政学校で六週間訓練を受けた後、六大学のいずれかでさらに半年の訓練を受けるという教育プログラムだった。

エンブリーがいたシカゴ大学では、極東戦域を対象にした訓練プログラムが実験的に四三年八月から開始され、二十九人の一期生は翌年十一月に修了した。その中には、戦後にＧＨＱ（連合国総司令部）幹部として須恵村を訪問したヒューバート・シェンク大佐がいた。

軍政学校では、占領地における法規、補給、諜報、公行政・組織、運営、人事等の基礎的な事項を教える一方、エンブリーが携わった民政訓練学校では各地域の社会や文化、教育、語学から国民性に関する事項まで幅広い教育が行われた。

日本を対象とした占領地域研究のためのカリキュラムを最初に開発したのがシカゴ大で、それを指導したのがエンブリーだった。エンブリーは『須恵村』を教科書として使い、一九四四年八月の講義で須恵村を取り上げた。この中に「協同（co-op）」という言葉がたびたび登場している。エンブリーが作成したカリキュラムは他の民政訓練学校でも使われた。講師の中には、戦後の日本の農地改革の指導者として須恵村にも足を運んだウォルフ・ラデジンスキーもいた。

エンブリーは一九四四年に、占領行政官の役割と心構えを説いた「日本の軍事占領」を書いている。この中で、「極東のためのどんな訓練計画のカリキュラムにも、例えば行政官になる人が労働問題に出くわしたとき、その困難を『劣った』人種のせいにしないように、人種と文化の区別の議論を加えるべきである」と、人種偏見を持たない基本的な人間教育を施すことの重要性を訴えている。

シカゴ大の民政訓練学校のトップは、エンブリーの同僚フレッド・エガンだった。エガンは、エンブリーの死後、当時のエンブリーの仕事を「特に重要な貢献」として、「日本の占領から戻って来た士官たちは、実際的な問題に直面したとき、それを処理するのにエンブリーが行った教育が役立ったことを認めた」と述べている。当時はエラも同校や他の政府機関で日本について教えた。

一九四五年、民政訓練学校のプログラムが終了すると、エンブリーはハワイの太平洋地域戦時情報局（OWI）で日本の戦意分析を専門とする心理戦争プログラムの指導教官となる。この間、攻略される一年前まで日本の委任統治領だったミクロネシア北マリアナ諸島のサイパン島とテニアン島を、八月八日から二十二日まで調査。沖縄占領を視野に置いて、両島のキャンプに収容された日本人と軍政の関係を報告することが目的だった。こうしてエンブリーは、日米激戦の地サイパンで戦争の終結を迎えることになる。エラもOWIの仕事を手伝い、日本語放送のチェックにも携わったという。

GHQのポストを固辞

戦後、エンブリーは戦時情報局から短期間、ハワイ大学に戻る。エラによると、その際に日本を占領するGHQからポストを用意されたが、エンブリーは断ったという。エラは、エンブリーの心境を「軍事占領の一員になることを嫌い、経験があるハワイ大学でもう一度教えたかった」（「五十年後の須恵村」）と明かしている。文化人類学者で、GHQの民間情報教育局で日本語のローマ字化を計画していたとされるジョン・ペルゼルは、エンブリー追悼文（一九五二年）で、「彼は、（占領に加わることを）不愉快と思っていたか、あるいは権力機関と彼の仕事仲間たちの中にいることが正しくないと思っていた」と記している。戦前の日本を調査した唯一の人類学者として、なぜエンブリーが占領政策に携わらなかったのか不思議だったが、エンブリー本人の意思だったことが分かる。須恵村を去った後、エンブリーは二度と日本を訪れることはなかった。

進路選択の理由を推測させるエンブリーの評論がある。戦後間もない一九四五年秋に書かれた「応用人類学およびその人類学との関係」だ。

「政府の仕事と大学の間で繰り広げられている最近の奇妙な事態は、特に敵国に対する『国民の性格構造』に夢中になっていることである。例えば、このグループによって出された日本に関する幾つかの発表は、ずっと以前の人種主義を思い出させ嫌な気持ちにさせる。そこには、自分たちの敵の忌むべき性格構造と、反面の自分たち自身の立派な美徳を根拠に、自分たちとは異なる民族の家庭生活、教育、民間信仰に、必要ならば暴力的に立ち入り、改革する道徳的権利を持っている、という強い思惑がある」。

この一文から、占領軍が須恵村に踏み入って、その古い体質を「民主化」する風景を想起することも不可能ではない。エンブリーはその光景を思い描いたのかもしれない。

さらに、「人類学者、特に応用の分野で仕事をする何人かの人類学者のもう一つの自民族中心主義的な傾向は、人類学が世界の救済への唯一の真の道筋であり、だから、国家の政策決定者を導くためにだけ使われるべきであると主張することだ」と、「自民族中心主義的」という言葉を使って、人類学が戦争や独善的な政治の道具に利用されること、人類学者がそれに加担することを戒めている。アメリカの占領政策に対するエンブリーの疑念を裏書きする一節でもある。

ハワイ大学に戻ったエンブリーは、四五年十二月、海軍の要請で再びミクロネシアの他の島を調査している。その報告の中でエンブリーは、日本に取って代わったアメリカの統治について「アメリカはこの地域の経済資源の開発にはそれほど関心がないので、今までの収入源のかなりの部分が消えてしまった」などと、官僚的な軍政を批判し、軍との緊張関係が生じたとされる。北マリアナは、現在もアメリカの自治領として支配下にある。二度にわたるミクロネシア調査にエンブリーがどんな思いで携わったか、これら一連の文章から推し量るしかない。

その後、一九四七年、東南アジア地域ではアメリカ初の国務省の文化担当高官として、インドシナ戦争（一九四六〜五四年）最中のタイ、ベトナムに赴任する。滞在中には、この地域の民族と文化に関する包括的な文献目録を準備した。

この時期から、亡くなるまでの短い期間だが、エンブリーの関心は日本から東南アジアへと移って行く。バンコク滞在時の研究が、第六章で触れた「タイ――緩やかに作られた社会システム」である。

東南アジアでの計画が縮小されると、一九四八年に生まれ故郷ニューヘイブンにあるエール大学に社会学の准教授として招かれ、五〇年七月に同大の東南アジア研究所長に就任。そのころエンブリーは、ユネスコの文化交流計画にも関心を持ち、同年には、ユネスコによるリベリアへの技術支援について交渉するために、現地を訪問した。当時、父親のエドウィンがリベリア財団の理事長だったことが関連していると思われる。

また、反共産主義的色合いが強い戦後の欧州復興計画（マーシャル・プラン）に参画することも検討されたが、連邦捜査局（ＦＢＩ）から共産主義者の疑いを持たれ、調査・監視の対象となった。当時は、一九五〇年代に猛威を振るった共産主義者摘発運動であるマッカーシズムが始まったばかりだった。

しかし、エンブリーはマーシャル・プランに関わることなく、一九五〇年十二月に四十二歳の若さで事故死する。須恵村を去って十四年後のことだが、戦争前夜から戦中戦後のこの期間にエンブリーが残した仕事は意外に知られていない。

ゴーラー、ベネディクトの〝自民族中心主義〟への批判

自国アメリカの自民族中心主義についてエンブリーは、特に戦後、人類学協会の機関誌『アメリカの人類学者』や国際的な非政府研究機関である太平洋問題調査会ニューヨーク支部の機関誌『ファー・イースタン・サーヴェイ』などに批判的な評論を数多く寄稿している。

自民族中心主義とは、「自分が属する集団の文化や価値観、生活様式などを絶対視し、それを基準にして他集団を劣ったものと見下すような偏見・態度」（『日本民俗大辞典』）を指す。例えば、一九五〇年に『アメリカの人類学者』誌に掲載された「人類学の自民族中心主義に関する注釈」でエンブリーは、日本人の攻撃的な性格を取り上げた人類学者ジェフリー・ゴーラーやルース・ベネディクトの「排泄訓練（トイレット・トレーニング）論」を俎上に上げている。自民族中心主義に対するエンブリーの批判の代表例の一つだ。

排泄訓練は、ゴーラーの主著『日本人の性格構造とプロパガンダ』（一九四二年）で唱えられている。

ゴーラーは「日本人を侵略戦争に駆り立てた理由」として、「戦場や外国で攻撃性を発散できる可能性」など五点を挙げ、「攻撃性」の原因として、特に「排泄訓練」を取り上げる。日本の子どもは四カ月を過ぎるとおむつをはずす訓練が始められ、それは体罰によってなされる。ゴーラーは、「こうした罰を通して、赤ん坊には外には発散できない非常に多くの攻撃性が生み出される。こうした早期の厳しいトイレット・トレーニングは、日本の成人の性格形成に唯一そして、もっとも重要な影響を与える」とい

う。

このゴーラーの主張は、ベネディクトの『菊と刀』にも引き継がれ、流布された結果、いっそう権威化された。ベネディクトはこう書く。「嬰児《えいじ》がこのような容赦ないしつけを通じて学ぶ事柄が、やがて成人してから、日本文化のもっとも複雑微妙な強制に従う素地を作るのである」。

これに対してエンブリーは反論する。「何人かの人類学者は、日本の特異な文化が、日本人を個人としては好戦的で攻撃的であり、国家としては拡張主義者にしたことを論証しようとした。それは、排泄訓練に関する巧妙な理論、天皇崇拝、そして食の習慣によって成された。……(一方で)西洋社会の子どもの攻撃的な行動の原因は、完全に無視された」(「人類学の自民族中心主義に関する注釈」)。

エンブリーは、「日本の特異な文化」を、西洋にとっての他者として排斥的に見る偏見を厳しく戒めている。事実、『須恵村』でも、子育ては「容赦ないしつけ」どころか一般的に「ひどく甘やかされている」し、子どもは社会的な生き方を「罰ではなく、母親の辛抱強くて際限のない手本と教育を通じて学ぶ」と、ゴーラーやベネディクトと正反対の見方を展開(ただ、この部分は日本語版から割愛されている)していた。

また、本書第六章の「授乳とトイレット・トレーニング」で紹介したように、『女たち』の「用便のしつけ」の一節では、「きわめて厳格だとはいえない」、むしろ寛容な実状が描かれている。エンブリーの見方は、エラの観察にヒントを得たのかもしれない。

しかも、ゴーラーは「極端で攻撃的な要素は、都会に住む人たちに代表される」として、分析のモデルが「都会に住む比較的裕福な一般的な男性」であることも明かしており、自ら排泄訓練論の限界をさらしてもいる。ある文化の一部を切り取って文化全体を色眼鏡で見る怖さ。後に一蹴されるゴーラーらの排泄訓練論だが、日本に対する固定観念がまん延する戦時中のアメリカでは、それがまかり通っていた。逆に、須恵村を観察するエンブリー夫妻の目の公正さを証明する一例でもある。

自民族中心主義に関してもう一点、ルース・ベネディクトの『菊と刀』に対するエンブリーの批判に触れておこう。『菊と刀』は、外国人が書いた最も有名な日本論の一つである。

『菊と刀』は、戦時情報局で軍が収集した日本関係の情報分析に携わっていたベネディクトによってインタビューや文献を基に作成され、一九四六年に刊行された。実際にフィールドワークを行った文献としてのエンブリーの『須恵村』『日本人』からの引用も多く、明確にエンブリーを参照したと分かる箇所だけで十数カ所に及ぶ。例えば、共同労働、葬式やその贈答、小学校の児童たちの競争の回避、直接的な取引を避けるための仲介者の制度、客を待たせて衣服を着替える礼法、相手に拒絶されても恥をかかないで済むように頬かむりして忍び込む夜這《よば》い、などだ。だが『菊と刀』ではエンブリーがそれらを協同（はじあい）の慣習として描いたことの意味は一顧だにされておらず、正しく理解されているとは言い難い。

ベネディクトは、エンブリーが描いたこれらの事例を、ことごとく「義理」「恥」に結び付けて解釈し、逆に戦争を引き起こす日本人の国民性として分類する。義理や恥が脅かされた場合、日本人は復讐に駆られたり、攻撃を自殺という形で自分に向けたりする傾向があるという。しかし、一九三〇年代に「彼らは国家主義的目標を抱き、攻撃を自分自身の胸から転じて再び外へ向けた」というのだ。

エンブリーは自民族中心主義を批判する文化相対主義の立場を鮮明にしていたが、ベネディクトも元々は文化相対主義を主張していた。それは、民族や国家など他集団の文化も自分の集団と対等であるとし、相手の文化や価値観を、優劣をつけずに理解しようという態度を指す。エラが学んだマーガレット・ミードも同じで、『サモアの思春期』では、規制の緩やかなサモア社会の教育を紹介しながら、相対主義の立場からアメリカの厳しい教育を自省してみせた。

「アメリカの占領政策は日本の民主化を遅らせるだろう」

先に引用した「敵国に対する『国民の性格構造』に夢中になっている」ことへのエンブリーの慨嘆は、ベネディクトやミードの戦時における自民族中心主義への転向や国民性の決め付けに抗議して発せられたものだった。

また、反自民族中心主義の立場を共有するジャーナリスト、ヘレン・ミアーズの『アメリカの鏡・日本』の書評（一九四九年）でエンブリーは、戦争の原因を日本人の攻撃的な国民性に求める議論を退けた上で、「本当に重要なことは、アジアの一国日本がヨーロッパの国と政治的に対等に振る舞おうとしていたということである。しばしば見落とされるこの事実は、恐らく日本と西洋の多くの対立、さらには他のアジア諸国と西欧の紛争を最もよく説明する」と述べ、日本の覇権主義はむしろ西欧の自民族中心主義に基づく植民地主義の後追いなのだと主張した。当時、日本の振る舞いを政治経済的、あるいは歴史的観点から判断する人類学者がほとんどいなかったアメリカでは稀有な見解だった。

さらに、アメリカによる戦後日本の民主化に関してエンブリーは、「日本を占領するアメリカが公表した政策は、日本の民主主義のプロセスを促進するのではなく遅らせる結果になるだろう」（「戦後日本の民主主義」一九四四年）と終始異議を唱え続けた。そして、「一般民衆による決起」こそが「どんな軍事占領の結果よりも自国内部の良い変化という結果を生み出すことになるだろう」と、民衆による民主化に期待を寄せている。

エンブリーは一連の評論で「真の民主主義」という言葉を繰り返し使っている。その内容は明確にしていないが、少なくとも占領政策による「上（外）からの民主化」や、日本の共産主義化を防ぐというアメリカのもう一つの狙いと引き換えにした民主化でないことだけは確かだ。ある雑誌の記事（一九四五年）では、「占領軍は権威主義的で、公布によって高飛車な命令を下す。こうした状況でどうしたら真の民主主義が発達できるか、想像することは難しい」とまで述べている。

エンブリーの民主主義への期待が、須恵村の自治や協同のシステムを実際に体験したことに裏づけられていることは疑いない。『須恵村』の邦訳版には「民主的」という言葉は一度も使われていないが、シカゴ大学に送った最初の報告では、「部落内の協同は顕著な特色である。行政は年寄りが、つらい力仕事は若者が受け持つが、全ての事柄はかなり民主的な基盤に則って進む」と書き送っている。

エンブリーが批判したジェフリー・ゴーラーの「極端な事例　日本」（一九四三年）に、以下のようなくだりがある。日本を訪れたことがないゴーラーは、『須恵村』の第四章「協同の諸形態」を参考にしたことを明らかにしている。

「現在の日本の村は、過去の伝統とともに、協力と民主主義のよい例である。村の行事は各家庭の世帯人によって選ばれた長によって執り行われる。……近隣の集団（組）があり、さまざまな職業的な仕事や建設にかかわるような任務は、お互いがローテーションを組んでなされ、共同の貸付制度（講）は、村人たちが不意の出費にもそれほど困ることなく、借りることができる」。

ゴーラーは、この論文において排泄訓練には一言も触れておらず、『菊と刀』よりもエンブリーに対する理解が正当に思える。しかし一方で、エンブリーの立ち位置との決定的な違いは、ゴーラーがアメリカの占領政策による日本の民主化を期待してこの一文を書いたということだった。

『須恵村』が農地改革に影響

だが結果として、日本敗戦後の占領政策で、農地改革などに及ぼしたエンブリーの影響は小さくなかった。そのことは、改革を主導したウォルフ・ラデジンスキーやアーサー・レーパーを団長とするGHQの農地改革調査団が何度も須恵村を訪問していることでも明らかである。

農地改革は、地主制度の解体を目的としたもので、在村地主が所有する五町歩（約五ヘクタール）以上の小作地を小作人に譲渡するなど、日本政府によって一九四五年十二月に第一次農地改革法が公布された。しかしこれを不満とするGHQは譲渡させる対象を一町歩以上の土地に拡大するなどの第二次改革を進め、翌四六年十月に公布された。

『須恵村』には、当時の須恵村では「純地主が三十二人、地主兼小作人（自小作）が百十二人、純小作人が七十一人である。村には大地主は一人もなく、裕福な農家は二、三町の土地を持っているにすぎない」などと、農家の現状を説明した記述も少なくない。エラは『女たち』で、「連合国軍最高司令部が、エンブリーの『須恵村』を携えてこの村にやってきたことから、この本は第二次世界大戦後の農地改革計画にたいしても、ある程度影響力を発揮したということである」と、戦後改革の柱の一つである農地改革に関して、エンブリーが一定の役割を果たしたことに言及している。

またエラは、回想文「五十年後の須恵村」で、この時の様子により詳しく触れている。

「第二次世界大戦後、多くの人がいろんな理由で須恵村を訪れた。その中に、アメリカの占領期間に農地改革計画に取り組んだウォルフ・ラデジンスキーとSCAP（筆者注・Supreme Commander for the

Allied Powers＝連合国最高司令官の略）の他のメンバーがいた。村役場には、一九四六年にアメリカ軍の少佐によって招集された村の職員の会合の古い写真がある。少佐は、古い小学校の二階の部屋の前に立って、ジョンの本を持っている」。

ここに登場するラデジンスキーは、「農地改革の生みの親」と呼ばれ、GHQによる改革を語る上でも最も重要な人物の一人だ。アメリカの農務官僚で、日本政府が前年十二月に公布した第一次農地改革法を不十分として、より徹底した改革を立案した人物である。ラデジンスキーは、一九四八年二月と五三年五月の二度、須恵村を訪れたことを明かしている。

また、前年の四七年五月には、農業社会学者のアーサー・F・レーパーが来日している。レーパーは同年五～六月と、一年八カ月後の四八年十二月～四九年一月の二回、須恵村を含む日本全国十三の農村を調査。須恵村には六月十二日に最初の調査をすることになる。エラの回想にある「SCAPの他のメンバー」はレーパーらを指すと思われる。

レーパーの最初の調査報告は、一回目の調査終了直後に発表された。その中に掲載されている「一九三五年以降の熊本県須恵村の変化」では、エンブリー滞在時と四七年調査時の人口や経済状態、暮らしぶりの変化を三十項目にわたって箇条書きに整理。さらに、エンブリーが『須恵村』で作成した統計表「須恵村七部落の人口と富」にレーパーが調査した一九四七年分を加え、十二年間の変化を比較した表を添えている。最終報告は一九五〇年十一月、「転換期の日本の村」として発表され、二度の調査による統計の数字を三十四枚の表にして比較分析を行っている。

こうして農地改革は、エンブリーが批判するGHQによる「上からの民主化」であったにせよ、あるいは、農民を小土地所有者として保守化し内外の共産主義勢力の浸透を阻止する狙いがあったにせよ、全体としてはマッカーサーが「歴史上最も成功した改革」と自画自賛した成果を収めることにつながった。

アメリカの占領政策の一環として最後にもう一話、『須恵村』に絡むエピソードを紹介しておこう。その事実はあまり知られていないが、エンブリーに関心を持ち、須恵村まで足を運んだアメリカ人女性がいた。エリザベス・ヴァイニングである。現天皇の皇太子時代に民主主義教育をした「皇太子の家庭教師」として知られている。

ヴァイニングが一九五〇年十月にエンブリーの居宅を訪問した時の記事が熊本の地方誌『日本談義』にある。「夫人は、軒のひくい藁《わら》屋の中に頭を打たぬように注意しながら入っていって、しばらく立ちつくしていた。そして言葉には何も現さなかったが、その顔には感動の色をみせていた」。エンブリーの死の二カ月前のことだった。

その時のことをヴァイニング自身も著書『皇太子の窓』（一九五二年）で、「ジョン・エンブリーがかつてそこに一年住んだ経験を筆にしているスエムラへ行った」と記している。そして、そのすぐ後に、ヴァイニングの嘆息が聞こえるような文章が続く。戦後、農地改革などによって日本を民主化するというGHQの政策も、一九四八年の旧ソ連との冷戦を境に次第に保守勢力との妥協に傾き、五〇年には自衛隊の前身である警察予備隊創設へと修正されて行く。当時の空気を、ヴァイニングはこう描いた。

「彼らは兵隊のように兵営に住み、兵隊のように訓練され、兵隊のように自由な時間には娯楽を求めて制服姿で町をさまよい歩いた。……だから私は『警察予備隊をどう思うか？　あれは警察なのか、軍隊なのか？』とたずねたのである。一瞬沈黙がただよったが、やがて誰かが答えた。『誰も彼等を軍隊とは呼んでいませんね――いまのところは』。これくらい私の心を暗澹とさせたものはなかった」。

「真の民主化」を訴えたエンブリーも、恐らくヴァイニングと同じ思いだったに違いない。

一方、戦中戦後にエンブリーが潜り抜けた苦難は、日本語に堪能だったエラも同じで、エンブリーの職務をサポートする立場で当局の仕事に携わらざるを得なかった。日本育ちのエラは、エンブリー以上に日本を気遣いながら、須恵村調査と同様に二人三脚で戦中戦後を生き抜いた。

エラの著作は『女たち』一冊だけだが、故郷のニコラエフスク・ナ・アムーレ（尼港）で一九二〇年三月に起こった「尼港事件」はエラに大きな衝撃を残し、終生の研究テーマとなった。日本のシベリア出兵中に、ロシアのパルチザンによってニコラエフスク港にあった日本軍守備隊と居留民約七百人が殺害された事件である。これに対し日本政府は賠償を請求し、北樺太（サハリン）を保障占領した。この事件で、ルーリィ家の親族多数が犠牲になったとされる。エラは旧ソ連を三度訪れたが、ニコラエフスクに戻ることは一度もなかったという。

エラの母親は一九三七年に日本で亡くなるが、父メーエルは日米開戦前にアメリカに亡命している。エラとその家族もまた、戦争に翻弄されながら生きることを余儀なくされたわけである。

なお、エンブリー夫妻とロバート・スミスの主要な資料・文献は、スミスが人類学教授を務めたニューヨーク州イサカのコーネル大学図書館に保管されている。また、エラが晩年を送り、夫妻で教鞭を執ったハワイ大学にはエラに関する主要な記録が、そしてエール大学には、エンブリーが一九二六年に五カ月にわたって世界旅行をした際の「家族日記」や、東南アジア旅行の日記、写真が残されている。

エピローグ　須恵村はいま

「地域づくりに追憶を利用することは、劇的な変化をもたらすことはないかもしれないが、人々の役に立つことはできる。……須恵村の人々は、エンブリー夫妻を心から尊敬し、同時に、夫妻の調査の重要性を彼ら自身のために信じている。何と言っても、未来は須恵の人々にかかっているのだ」
（ロバート・スミス「五十年後の須恵村・解題」）

『須恵村』はなぜ忘れられたのか

エンブリーは、残した仕事の全体像を評価される前に、四十二歳という若すぎる死を迎えた。短い追悼文や『須恵村』に関する書評はアメリカに多数あるが、まとまったエンブリー論は、アメリカにも日本にもほとんど見当たらない。鈴木榮太郎による『須恵村』評が唯一と言ってよく、それもわずか二十四ページにすぎない。

プロローグで紹介したように、今西錦司《きんじ》、宮本常一《つねいち》、梅棹忠夫、鶴見俊輔らの評価はあるが、一部の碩学《せきがく》、研究者に限られている。人類学や民俗学の専門家以外でその名を知る人がどれほどいるだろうか。海外からの眼差しを気にしがちな日本人は、日本論や日本文化論が好きだとよく言われるが、名著とされた『須恵村』が、今の日本で忘れられたように見えるのは、なぜだろうか。

一つには、エンブリーは多くの論文を残したものの、『須恵村』と『日本国家』以外に著作を残さなかったということがある。しかも、最初の研究成果である『須恵村』は三十一歳、『日本国家』でさえ三十五歳の若さで書かれ、思想的に未成熟だったと受け止められた面もあるだろう。人類学の専門書としては名著かもしれないが、決してポピュラーな本とはならなかった。

だが私は、見逃せない要因として、戦後日本の思想的な影響が大きかったのではないかと考えている。それは、日本の戦争を支える基盤とされた戦前の「共同体」に対する批判である。政治学者である丸山眞男（一九一四〜一九九六）がいい例だ。

「この同族的（むろん擬制を含んだ）紐帯と祭祀の共同と、『隣保共助の旧慣』とによって成立つ部落共同体は、その内部で個人の析出を許さず、決断主体の明確化や利害の露な対決を回避する情緒的直接的＝結合態である点、また『固有信仰』の伝統の発源地である点、権力（とくに入会《いりあい》や水利の統制を通じてあらわれる）と恩情（親方子方関係）の即自的統一である点で、伝統的人間関係の『模範』であり、『國體』の最終の『細胞』をなして来た。それは頂点の『國體』と対応して超モダンな『全体主義』も、話合いの『民主主義』も和気あいあいの『平和主義』も一切のイデオロギーが本来そこに包摂され、それゆえに一切の『抽象的理論』の呪縛から解放されて『一如』の世界に抱かれる場所である」（『日本の思想』一九六一年）。

私は、「個の確立」を主張する丸山は間違ってはいないと思う。しかし、丸山は、返す刀で部落共同体の「紐帯」や「共同」「隣保共助」を「旧慣」として否定する。丸山が見ようとしたのは共同体の裏面であり、『須恵村』でエンブリーが描いたムラの「協同」や「自治」という、民主主義にもつながるあとの半面に価値を認めず、意識的に切り捨てている。戦後の進歩的知識人の代表である丸山が、「天皇制国体の最終の『細胞』」としての共同体に戦争責任を負わせた影響は大きかった。

丸山に先駆けて戦後の共同体批判に強い影響を与えた経済史学者として大塚久雄（一九〇七～一九九六）がいる。マルクス主義に基づく主著『共同体の基礎理論』（一九五五年）はよく知られている。

丸山も傾倒した大塚は、「共同体」を歴史的・地域的に分類しつつ「封建的共同体」と定義し、その「究極的な崩壊を論ずる」と言う。近代的な資本主義の発展過程においては、「共同体の解体」が必要だった。大塚が共同体の前提とした「土地の占有」は、封建的な地主制を思い起こさせた。ここで大塚は、共同体と戦争との関係には触れていないが、「共同体の封建的遺制の解体」ならともかく、「共同体の解体」という言葉は丸山以上に衝撃的だ。丸山と大塚に従えば、共同体は政治と経済の両面で解体されねばならない存在だった。

こうして、近代化の推進とマルクス主義的な共同体批判は、一九五〇～六〇年代のリベラルな思潮を背景に時代の空気を形作っていた。それは、日本の民主化を目指していたGHQが、東西冷戦によって戦前の保守勢力を利用したことで民主化にブレーキが掛かったことや、戦犯の公職復帰、一九五五年の保守合同による自民党の事実上の一党体制（五五年体制）という政治的な動きに対するアンチテーゼでもあったと思われる。また一部には、GHQによる農地改革の不徹底に対する批判という側面もあったかもしれない。

『菊と刀』への批判

関書院から初めて『須恵村』の邦訳が出たのは一九五五年である。最も読まれている日本経済評論社版（一九七八年）でさえ初版二千五百部だけで増刷されてはいない（ただし現在はオンデマンド版で購入可）。『須恵村』で描かれたムラ共同体が「古い」（エンブリー）と映り、日本でほとんど無視されたことは、ある意味で当然だったかもしれない。

それは、同じアメリカ人の手になる日本論なのに、一九四八年に邦訳されたルース・ベネディクトの『菊と刀』が二百万部を超えて読み継がれてきたのと対照的である。

『菊と刀』は、日本占領を前提とした戦勝国の立場に立った典型的な日本論である。「義務」や「義理」、「恩」を重んじる日本人の国民性や特徴を「文化の型」として掘り下げ、敗戦によって自らの立ち位置を見失った日本人に一つの指針を与えた。片や、前年に刊行されたエンブリーの『日本国家』は邦訳されず、日本では一顧だにされなかった。

あくまで独断だが、私は丸山、大塚、ベネディクトが日本で評価された理由に一つの共通点を見る。それは、三人とも欧米の眼差し、価値観に基づいて日本を見ていたのではないか、という点だ。それは都市の価値観でもあった。加えて、現実を追認したり実生活に引きずられたりするのではなく、丸山の主張によれば現状肯定型の「である」社会から改革型の「する」社会への転換（『日本の思想』）を求めて、雄弁な理念や思想を掲げることを是とする思潮があった。

対して、ベネディクトが重要な参考文献とした『須恵村』には、欧米中心主義的な上からの眼差しがほとんど感じられない。日本人が見るムラと同じ目線による日常の暮らしの描写に、意外性や新奇性、批判性が欠けているのは当然なのかもしれない。『須恵村』『日本国家』とエンブリーは、『菊と刀』とベネディクトの影に隠れた、と言ってもいい。

例えば、『菊と刀』に対するエンブリーの批判的な書評にある次の文章を読んでほしい。ここで「開拓者」は、日本と異なり「新しい文化」であるアメリカを指している。

「ベネディクト博士の総合的な分析に対する一つの批判は、日本は歴史の古い文化でありアメリカは新しい文化だという事実を無視しているということ、そして二つの国家の幾つかの文化的な相違は、この事実に負っているかもしれないということだろう。来る日も来る日も同じ隣人——過去の言葉、過去の振る舞い、過去の親切そして過去の軽蔑に耳を傾ける遠い記憶を持った隣人——と顔を合わせねばならない村に縛られた農民に比べると、開拓者と放浪者はずっと利己的なほら吹きに見える。開拓者や匿名の大都市住民よりも、日本人のような古い農民文化で暮らす人は、礼儀と互いの義務により細かい気配りをするだろう」(一九四七年)。

見事にすくい取られたムラの気風。むろん須恵村の気風だ。「互いの義務」とエンブリーは言う。ベネディクトが批判的に取り上げた「義務」は、エンブリーにとっては共同体の中で一方的に負わされる被害や身分関係による恩義でも、単に束縛され自分を抑えるだけでもない。丸山が批判した部落共同体の「旧慣」の半面であり、互いの義務への「細かい気配り」は、同時に自発的なものでもある。

鈴木榮太郎は『須恵村』について、「エンブリー氏の観察は相当に精緻で洞察力にも敬服するものがある」としながらも、「しかし折角得られたそれ等の資料が充分に科学的に処理されていない」と批判している。その指摘が当たっているかどうかはともかく、私には、科学的処理や分析、抽象よりも、エンブリーの偏らない「精緻な観察」が十分に面白い。ベネディクトが及びもつかない眼差しが読み取れるのだ。

エンブリーは『須恵村』で、家族、組、部落、区、村、さらには隣村同士の関係など重層的な共同体があることを示したが、それらが個々の人間関係の上に築かれていることも明らかにした。それをエンブリーは「歴史の古い文化」と評した。しかも、ここで表された日本人の姿は、「富士山、芸者、侍」などに代表される紋切り型の日本人論や日本文化論とは一線を画すものだ。

だが、こうした日本の「古い文化」の歴史やその描写が「封建的」の一言で退けられてきたのは、これまで見た通りだ。一九五〇年代から七〇年代にかけて、高度経済成長やその後の列島改造、開発路線によって都市化と離村が進み、社会構造が大きく変化した。「明るい農村」を目指す風潮が主流となり、エンブリー夫妻が描いたような、暗くて古い、伝統的な、そして「まったくプライバシーがない」(『女たち』)ようなムラは敬遠されても仕方がなかったのかもしれない。

前近代的な仕組みを残した須恵村を調査して、一人一人の暮らしの中にエンブリー夫妻が見たものは、むしろ保守主義者と称される柳田國男が見たものに似ている。エンブリーが調査前に助言を乞うた柳田は例えば、「村の協同の一番古い形は、今なお誰にでもわかるだけの痕跡を、労働融通の上に遺している」(『都市と農村』一九二九年)と言う。「労働融通」は「結い」や「かったり(かちゃあ)」のことだ。「都市崇拝の迷信的思想」を排し、「自然村(部落共同体)の協同相助」の重要性を強調した柳田の農村共同体に向ける眼差しはエンブリーと同じだ。しかし柳田は、常に庶民の立場に立った進取と改革の精神にあふれており、反動的な保守主義者では決してなかった。

だが、共同体をめぐる現在の状況は、当時とは異なる。「共同体」という言葉も「コミュニティ」や「地域社会」など耳触りのいい言葉に言い換えられた。左右のイデオロギーを超えて、グローバリズムや行き過ぎた自由主義、個人主義、あるいは都市の課題が指摘される中で、単なるノスタルジーではなく、農山村の暮らしや自然、人と人のつながりが見直され、対抗的な価値観としてのローカリズム（地域主義）に対する共感も少しずつ広がっている。

「エンブリーさん」の記憶

一方、エンブリー夫妻の滞在から八十年経った現在、『須恵村』に描かれた須恵の文化や社会構造は、エラの最後の須恵村訪問から三十年以上を経て、さらにどう変わり、逆にどこが変わっていないのだろうか。

「昭和十年、球磨郡須恵村に二人のアメリカ人がやってきました。村のことを調べるために一年間ここに住むことになったエンブリー夫妻です」。

そんなナレーションで始まる「エンブリーさん物語」と題した十五分の劇が、二〇一一年秋、あさぎり町の須恵文化ホールであった。演じたのは須恵小学校の四年生。学習発表会の舞台だった。二〇一三年十一月には、あさぎり中学校でもエンブリー劇が演じられ、この時は夫妻が撮った写真も使って須恵村での調査や暮らしぶりが紹介された。それらは、エンブリー夫妻と夫妻が残したものを次の世代に継承しようという具体的な試みだ。

須恵では、大人はもちろん、小学生でもほとんどの住民が「エンブリーさん」という名前を知っている。実際に夫妻に会った年寄りはみな懐かしそうに思い出話をしてくれる。

「エンブリーさんは温和で、どちらかと言うと内気な性格に見えた。子どものころ、エンブリーさんが正月に屯所《とんところ》の自宅に寄ったことがあり、屋根の上に引っ掛かった羽子板の羽根を、ジャンプして取ってくれた」。

「二、三歳のころ、村長さんのうちでエラさんをよく見掛けた。赤いマニュキュアをしているのにびっくりした。外人やら見たことなかったもんでなあ」。

「エンブリー家に外国から客が来て社交ダンス踊っていた。珍しいので覗きに行った。うまそうな匂いがしていたが、今考えると、シチューか何かの匂いだったかな。娘のクレアちゃんが木馬に乗っていたので、クレアちゃんのいないときを見計らって近所の子どもがそっと乗っていた」。

「うちは農家だったが夫婦でよく遊びに来ていた。小学校であった観閲点呼が終わって、講堂で軍人を前にして少尉か大尉が講評をしていた時、そこにエンブリーさんがいた。点呼班が、外国人は外に出なさいと外に出した。スパイの恐れがあるからだったろう。私らは、スパイなど考えてもいなかった。村の者は外国人と思わず、一人の人間として受け入れたのだと思う。夫妻は須恵の住民に慕われていた」。

「エンブリーさんのおかげで、戦争中に須恵には弾一発落ちなかった。隣町の錦町の木上《きのえ》の飛行場（筆者注・当時、木上村にあった人吉海軍航空隊基地）には、ひどい空襲があったが」。

エンブリー家のお手伝いだった奥田モモエさん（九十五歳）は、「エンブリーさんは優しかった。盆正月に、着物、履物を買うお金をくれた。それで免田に買い物に行って買った。エラさんに気に入られて、アメリカに帰る時に『一緒に連れて行く』と言われた。クレアが懐いたからだろうけど、とてもとても」と記憶を呼び起こしてくれた。

当時を知る年寄りはわずかになったが、三十年前にエラが来訪したときのことを覚えている人はもっと多い。当時、エラの前で郷土の踊りを披露した小学生は、今働き盛りだ。エンブリー夫妻に対する尊敬と親しみは、少なくともこの年代まではしっかり根付いている。

思い出だけでなく、須恵には今もエンブリーや須恵村調査の目的で来訪する研究者が後を絶たない。私があさぎり町に移住して以降六年の間に、日本の五つの大学研究チームが調査し、「エンブリーと須恵村」をテーマにしたシンポジウムも二度開かれた。スウェーデン、アメリカからも研究者が訪れ、今も年に一、二組の調査が続いている。専門家の間ではエンブリーがなお健在であることの証明だ。そのこともまた、須恵の人々がエンブリーを忘れない大きな要因になっている。

「はじあい」と「かちゃあ」は健在

では、エンブリーが描いた須恵は今、どう変化したのだろうか。

須恵地区の現在の人口は千二百九人だが、ピークは一九四八年の二千二百十二人だった。戦後の復員・引き揚げ、疎開、ベビーブーム（後の団塊世代）の出生などによる人口増が原因である。だが、衛生状態の改善、避妊、出産制限の影響もあり、農村も多産多死型から少産少死型へ移行する。現在、人口はエンブリー時代の四分の三、ピーク時の半数近くに減ったが、戸数はエンブリー時の一・四倍に増えた。大家族が普通だった農村でも、戦後民主化による家制度、家族制度の改変により、核家族化が進んだためだ。エラのノートによると当時、「小学校に通う子どもは三百人」であり、学制が異なるとはいえ、今の須恵小学校の児童数五十四人（二〇一六年度）の少なさが分かる。少子高齢化、過疎化が大きな課題であることは他の農村と同じだ。

合併した二〇〇三年までの九年間の須恵村の人の出入りは、転入が三百十五人、転出四百七人である。年平均で転入三十五人、転出四十五人と、十人の減少。エンブリーも七部落を対象にした詳細な移動調査を行っているが、それによると、一九二五〜三五年の十年間では転入十三人に対し転出二十六人。全部落で推定しても転入三十人、転出五十人ほどだろう。現在の移動規模は当時の十倍に膨れ上がったことになる。多産だった当時、エンブリーは「村の過剰人口は少なくともある程度までは、移住によって解決されてきた」と解説しているが、少子化が進む今は、逆にこの移住の現状が深刻な過疎化を裏書きしている。

そんな須恵に対する私の印象は、一九八五年にエラが須恵村を訪問した時と同じと言っていい。繰り返しになるが、エラはこう感じた。

「今日の須恵村は、五十年前に私たちが研究したのとは、大きく違っている。とはいえ……もっとも重要なことは、須恵村の人びとが当時と同じように、いまでも心暖かく、親切だということである」。それは、須恵村の「協同（はじあい）」の心もまた失われていないということでもある。

「はじあい」との私の最初の出合いは、二〇一一年秋、私が須恵に腰を据えてすぐのことだった。合併を機に、あさぎり町須恵支所の駐車場の端に、須恵村消滅をしのんで建てられた記念碑がある。そこに大きく掲げられた言葉が「ハジアイと安らぎの里」だった。

さらに、元須恵村役場には、合併前の「須恵村民憲章」三カ条が刻まれた碑が残っている。

一、美しい自然と薫り高い文化の村をまもりましょう
二、ハジアイとかちゃあで心豊かな村をつくりましょう
三、お年寄を敬い子どもを健やかに育てる村をつくりましょう

村民憲章は、一九八九（平成元）年に制定され、合併によってなくなった。一見どこにでもありそうな

合併前の須恵村民憲章が刻まれた石碑

スローガンだが、須恵小学校の職員室の壁にも貼ってあった。当時の米多《よねだ》等《ひとし》校長が気に入って残したという。校長が気に入ったのは、もちろん二番目の言葉だ。校長は、大人たちの記憶にも残しておきたいと、須恵小学校の広報誌のタイトルも「はじあい」と名付けた。

合併後のあさぎり町民憲章では、須恵ローカルの「はじあい」「かちゃあ」はなくなり、「和の心」に言い換えられた。その代わり、「明るい町」「楽しい町」「若い町」が加わった。だが須恵では、二カ所の碑に「ハジアイ」が残っているだけでなく、「はじあい」と「かちゃあ」という言葉を知らない人はいない。

須恵小学校ではまた、エンブリー夫妻が書き残した須恵の伝統と文化を子どもたちに知ってもらおうと、二〇一三年度から「須恵語り部の会」を始めた。物知りの年寄りたちが教師となって、家庭では話題になりにくい「地蔵祭り」や「お伊勢講」「はじあい」などを語り継いでいる。

とは言え、はじあいという須恵独特の言葉が忘れられようとしていることも事実だ。「昔はしょうゆやみそがなくなると、よそにもらいに行った。今は、店で何でも買える。はじあいはなくなってしもうた」と嘆く年寄りがいる。はじあいが、ムラの貧しさや弱さを補うための知恵でもあるとすれば、現代の物質的な豊かさが協同（はじあい）を必要としなくなるのも当然なのかもしれない。だが今はまだ「なくなって」などいない。須恵の人々は、危機感があるからこそ、より意識的にはじあいを育んでいく必要があることを感じ取っている。

年に五十回以上の祭りが存続

須恵の暮らしで「協同（はじあい）」を実感するのは、やはり祭りである。エンブリーが滞在した時と同じ「組」と「ぬしどり」によって続けられている多くの祭りや年中行事があり、須恵だけで年間五十回以上に上る（表参照）。ほぼ毎週どこかの部落で行事や酒宴が繰り広げられていることになる。

現在の須恵の祭り、寄り合い

祭り	部落	開催時期
天神	覚井	10月25日前
観音	覚井、上手+石坂	春秋の彼岸
	川瀬	7月18日
	平山	旧6月17日
花祭り	阿蘇+諏訪原	4月8日
阿弥陀	中島	6月末
地蔵	覚井、中島、屯所、湯原	7月末〜8月初（旧6月24日）
薬師	今村	旧1月・8月6日と丑の日
植え付けご供養	川瀬、阿蘇、平山	6月の日曜
加茂大明神（深田加茂）	上手（+深田）	9月第1日曜
山の神	平山（森林組合）	1、5、9月
火の祈祷	平山	旧2月9日
荒神	中島	2月上旬土曜
水神参り	阿蘇+諏訪原	8月16日
諏訪神社大祭	須恵地区	10月27日
伊勢講	各部落	1、9月
報恩講	各部落	12月
十五夜月見	覚井+寺池、阿蘇、屯所の各区	9月中秋
講銀	竹原	2カ月に1回

祭りの舞台となるのは「堂さん」である。須恵には、覚井《かくい》、川瀬《かわぜ》、上手《おあで》・石坂、平山に観音堂、今村に薬師堂、屯所、浜の上《はまのうえ》に地蔵堂、阿蘇に釈迦堂、湯原《ゆのはる》に大日如来堂の計九カ所がある。毎月一回、掃除と花替えをして集落や関係者が管理する。堂がないのは中島、竹原、諏訪原《すわのはる》、それに戦後の開拓部落の松尾。堂ではないが、諏訪原の諏訪神社、覚井の天満宮も直会《なおらい》の会場になる。

子どもの遊びは多様化し、保育所が利用される現在、『須恵村』で描かれたような幼い子の遊び場としての「堂さん」の役割はほぼ消えた。むしろ、エンブリーの言う「一年に二、三回の仏事」、つまり祭りが行われる舞台としての機能が大きい。祭りの多くは酒宴を伴い、「堂さん」の主役は子どもから大人に代わった。その場合も、堂は六畳から十畳程度と狭いので、宴会には部落ごとにある公民館が利用されることが多い。

多くの祭りが一九三六年当時の姿を継承しており、旧暦の日付けに従って行うものと、できるだけみんなが参加できるように、平日の場合は当該日の前の土曜か日曜に繰り上げて実施するもの、それに新暦で行うものとに三分される。旧暦に沿って行う場合でも、大事な祭りは仕事より優先して、休みを取って参加することも多い。しかし、祭りのたびにいつもというわけにはいかず、そうかといって祭りを消滅させるわけにはいかない。そこで、行事の日程を前倒し（引き寄せ）にして土日に行う。浄土真宗の報恩講を前倒しする「お取り越し」という呼び名もその一つ。これも伝統を継承するための工夫の一つだ。須恵の祭りは、今の時代に合った形に少しずつ変化し、人々が無理をせずに参加し続けることができるように知恵を絞りながら、存続している。

そんな祭りを支える「組」は、概ね「向こう三軒両隣」を中心に割り振られている。現在、町営住宅の一部を除く部落のほぼ全戸が参加する「祭りの組」と、神道の「伊勢講の組」および真宗の「報恩講の組」に三分される。河川改修や構造改善で居所が変わっても、所属する部落や組は以前のままというケースが多い。

組のメンバーは各戸から出ており、家との関係が強い。部落は組から成り、組は家から成る。この点は八十年前も今も同じであり、拘束的な面があることは否定できない。しかし、部落を一つの共同体としての「統一した社会」（『須恵村』）たらしめているのに重要な役割を果たしているのが、この最小単位の共同体である組という自治・相互扶助の仕組みであることは疑いない。

組は、町村合併によっても、エンブリーが危惧したように「崩壊」しなかった。須恵村はあさぎり町の一地区になったが、部落内の人々同士の関係の濃さ、親しさによって、慣習として存続していること自体が重要なのだ。とはいえ、組を存続するための苦労もある。担い手が減った現在は、組の数を減らして組ごとの人数を維持する傾向にあり、組数を減らすような場合は、当然組み合わせも変更される。

一方、ぬしどりは、祭りの日取りや段取りを決め部落に伝える。郷土の踊りを守り、財産管理や堂の鍵を預かるという役割もある。昔の葬儀に比べ、葬式の場所や段取りは随分簡略化されたものの、高齢化によって訃報が続く須恵では、ぬしどりの役割と葬式組の手伝いの協同が生き続けている。

中島部落で亡くなった人があり、隣町にある斎場で行われた通夜に参列した折、葬儀におけるぬしどりの役割を聞いた。

「訃報の連絡を受けると、ぬしどりさんがまず部落全員に知らせる。遺族と葬儀の段取りを決めて、お寺や斎場、火葬場の予約、役場への届け、女性の賄いなど人の振り分けをする」。ぬしどりの指示を受け、男性は寺から太鼓や鉦などを運ぶ。

部落の女性は、おときの炊き出し。米を重箱に詰めて持ち寄るのは、エンブリー夫妻の記述そのままだ。葬儀が終われば、部落でご苦労さん会である。夫妻が描いた昭和初期の葬儀との大きな違いは、葬儀や宴会を自宅では行わなくなったこと。葬儀社が細かいことは代行し、埋葬の段取りも大きく簡略化された。しかし、葬式組や葬儀に熟知したぬしどりなどそれぞれの役割や段取りは大筋で踏襲されている。須恵のほとんどの部落にぬしどりが存在するが、廃止した屯所も、葬儀に対応できないため二〇一三年に葬儀のためだけのぬしどりを復活したという。

ぬしどりの交代時期は、新年、新年度、年末など部落ごとに異なる。それは、エンブリーが強調した、部落を単位とする住民主導の自治の証しとも言えよう。

ぬしどりの後継者問題も悩みの種になってきた。ぬしどりを務める次の世代が退職するまで前の世代が穴埋めした部落もあれば、ぬしどりの年齢を下げた部落もある。人口減少が、ムラの自治の屋台骨を揺るがしていることは事実だが、なおその役割の重要性は認識として共有されており、時代に合わせて工夫しながら継承されているのだ。エンブリーが描いた須恵村の遺伝子は、こんなところでも生きていると思わされる。

「はじあい」を支える女たち

祭りや直会には酒が付き物である。エンブリー夫妻と同じように、須恵では私もまた酒浸りの日々を送った。

当時の酒量には程遠いが、今も飲み事が頻繁にある。球磨《くま》焼酎の飲み方の特徴は、頻繁な盃のやり取りだ。まさに三献五献。昔は生《き》で飲んでいたので、「がら（とっくり）」から注ぐ小さな猪口（「ちょく」と呼ぶ）のやり取りだった。お湯で割ると、「あそこの酒は水神さんが入っとる。腹ばっかり膨れていっちょん酔わん」などと言われ、ケチと思われたというが、今は主にお湯で割ってコップで飲む。球磨独特なのは、そのコップをやり取りするところだ。断ることは難しいので、ついつい酒量が増える。エンブリーが「飲酒を奨励するような遊びごと」と紹介した「球磨拳《くまげん》」は、興に乗ると今も行われている。

ただ、若いころはもっと元気だったと思われる須恵の年寄りの宴会でも、エロティックな歌と踊りはほぼ姿を消してしまい、エンブリー夫妻が体験した自然発生的な踊りには一度も出会うことができなかった。天照大神が天の岩屋戸から出て来た時のように、宗教は音楽、歌や踊りを伴う。多くの場合、それは性的な表現を伴う。現代は、身体的にも宗教性を失いつつあるのだろう。

屯所地蔵堂の地蔵祭り（筆者撮影）

ただし踊りに関して言うと、『須恵村』には郷土芸能がほとんど登場しない。協同作業に関連して「以前は各部落毎に特殊な踊りがあった」と書かれているだけだ。しかし、上手・石坂両部落の棒踊り、阿蘇・諏訪原の虎踊り・槍《やり》踊り、浜の上の臼《うす》太鼓踊り、平山の姉さん踊りと、今も伝統舞踊が四つ残っている。戦後までは、覚井に職人踊り、川瀬に蚊帳牛《かやうし》踊り、今村に検校《けぎゅう》踊りもあったというが、どれも消滅した。二十戸ほどの部落それぞれに踊りがあったという。

二〇一三年十月には上手・石坂の棒踊りが十年ぶりに、そして浜の上の臼太鼓踊りも二〇一五年九月に須恵文化ホールで十二年ぶりに演じられた。仕事の合間を縫って励む稽古の合言葉は「はじあい」で、稽古後に炊き出しと酒を欠かせないのは昔通りだ。人

口減少のため若い踊り手が少なくなり、踊りの継承は容易ではないが、部落の伝統文化を何とか絶やしたくないという意気込みが、二つの踊りを復活させたのだ。

こうした行事や祭り、酒の席を裏方で支え、また愉快にするのは女性である。では、現代の「須恵村の女たち」はどうなのだろう。

家制度の廃止や女性の地位向上など戦後の民主化、高度成長による生活の近代化により、ムラの暮らしで最も大きく変ったものの一つが、女性の意識だと思う。八十年前の『須恵村』、『女たち』の世界に比べて、ずっと豊かで便利になった今の須恵では、性や家族のあり方は一変し、エラを驚かせたような会話を聞くことは難しい。高齢化や飲酒の機会、酒量が以前ほどでなくなったことに伴い、女性の講や飲み会が消滅するケースも生じている。

ただ、当時を思い起こさせるにぎやかな女性の酒の席は、減ったとはいえなお盛んだ。須恵で最もにぎやかで愉快だと感じたのは中島部落の酒豪ぞろいの女性の宴会で、地蔵祭り、阿弥陀祭り、荒神《こうじん》さんに伊勢講もある。他にも須恵には女性の飲み会の講が幾つもあり、年寄りだけでなく若い母親たちが元気なのは変わりない。

村の生活と町の生活にあまり大きな差がなくなった今日、エラが感じたように須恵の女性が「独特」かどうか。私には他と比べようもないが、同じあさぎり町の旧上村から養子で須恵の住民になったある男性が、「須恵に来たとき、男と女が仲がいいのにはびっくりした。上村と全然違った」と話した時は、何となく納得できたものだ。独特ではないにしても、やはり須恵という土地柄らしい男女関係、あるいは人間関係が引き継がれているらしい。

戦後も続いていた逸話がある。雨乞いの「尻付け」「尻からげ」の話だ。年寄りは「川瀬部落の寺池で、昔はパンツなぞはいてなかったので着物の裾をからげてそのまま尻をちゃぷちゃぷ付けていた」と話す。「尻つぶり」とも呼んで、一九五〇年代まで行われていたようで、何人かの女性が「私は二回やった」など経験談を話してくれた。『須恵村』には、雨乞いのため「ときには部落の女たちは、神を慰めるために古い民謡の踊りをする」というくだりがある。「尻付け」は踊りではないようだが、どうやら雨降りの神様は色好みだったようだ。

お裾分けという「はじあい」

エンブリーが描いた「協同の諸形態」の中で、ほぼ姿を消したのが「かったり（かちゃあ）」である。貨幣経済、個人主義、そして農機具の機械化が進んだことが原因だ。しかし一部では残っており、中島部落の三軒、川瀬の農家の親戚四軒などでは、苗代のもみの種まきの際に今も行われている。まさに、エンブリーが言う「仲の良い数軒の家」であり「時として親類同志」というわけだ。千二百枚の苗代を作るという中島の農家の一人は、「種まきは手がいるのでかちゃあでやる。互いに助かっとる」と話す。他の多くの農家は、自分の家族だけで種まきしたり農協から購入したりする。田植えの際は「かちゃあ」はなく機械で植える。

また、エンブリー時代にはなかった葉タバコの苗の仮植《かしょく》でも「かちゃあ」が残っている。二月中旬から下旬にかけて、湯原部落のタバコ農家で仮植を手伝わせてもらった。親戚中心に約二十人が集まり、小さなポットに箸でつまんで一芽ずつ分ける。作業が終わると打ち上げの宴会だ。ポットの苗は、根が張ったら畑に移植する。

「かちゃあ」「はじあい」を新しい形で引き継ごうと、須恵地区で二〇一三年に始まったのが、オーガニックの和綿を栽培し製品化する「和綿の里づくり会」の活動である。四年目の二〇一六年秋の収穫には、製品化を受け持つ誘致企業の縫製工場をはじめ、須恵にある三つの福祉施設、須恵小学校、保育所、老人クラブに加え近隣の高校生、町役場や農協の有志も参加、総勢百九十人の協同作業となった。メンバーが提供した一・五反（千五百平方㍍）の畑で育て、共に綿作りに携わる姿は確かに新しい「かちゃあ」に見える。

もう一つの協同の重要なシステムだった「講」は、八十年前に比べれば激減したとはいえ、今もさまざまな形で存続している。ただ、経済的な目的は消滅し、「社交的目的」（エンブリー）が主となった。各部落に共通しているのは、同年講、観音講、伊勢講、報恩講、女性のグループによる講である。

困った人のための資金調達の互助制度だった「講銀」は、須恵で唯一、竹原部落で続いている。戦争中に一時中断したが、戦後ほどなく復活したという。数年前まで各家で開いていたが、今は公民館で二カ月に一回、部落の八割が参加して開く。掛け金は二万円。『須恵村』の記述通り、当たりくじには四角の穴が開けてある。「講銀があるから竹原はまとまっている」と講員が言うように、祭りがない竹原では、年六回の講銀は貴重な交流の場だ。

エンブリーが詳しく分析した「贈答」の中で、今も最も日常的に活発に行われているのが「お裾分け」である。私もたびたびその恩恵に預かり、須恵の人から昔話や暮らしの知恵を聞く「談話」という贈与に勝るとも劣らないありがたさを感じた。エンブリー夫妻も同じ思いだったに違いない。それは、儀礼的な贈答と異なり自然発生的で、自給自足的な農産物生産を背景にしている。

エンブリーは、贈答が次第に「義務」になり「煩わしい社会関係」へと変質したと言う。だがお裾分けを、須恵の人々が「義務」とか「煩わしい」と感じているようにはまったく見えない。お返しさえ求めているふうはない。「自分には余分な物を持って行ってもらうだけ」と、至ってシンプルなのだ。善意が推進力になっている贈答では、義務は生じないのだろう。

お裾分けは、祭りや寄り合いでも頻繁に見られる。宴会のテーブルには仕出し弁当が並んでいるのに、参加者手作りの田舎料理が続々回ってくる。「はじあいの良かちゃ、このことばい」と、料理上手の年寄りたちは自慢げだ。「きのう山にワラビ採りに行った。たくさん採ったばってん、近所に配るのが楽しみ。炊いたもんを配ると、よけい喜んでもらえる」。お裾分けは、もちろん須恵の専売特許ではないが、こうした言葉に出合うと、生きて通用している協同（はじあい）を実感する。

冷凍食品や外食の増加などによって、食のあり方は大きく変わった。しかし、地元で作られる農産物や食の豊かさは、エンブリーが描いた「肥沃な球磨盆地」の世界とあまり変わっていない。都会とは別次元だ。

暮らしの中で大地や自然とのつながりの深さを感じることもしばしばあった。須恵の年寄りは、洪水のことを「水上がり」とか「水洗い」と言う。語感には「水害」の響きはなく、死者が出る洪水も多くあったものの、戦後でも洪水と共存していた時代の暮らしぶりを彷彿《ほうふつ》とさせる言葉だ。「雨で球磨川の水かさがだんだん増えてくると、あと一時間であふれると分かる。そろそろばい、と畳をタンスの上に上げとった」と言う。

ダムができて洪水の心配がなくなったことは歓迎だが、一方で、「洪水の出た後は、うまか米の出来よった」と言う。エンブリーは「広汎な氾濫原」が良い米を生むと書いている。大きな鮎が豊富に獲れた昔の球磨川がノスタルジーになっていることは、住民が口をそろえるところだ。

「ふるさとづくりは、経済開発偏重に対する反動なのだ」

この間、エンブリー夫妻と須恵村の関係で特筆すべき出来事は、一九八五年八月のエラの三度目の須恵村訪問である。夫妻の来村五十周年を記念し村の招待を受けたエラは再婚した夫のウィズウェルとともに村民の大歓迎を受け、村を後にするバスに乗り込むと、こらえていた涙が一気にあふれだして止まらなかった。

エラはこの時のことを『女たち』の「日本語版への序文」および小論「五十年後の須恵村」で振り返り、表面的な村の変化の一方で「変わっていない」ものを詳細に記している。後者の小論にはまた、ロバート・スミスによる「解題」が添えられ、当時の須恵村の地域づくりの動きに言及しているのが興味深い。

スミスは、一九七〇年代の日本は、「エコノミック・アニマル」と呼ばれるほどの経済偏重から「文化」や「ふるさとづくり」をスローガンにした社会を目指す方向に少し舵を切った、という。「地方の時代」が提唱されはじめたことを指す。「ふるさとづくりは、戦後長い間、日本を世界の経済大国に押し上げた経済開発偏重に対する反動なのだ」。

注目を集めた例としてスミスは、続く八〇年代に大分県の平松守彦知事が進めた「一村一品運動」と熊本県の細川護熙《もりひろ》知事が唱えた「日本一づくり運動」に触れている。「あらゆるコミュニティが、何かしら誇れるものを持っていることは間違いない」と知事の取り組みを紹介した上で、こう感想を述べる。「エラの再訪は、…村民が誇りを取り戻し、その価値と文化に気付くことでコミュニティを元気にする方法を見つけるために、村と県庁が力を合わせて努力することを促した。それはまた、村人が自分たちの現在の状態を見直すのを手伝い、不確かな未来の設計図を描く際に彼らを手助けすることでもある」。

細川は、エラが招かれた須恵村の五十周年行事に熊本市から駆け付け、「熊本の日本一づくり運動のことを民族学博物館の梅棹忠夫さんと話したら、須恵村にはエンブリーという大変素晴らしい素材があるじゃないか。地域づくりに生かされていけば、と言われた」と挨拶した。

当時は、エンブリー夫妻の来村を「ムラおこし」につなげようという機運が最も高まった時期でもあった。エラの再訪前年の一九八四年には須恵村の若者十九人で「エンブリー会」が発足。エラの再訪を実現した上でそれを足掛かりに、年寄りの話を聞いたりエンブリー夫妻のことを学んだりするとともに子どもたちに伝えていく取り組みを始めた。一方、須恵村役場も、新たにエンブリー資料館を建設する構想を打ち出し、村を挙げてエンブリー夫妻を文化的なテーマとして生かそうという動きが湧き上がったという。

エラと当時の細川護熙熊本県知事(1985年)

しかし、この計画は予算不足を理由に立ち消えとなった。エンブリー会も名前だけは残っているものの、表だった活動は休眠状態となっているのが現状だ。一九五一年のエラの須恵村再訪後にも資料館計画が持ち上がったが失速。二度の挫折を味わったことになる。二〇〇三年以降は、あさぎり町合併による「須恵村」の消滅に伴い、行政の取り組みに距離ができたという事情もある。
それでも、新たな動きは生まれつつある。二〇一四年七月には町役場の須恵支所にエンブリー・コーナーが設けられた。一九九四年にロバート・スミスからネガを借り受けてプリントしたエンブリー撮影の千六百八枚の写真の整理も進み、一部を入れ替えながらコーナーに展示している。同町教育委員会では写真、関連文献が閲覧できる。

住民として、あるいは町としてエンブリー夫妻をどう位置付けるか。スミスが言うように『須恵村』や『女たち』を通して「自分たちの現在の状態を見直」し、「不確かな未来の設計図を描く」、その向こうに答えがあるのかもしれない。

一方で、エンブリー夫妻と同じように、そして丸山や大塚が指摘したように、協同（はじあい）の裏面を指摘する声を聞くこともたびたびあった。

「須恵は住みいいし居心地がいいとみんな言う。そうかもしれないけれど、須恵に来て随分経つのに、今も『どこんもんな』とよそ者扱いを感じることがある。なかなか受け入れてもらえないのかな」とKさんは少し複雑な表情を見せる。

Kさんが熊本県菊池市からあさぎり町須恵に嫁いで来てほぼ三十年。中学校で生徒の悩みや保護者の相談を聞く「心の悩み相談員」を務め、町文化協会副会長、県の男女共同参画推進員など、精力的な地域活動には誰もが一目置く。続けてKさんは、「部落を守るための閉鎖性がある。身内を固める。自治というと聞こえはいいが若い者には息苦しい」と漏らす。噂話は、エラが体験したようにすぐに広がる。

そもそも人々はいつもはじあって（支え合って）暮らしているわけではない。地区役員の人選、祭りの日取り、頼み事への対応、選挙や政治的な立場の違い…。ちょっとしたいさかいや、「満場一致」で決まったはずの事柄に対する不満や愚痴は、私もしばしば耳にした。だが決定的な争いを目にすることはなく、耳にする私の方が逆に心配するぐらい、陰口や悪口が日常的に飛び交う。裏返して言えば、面と向かっての批判は極力避ける。狭い地域で共に暮らすため、他者に対する抑制の知恵、ブレーキが働く。これもまた、ムラで生きる知恵の一つなのだろう。厄介な事態を避ける「忌避」は、エンブリー夫妻が見聞きした八十年前とあまり変わらない。

現代のムラは、もちろんエンブリー時代やそれ以前のムラとは異なる。昔のムラは、農業という同じ生業を軸に、生き方の流儀は違っても、ほぼ同じ価値観を持つ人々で形成されていた。しかし、今のムラの人々は、もっと自由に生き方を選ぶことができる。価値観も千差万別だ。多様化、多元化した現代では、昔のように等質な価値観が存在しなくなったのは当然とも言える。

それでも、須恵の年寄りの多くは「昔はきつかったばってん、今は良か」と話す。都会に住む家族から同居を勧められている一人暮らしの年寄りたちは、「話し相手のいる須恵を動きとうなか」と言い、むしろ自分のことよりも子どもや孫の将来を懸念している。

それを聞きながら、エンブリーが須恵村にいたころに柳田國男が実施した全国山村調査の記録『山村生活の研究』(一九三七年)を思い出した。「暮らし良かった時」と題した一節に、当時の高齢者の話として、「今の時代が明治以前に比して遥かに良い時代であるといふ点で殆《ほとん》ど一致する」とある。「衣食住全般物質生活全体に於いて、何《いず》れの村も著しい改善を示して居る」からだ。

一方でこの報告は、「生活が便利で派手になるに従ひ、相互助け合ふ心が乏しくなり、様々の気苦労が多くなったことを語る村が多い」という。貧しく苦しい生活だったが「借金がなくて楽だった」とも。これは、「日本の女性にとって、古い苦痛は新しいものに取り替えられた」という、一九八〇年代の須恵村の変化を論じた『女たち』の結論部分によく似ている。何を得て何を失ったと感じるか、いつの時代でも人々は似た思いを抱くのだろうか。

さて、先述のKさん。自分を支える価値観は、育った菊池で培われたと考える。だから、須恵育ちの自分の子どもたちがどこに住もうと、「生きやすい須恵、子どもたちが、どこにいても誇れる須恵にしたい」という願いがある。エンブリーが言う「行き止まりの谷間」は、一方で夫妻を快く受け入れた谷間であり、エラが「美しい球磨川の渓谷によこたわって、みごとな山々に囲まれていた」と称した谷間だ。停滞とはじあい、強欲と純朴、足の引っ張り合いと助け合い、排他性・閉鎖性と居心地良さが同居するムラ。その裏表に目配りしながら、人々は新しい時代の地域のあり方を手探りしている。

千二百七十六ページに及ぶエンブリーのノートの最終ページは、日本出立前夜の十二月六日、北米航路の豪華客船「秩父丸」の船室で書かれた。『須恵村』に採録されていないその末尾は、こう結ばれている。日本を離れるエンブリーの須恵村に対する真情が凝縮した一節だ。

「須恵の暮らしは厳しい。朝は早く、激しい肉体労働が伴う。しかし、焼酎があり、たくさんの焼酎を飲める祭りでいっぱいの陰暦の暦がある。暗い夜々があり、魅力的な娘たちがいる。月光が、美しい山々があり、そして年を取っても話ができる古い友達がいる。……私は、球磨郡の魅力を理想的なものと考えてもいいいと思った」。

資料編　須恵《すえ》村の年中行事と祭り

『須恵村』に取り上げられた「祭事暦」をのぞいてみよう。以下に引用する月日についてエンブリーは「日付はとくに示さないかぎりすべて旧暦による」としている。それは、新暦が導入されて六十年以上経ちながらも、一九三〇年代当時の村の暮らしがなお旧暦に負っていたことを物語っている。『女たち』と現在の状況（新暦による）にも若干触れる。

一月

まず正月である。

「旧暦の新年は、冬の終わり（新暦の二月）にくる。……正月には村人たちは一週間ばかり休み、このとき親類どうしお互いに訪問しあうし、贈り物をし、雑煮の御馳走をいただく」。一月二十五日のエラのノートには「きのうは太陰暦の元日」とあり、エンブリー滞在時はまだ旧暦の正月だったことが分かる。

昔は一軒一軒訪ねていたというが、当時は順繰りに一軒の家に親類が集まった。あいさつ回りと集まりは三日から七日まで続く。暮れには餅つきがある。一月十三日か十四日まで仏壇や床の間、大黒や地蔵に供えられた後、鏡開きをし、鏡餅を食べる。

「花嫁はこの時期に里帰りをし、負債はきちんと年内に支払われ、または決着がつけられ、奉公人は一年分の給金を年末に受け、また契約を新たにする。下男は着物、下駄、帯、半股引《だこ》やタオルを、女中は着物、腰巻、下駄、帯といったもの、それに小遣いをもらい、普通は二、三日の休みを貰って家へ帰る」。

多くの農家でこうした年末年始を過ごしていたわけではないと思われる。恐らく富農や覚井《かくい》の商家の例ではないだろうか。元旦は、「特別の赤飯と前夜作った芋の汁を食べ、料理はまず作らない」といい、江戸時代に武家や商家の正月料理として始まったとされるお節《せち》料理の習慣はなかったようだ。正月料理としての「お節」という言葉も戦後できたという。元旦に神社や寺にお参りするのは今と変わらない。ただ、『須恵村』では、正月が盆とともに祖霊神とされる年神《とし》を迎えて豊作を祈るという行事の意味には言及しておらず、正月を祝う人々の意識から薄れていたことがうかがえる。

今村部落の薬師堂の祭りは旧暦の一月八日、六月八日と土用の丑《うし》の日の年三回行われる。

「十四日の朝にはふたたび『小《こ》正月』といって餅がつかれる」。旧暦の正月十四日から十六日までを言い、さまざまな行事が行われる。

今も球磨《くま》地方で広く知られる正月の民俗玩具に「しゅんなめじょ」がある。十四日に作る。

「夕方になって家族の者は、火のまわりに集まって人形や色々のもてあそびものをつくる」。『須恵村』には、民俗に関して曖昧なまま翻訳された箇所が散見されるが、これは「しゅんなめじょ」のことだ。原文は「shunnamejo」だが、なぜか訳されていない。ついでに言えば、「火」は「firepit = いろり」のことだ。

作り方の説明もある。「長さ三、四インチ、直径約四分の三インチのアカシヤの木に顔をかいて、紙の着物を着せ、下に竹をうちつけて、人形が出来上がる」。「アカシヤの木」も翻訳の間違い。原文は「kokanoki」となっており、「コウカノキ」と呼ぶ。合歓《ねむ》の木のことだ。「これを床の間の前の米の袋の上とか、米の倉庫にかざるし、つぎの日には『ぢぬし』の前におかれる。……人形は四カ月後の田植えのときに手伝い人が多いことを期待して作られるのである。父は小刀細工をし、子供らは着物を裁ちインキで家の印や紋をつける」。「米の袋」は「かまげ（かます＝種籾《たねもみ》俵《だわら》）」のことであり、「ぢぬし」とは屋敷神の一種の「地主神」「地神」と思われる。

しゅんなめじょのほかにも、おもちゃが作られる。「飛ぶ猿やその他の玩具も作られて一緒に置かれる。……この日に餅を色々な形に切る。小さい四角や、長方形に切って米粒を表わしたり、また丸く切って大判、小判の形にする。これらは柳や、榎の枝につり下げる。この木は祭りに用いられ、むかしは餅とか貨幣とかを、この木の上におくとふえるとされた」。

これらの玩具の名は書かれていないが、「飛ぶ猿」は、やじろべえの「もちににゃーざる（餅担い猿）」あるいは「はじきざる（弾き猿）」、柳につり下げられた餅は「柳餅」を指す。

興味深かったとみえて、『須恵村』の記述は詳細だ。「餅の枝は新しい年の豊作と増収とを予祝するものであり、神棚や、花を飾ってきれいになった仏壇の前に置かれる。しもの病気にならぬようにと厠《かわや》に、また台所、廊下の入口、家の玄関、時として風呂場や『ぢぬし』にもおかれ、戸外では、『堂』や近くの地蔵、池の神や、家の墓場にも置かれる」。

同じ十四日、「午後に子供たちは縄で結んだ藁《わら》の杵《きね》を作り、地面を打ちまわる」。以下は『須恵村』の翻訳が良くないので訳し直す。「子供たちは恐らくもぐらを打っているのだ。このようにもぐらを打つことは、畑からもぐらを追い出すためだと言われている。子供たちだけがやり、その信仰はあまり真面目に受け取られていない」。

「もぐら打ち」と呼ばれる小正月の遊びのことだ。須恵では一九六〇年代にやらなくなったという。免田や上村地区では今も続いており、家々を回ってお菓子や金銭をねだる。もぐらは〝トリックスター（道化）〟のような存在なのだろう。「あまり真面目に受け取られていない」理由かもしれない。畑を荒らすいたずら者を追い払って五穀豊穣を願い、悪疫を払うことを擬した遊びである。

聞くと、もぐら打ちの掛け声は地域によって少しずつ異なる。上村では、「十四日の晩は、菜園《さえん》畑のもぐら打ち、もぐらの耳に聞こえたか、聞こえんば、まだひど打つぞ」と唱えるという。興味深いのは、上村だけでなく、もぐらを「追い払う」掛け声だということ。「殺しちゃえ」とは言わない。歌が聞こえたらさっさと逃げろ、山に帰って暮らせ、と追い出す唱え言《ごと》だということだ。伝統的な文化と自然とのつながりを思い起こさせてくれ、どこかほっとさせられる。

『須恵村』には登場しない小正月の新しい行事として「どんどや」がある。日曜日の午前、中島部落の球磨川の河川敷で行われる。日本各地で行われる小正月の火祭りで、どんど、どんど焼きなどいろんな呼び方がある。主催は、児童を対象にした教育的な任意団体である「須恵大好き会」。保育園、小学校は全員が参加し、三十四の組織から三百人ほどが集まって盛大に行われる。子ども中心の地域づくりを兼ねた新しい伝統と言えそうだ。

そして十六日は、「伊勢講《こう》」の集まりだ。エンブリーは「組の組織に基づいて活動している」として、こう説明する。

「番帳《ばんちょう》はないが、人と組の帳面があり、組は各々三軒から成り、陰暦で一月と九月の十六日、当番の家で部落の会員全部の寄り合いがある。各家から一人が出席し、十五銭を出す。家に入るとまず床の間に掛けてある天照大神の掛図に礼拝して賽銭を出し、拍手をうち、平均割の会費を世話人に納める。寄り合いの飲食――豆腐と焼酎とが主である――から剰余の分があれば、伊勢大神宮に送られる」。

以前は伊勢講は一、五、九月（正五九）に開かれていたという。エンブリー滞在時には現在と同じ一、九月の年二回になっていた。覚井の年寄りによると、元は鎌倉時代以降、一般人が参宮するために作った信仰集団が伊勢講。お伊勢参りは観光化した行事になったが、遠いし金が掛かるので代参するようになった。その仕組みは明治になっても残ったが、戦後は講を賭博行為とみなしたGHQによって解散させられた。

しかし、仕組みは現在も残り、代参は消滅したものの、代わりに伊勢神宮から御霊《みたま》を頂いて宴会をやるようになったという。須恵のほとんどの部落単位で一月と九月、十六日前後の休日に公民館で開かれている。飾られた写真の御霊を拝み、賽銭を上げお神酒《みき》を飲んで宴会が始まる。当番の手料理は少しだけ、肴は仕出し料理中心の部落が多い。

二月

「一日は『たろついたち』と呼ばれ、山と川の神が場所を交替する。……この日には溺れることを恐れて誰も川に行かない」。球磨地方では、山の神は「やまわろ（山童）」、川の神は「かっぱ（河童）」とされ、二月一日にやまわろは山から下り、かっぱは陸《おか》に上がり交替する。川に行かないのは、かっぱが出て来るからである。「たろついたち（太郎朔日）」が休日である慣わしは今はない。

「二月の初午《はつうま》の日は稲荷の大祭」である。「お稲荷さんは穀物ことに米の神である。……また淫売婦や芸者の守り神でもあって、……須恵村の稲荷神社は、農民や病人から大切にされるだけでなく、免田の料理屋から芸者が参詣しにくる」。あでやかな芸者の姿が須恵村の男たちの色街への誘惑をかきたてたという。祭りの日には神社で宴会があり、「神主から御馳走とお神酒を受ける」。

『女たち』には、その様子が「免田からきた料理屋の女たちは、お祭に奇妙な光景をそえていた。ある女の集団はしばらく留まって、酒をたくさん飲み、家への帰り道を千鳥足で歩いていた。それをサーカスだと思って、村の子供たちのある一団が、それについていった。……土地の女の子たちは、彼女たちを奇妙な動物を見るかのように観察していた」などと書かれている。

現在、須恵には舟場《ふなば》稲荷と北嶽《きただけ》神社という二つの稲荷神社が覚井部落にあるが、後者は守っていた祈禱師が亡くなった後、途絶えた。舟場稲荷は、エンブリーが滞在していた一九三六年に改修されている。小さな堂の中に「金拾円　ジョン・エンブリー殿」という改修費用寄付の文字が残っている。最高は十五円。三～五円が多い中で、今の四万円ほどに当たるエンブリーの十円は大金だ。神主が亡くなった後は妻が守り、今も初午の日には近くの神主にお祓《はら》いしてもらっている。

舟場稲荷神社には建て替えに寄付をしたエンブリーの名が今も残っている（筆者撮影）

旧暦の二月九日に行われるのが平山部落の「火の祈祷」である。『須恵村』では由来に触れているが、詳しいことは分からない。平山だけの行事であり、明治時代中ごろには始まっていたことは確かだ。「緒方という名の神主（球磨には緒方の姓の神主が多い）は、免田からきてこの式をとり行う。年ごとに家は違うが、式をする家の『床の間』の前でお祓いをする」。

なぜこの日なのか。「火事は多く九日、十九日、二十九日に起こるものだといわれるので、平山では九の日を式の日に決めた。二月が選ばれたのは、農閑期であって、薪はすでに伐られてあるし、野良仕事はまだはじまっていないからである」。

儀式が終わると例によって宴会である。「式のあとで神主が正座について宴会が開かれる。いつでも部落の半分は接待係で、のこり半分は客分になる。十五歳以上の者ならばすべて一升の米を持ちより、十五歳以下の者はたとい一歳でも二合五勺を出す。ある者は焼酎をもってくる。平山の全員がやってくるので、大きい家で行われる」。お開きになると、「戸主は御幣を貰い家に持ち帰って『床の間』においておく。御幣は火災予防に、神主が作ったものである」。「御幣」は竹串に紙の垂《しで》を挟んだ神道の道具だ。

「火の祈祷」は、旧暦の二月九日に今も続いている。当時と違い今は公民館で神主が祝詞《のりと》をあげた後、外で神事。松の根の「とぼし（灯＝ともし）」の小さな山に火をつけ、燃え上がらせた後、水を掛け、その上にクレソンを乗せて完全に消火。火災予防を祈願する。神事が終了したら宴会。当時二十五戸だった平山は現在十七戸。それを半分ずつに分けて、八、九戸の組が交代で当番となるのは、エンブリー時代と変わらない。この火の祈祷が平山の一年の行事の皮切りだ。鉢盛を取るが、鶏を十羽つぶすのが習わし。手作りの御幣は各家五本ずつ持ち帰り、台所、風呂など、火を使っていた場所に置く。

春秋の彼岸には観音祭りがある。エンブリーは「彼岸（新暦では三月二十一日）は国の祭日で……秋の彼岸は春のより重要である」としているが、春の彼岸は旧暦に従い二月に記載、秋は九月（旧暦では八月）の項で登場し、新旧暦の混乱が見られる。

三月

　三日はひな祭り。当時から新暦に従う。「まえの年に女の子、とくにはじめての子が生まれた家では親類を招いてお祝いをする。親類から人形を贈られ、床の間にきれいに飾られる」。

『女たち』では、桃の花を使う理由としておばあさんの昔話を紹介。「むかし、むかし、人間の娘と結婚した大蛇が住んどって、娘は蛇の子ば身ごもった。そして、娘の母親が彼女に飲むようにと桃の酒ばくれ、それば飲むと蛇が彼女の体から離れた。それ以降、桃の酒は、人の体ば清めるものとして、この日に御神酒として飲まれる」。端午の節句より盛大に祝うという。

　十六日は水上村の市房《いちふさ》山の「おたけ（御嶽）祭」。中腹に市房神社があり、「地方の大祭のひとつ」である。「山に参詣にくる人が多い。……中には山の麓の湯前《ゆのまえ》の支社にだけいく人もある。……新婚の夫婦は市房山の中途の神社に歩いて参詣する。……十五日の夜、山道は若い人々で一杯になり、道筋の茶屋は焼酎や酒を売ってとても繁盛する」。縁結びの神だ。

『女たち』には「お嶽さんへの巡礼」として一節が割かれている。九月二十三日の彼岸の中日、エラは早朝午前五時に家を出る。「佐藤さんの娘たちも和内さんも、この巡礼のために正装してきた。……全員が白い足袋としゃれた下駄をはいていた」。免田から汽車で湯前へ、すし詰めバスで登山口の湯山へ行き、歩く。道に迷い、道を尋ねながら歩く様子が笑いを誘う。

　人々は神殿に通ずる長い建物の中の社でお参りする。「その部屋の壁には、鉄砲、大砲、馬上の将校の絵が飾られていた。国家宗教は、ここでは軍国主義となり、神道は神と兵士への崇拝にかえられていた」。しかし元はと言えば、「この神は結婚による幸福の神であり、幸福な結婚のために、よい夫、よい妻を見つけるのを助ける」。

　私も市房神社までは登った。杉の大木の木立を縫う良い登山道だが、神社は管理が悪く殺風景で、夫妻が描いた面影はない。

四月

一日は「祈祷どき」。「祈りの日で、大抵の人はこの日を半ドンにする。もっとも部落によってはみな集まって神官に頼んで、部落に病気や災害のないように祈祷をあげてもらうこともある」。須恵村独特の行事だったようだ。四日は風の神を祀る「かざどき」で「小麦や米の粉で『カザダゴ』というお菓子がつくられる」。七月四日も風の日だが、今はない。

風の神に豊作を祈願する春の祭り。エラの姿も見える

八日は釈迦の誕生日で、花祭り。子どもたちも参加する楽しい祭りである。

「この日は禅寺や、上手《おあで》の祈祷師（天台）や阿蘇部落の釈迦堂では法会がある。二寺院では盥《たらい》に甘茶が用意される。盥には七、八インチの釈迦の立像があって、お参りした人びとは、小さな竹の柄杓で甘茶を盥から汲んで飲む。甘茶は釈迦の体に注ぎかけられると聖められて、どういう疾病でも癒すことが可能だとされている。一銭か二銭か出して甘茶を瓶に詰め家にもってかえる。家族の全員、とくに赤ん坊や老婆はこれを額や足や耳にこすりつける」。

上手の天台宗の寺は今は存在しないが、そこで甘茶を飲んだ記憶がある人は多い。しかし現在、祭りが行われるのは阿蘇の釈迦堂だけだ。

「釈迦『堂』では法会は『組』で行われる。当番の組が甘茶をつくり『堂』を掃除し、参詣人にお茶を出す。部落の婦人の一団が相撲取りのような服装をして御堂に行進して来て、境内で力士の踊りをやる。青年たちは相撲をやって、どこの祭りにでもみられるように見物人からはなを受ける」（傍点筆者）。

原則は旧暦に従うが、「釈迦『堂』では準備が必要であり『部落』の休暇が要求されるので、陰暦の日付けがあまりおそくて野良仕事（田植えとか、養蚕）の妨げになるような年には、祭りは新暦の四月八日に移される」という。「準備」とは甘茶作りを指す。

花祭りは今も全国的に行われているが、新暦、旧暦ばらばらのようだ。須恵では現在は新暦の四月に開く。

当番は阿蘇と諏訪原《すわのはる》の三組ずつが三年おきに回す。前日の七日、当番の家で甘茶を煎じる。女性が中心だが男性も参加する。翌八日、釈迦堂で午後一時から法会。マムシグサ、花で飾った小さなお堂が用意される。「どういう疾病でも癒す」（『須恵村』）という甘茶を、子連れの参詣者が小さな釈迦像に掛ける傍らで、大人たちはにぎやかに直会《なおらい》である。当時あった婦人や青年の相撲は今はなくなった。外では、消防団などの若者が子どもたちのために企画した宝探し。祭りを継承するための工夫だ。釈迦堂の鍵はぬしどり（75ページ参照）が保管する。

五月

五日は「五月の節句」。六月は繁忙期のため、当時から新暦で祝った。「長男の生まれた家では、祭り方はひとしお大きい。……招待された親類の者は旗や刀や時として武者人形をもってくる」。エンブリーは、ひな祭りのひし形の菓子と節句のちまきには「性的意義」があると推測するが、どうだろう。『女たち』によれば、ほとんどの家で行われるが、農繁期のため「どちらかといえば地味」であり、「須恵村のようなところでなく、都会でより一般に祝われる」という。

須恵では、今も大きな鯉のぼりや旗を立て、節句の祝いが親戚を招いて盛大に行われる。ただ、こうした催しも徐々に減っていることは間違いない。

田植えが終わると「さんなぼり祝い」が行われていた。「交換労働のグループで行われる。……こういう酒宴は時を同じくして村中で行われ、休みが三日間にもおよぶ。……それから少し後で、各部落は『植え付け供養』を行い、真宗の僧が招かれて、お経をあげ説教をきき、その後でちょっとした酒宴がある」。「さんなぼり」（さなぼり、さなぶり＝「早上り」の転）は、田植えが無事に終わり、田の神を天に送る行事。今は交換労働（かったり）の衰退に伴い、須恵では姿を消した。ただ、「去年は兄弟が加勢に来て、田植えの終わった日に、さなぼりしよか、と飯を食った」と言う人もいて、言葉はまだ生きている。

一方、「稲作の間に殺された虫の霊のために」供養する「植え付けご供養」は、川瀬《かわぜ》、阿蘇、平山部落で今も続いている。虫供養ともいう。六月中下旬の日曜日に行い、組の当番が準備する。

川瀬は供養も宴会も公民館、平山は個人宅で供養して公民館で酒宴。阿蘇は酒宴まで含め、昔ながらの個人宅の持ち回りだ。平山、阿蘇の公民館には仏壇がなく供養ができないためだ。

阿蘇の酒宴は、須恵で唯一個人宅で開く部落の酒宴といっていい。当番の一人の自宅で、浄土真宗の住職が供養する。田植えと虫の命の供養と仏教。ここには、ただの稲作儀礼や民間信仰だけでない、あるいは神仏習合とも異なる不思議な信仰心、自然観がある。

『須恵村』に書かれていない行事が、平山にある山の神のお参りだ。忌《い》むべき月とされる一月、五月、九月の十六日に行う。二〇一三年五月十六日に同行した。あさぎり町には山の神が祀られた場所が三十カ所ほどあり、森林監視員が回る。神社ふうの建物が多いが、平山は素朴な祠《ほこら》だ。「ここが一番山の神さんらしい神さん」という。祠にお神酒を上げ柴の枝を立てるので、平山の山の神は柴神とも呼ばれる。山での転落事故などがないように安全と林業の繁栄を祈る。猟師は、獲ったイノシシの尻尾を切って脂肪の付き具合から肉質を確かめた上で祠に供え、参る。昔は祠の前で直会をやっていた。今は、安全祈願の後、森林組合の懇親会が行われる。

六月

八日は今村薬師堂の二回目の祭り。土用丑の日にもある。「うしの日の祭りは盛大なものであって、この日には部落の男衆は、婦人たちとは別の『番帳』で、堂に集まって酒宴を開くのである」。女性が祭りを賄う番帳と別に、当時は男たちの宴会のための番帳もあったという。

現在は、当番は今村の小字《こあざ》の四つの組が、当時と同じ旧暦に従って年三回開く。

前日に自宅で準備した手料理を持ち寄り、祭り当日は亭主前《てすまえ》（71ページ参照）の組が薬師堂に集まる。午前十時ごろに集合する組もあれば午後からの組もあり、それぞれの組で決める。煮しめなど手料理が机からはみ出しそうに並ぶ。料理は特に割り振りせず当番の各人が好きなものを作る。酒宴はなく、酒は主としてお神酒。焼酎を飲みながら話し込む男性がわずかにいる。「今は人と人との付き合いが薄くなっとるけん、こげな機会ば大事にしとる」と女性たちは口をそろえる。

『須恵村』で描かれた様子と同じこともあれば変化したところもある。違うのは、組の交代は一年ごとでなく三回の祭りごとになったこと、午前は開かず午後だけになったこと、ぬしどりの制度がなくなったこと。それに、番帳には戸主名でなく「妻とか母」の名が記してあること、「女中」はなくなり「茶や豆」は、より手を掛けた料理になっていること、男衆だけの酒宴がなくなったことだ。番帳の名が女性に変わったのは、担い手が女性であることを明確にするためだろうか。祭りの日程は口で伝える。

『須恵村』には、あさぎり町上村にある谷水《たにみず》薬師も紹介されている。「須恵村から約五マイルの上村の薬師は、球磨では有名である。六月の八日には郡のあちこちから老人が沢山やってくる。土用の始めの丑の日には、若衆がここ一番の晴衣を着飾って参詣する大きな祭りで、薬師へお詣りするのは若い青年男女の見合いにまたとない機会となっている」。

今村の祭りの参詣がせいぜい三十〜四十人であるのに対し、日本七薬師の一つである谷水薬師には五千人もの人出があった。現在も谷水薬師の七月下旬の祭りは多くの人でにぎわう。見ものは、高さ五・五センチの黄金の仏像の年四回のご開帳。仏像は、ぬしどりが他人に知られないように保管する。

十四日は「阿弥陀の日」。中島、石坂、今村などで祀られていたようだが『須恵村』に具体的な記述はない。今は阿弥陀祭りとして続いているのは中島だけだ。部落の公会堂に、元は別々だった阿弥陀、荒神、馬頭観音が合祀されている。

十七日は川瀬観音の「御夜《ごや》」である。

「川瀬では観音さんの祭りの前夜に、当番の組は焼酎やお菓子を供え、蝋燭をともす。村人たちは酒瓶を携えてきて御神酒を供え、酒杯を交換し、月光をあびて夜を楽しみ、歌を唄い踊りを舞う」。

御夜の翌日は本番の「観音さんの日」。当番になった組の一軒で寄り合いが行われる。「部落のメンバーは出席するしないに拘《かかわ》らず、食物と酒代は十銭づつ出し合い、宴会はこの共同出資で談笑のうちに行われる。出席するのは大抵年寄りである」。

川瀬観音堂の前で開かれる観音祭りの御夜（筆者撮影）

御夜は、エンブリーによると旧暦の十七日である。『女たち』では一九三六年は八月四日に開かれている。現在は七月十七日に御夜、翌十八日に祭りを行う。御夜は当時と変わらず「月光をあびて」酒宴である。

一方、平山部落の観音祭りは昔から旧暦六月十七日夜に行われるが、『須恵村』には登場しない。当番が観音堂を掃除して、隣の公民館でだご作り。小麦を練って中に黒砂糖を入れる。以前は、酒も入って踊り、盛大だったという。しかし、今は当番だけの参加となり、他に誰も参りに来ない。

二十四日は地蔵祭りである。地蔵について『須恵村』では、「家の庭――普通の正面の入口――にはよく石の『地蔵』があって新しい花が供えられ、『地蔵の日』には蝋燭や焼酎が供えられる。地蔵は家の守り神とされている」と、家の神としての紹介のほか、「道端の石地蔵」として詳しい。それは「部落の守護者、入口の見張り人」であり、何より「子供たちの守り神」である。また「花嫁の守り神」でもあるのは、「子供と何かの関係があるのかもしれない」という。地蔵祭りは、「その前の晩には、各部落で夫々《それぞれ》お祝いがなされ、地蔵の前には蝋燭や線香や、餅等が供えられ、ささやかな酒宴が開かれる」。

現在の地蔵祭りは、七月下旬から八月初旬にかけて、覚井、屯所《とんところ》、中島、湯原《ゆのはる》の四部落で続いている。地蔵堂は屯所と浜《はま》の上《うえ》にあるが、浜の上では地蔵祭りはない。覚井には、部落管理二体、個人の五体、計七体の地蔵がある。地蔵は須恵全体では数十体に上るとみられる。

中でも現在の屯所の地蔵堂の祭りは、エンブリーが地蔵を「子供たちの守り神」と描くように、子どもへの眼差しが最も感じられる祭りだ。子どもたちのために用意された手作り饅頭、お菓子の入った袋が配られる。

湯原は、エンブリーが「新しい部落」として「地蔵祭りを年々行うようになるであろう」と予測した通りに、今は公民館に石地蔵を運び込んで祭りを行っている。子どもも地蔵に参り、懇親会にも参加する。地蔵は、エンブリーが滞在する数年前に森の中から発見されたという。地蔵がある他の部落では、それぞれ管理している家で地蔵の日に掃除し、花を供える。中島では、夕方から庚申《こうしん》地蔵の前の道端にゴザを広げて宴会である。覚井では、旧役場で酒宴を開く。

地蔵と言えば、『須恵村』にある結婚式の際の「地蔵出し」は、今も球磨地方で「地蔵踊り」「地蔵担ぎ」と呼ばれて残っている。部落に伝わる石地蔵を式場に運び込み、終わると新郎新婦が元の場所に戻す風習だ。地蔵には家の安定と安産の願いが込められている。

さらには、「聾《つんぼ》を癒す神とされ、聾とか耳の遠くなる人は、穴のある石を集めてそれをある特定の地蔵にお供えする」という伝承もある。今も今村部落の小山の上にある地蔵がそれで、「神道流に手を打ち、仏教流に『なむあみだ』と唱える。これには別にきまった方式はない」。

須恵には数体の馬頭《ばとう》観音がある。「車曳《ひ》きや馬喰《ばくろう》は、いま守護神である『馬頭観音』を祭る特別の会をもち、特には小さな『講』で行っている」。『須恵村』では六月の暦で触れているが、今は三月に今村部落の畜産センターで馬頭観音法要を行う。エラのノートには、「夕方にとても悲しいことが起こった家に行った。三頭の馬が死んだ。村人は痛切に受け止め、驚きショックだ。……人が死んだ時のように深く落胆し、病気や死んだときのことを語り合った。県庁の人が来たときには、祈祷師が呼ばれて座敷に坐っていた」と、家畜に対する人の思いが描かれている。

当時の畜産農家数は分からないが、『須恵村』の付録に家畜の内訳がある。全農家二百十五戸のうち、牛六十五、馬百五十五、豚七、鶏は百三十戸が飼育していた。

須恵には現在三十軒近くの畜産農家があるが、一九七〇年代までは百四十軒あり、「そのころまでは、まだ牛馬は労役で、一軒に一頭はいた」という。一九八〇年に覚井にあった畜産センター移転に伴い、馬頭観音も移った。法要は今は仏式だが、一九九八年までは神式と一年交代でやっていた。観音様らしい神仏習合の一例なのだろう。馬頭観音が覚井にあった時代には、エンブリーも触れている畜産講があり、二十二人参加。牛を買うために一人五万円出し合って落札していたという。

七月

七日は七夕。五節句の一つである。七夕の伝説に加えて、「村の人は、七夕には霊魂が居所を離れてお盆のためにこの世への旅をはじめるものと信じている。七夕の色紙は、霊魂の注意を引くために外に出しておくのだともいわれる」という。今は特に七夕の催しはない。

十三日から十五日はお盆。十三日、墓には花を飾り線香をたく。墓だけでなく、「観音、薬師や天神にも、また地蔵や井戸や川や猿田彦《さるたひこ》石のそばにも花が飾られる。この行事は正月ときわめて似ている」。今と違って、仏教だけでなく古い民間信仰の祖霊（年神）を祀る盆の形を留めていたことが分かる。「招来した霊魂は、十六日には蝋燭や小さな松明《たいまつ》をともして見送られる。沿道に沿って蝋燭が立てられ、霊に別れを告げる家の入口には松明が焚《た》かれる」。

当時でさえ、「三十年ほど前までは、特殊な盆踊りがあったが、今は行われていない」。残っているのは性的な意味を持つ「生姜の踊り」の歌ぐらいだが、「少数の年寄り連しかおぼえていない」という。二十一日は別の休みで、この日は先祖の霊が目的地に着く。七夕はこの日に流すが、かかしにして田に立てる人もいる。

　現在の盆は月遅れの八月。初盆のお参りに行くと、缶ビール、お菓子が出される。珍しいのはトコロテン。理由は分からない。十五日には中島の河川敷から球磨川に精霊舟を流す。盆踊りはなく、「生姜の踊り」を知っている人はいない。

布水の滝で行われる水神参り（筆者撮影）

　盆の送りが済んだ翌十六日、平山部落の布水《ぬのみず》の滝で水神さん参りが行われる。『須恵村』にある「協同作業」としての「雨乞いの踊り」のことだ。今は毎年その日に、平山の南に接する阿蘇、諏訪原の両部落が行う。自然を畏敬し、その恵みに感謝して、滝の傍《そば》にある水神を祀った小さな祠に参る。

　阿蘇部落の歴史に詳しい年寄りは、「子どものころ、梅雨時に雨が降らんと雨乞いしとった。水神さんはにぎやかなことが好きで、銅鑼《どら》や鉦《かね》、太鼓をたたいて登った」と体験を語る。銅鑼や太鼓、踊り、祠の前での酒盛りもなくなったが、今は場所を阿蘇の釈迦堂に移して直会を開くようになった。

　二十六日は三更《さんこう》の月と呼ばれる月見。「月見だんごやすすきが月に供えられる」。

八月

一日は「八朔《はっさく》の節句」。だんごが作られる。「いわれは正確には知られていない」ためか、須恵では忘れられているが、全国各地で今もいろいろな風習が残っている。

　十五日は旧暦八月仲秋の「十五夜の月見」。須恵の年中行事の中でも、四季や暦、自然信仰を最も強く感じさせる行事だ。

「十五日（『十五夜』または『十五夜さん』）は月見

である。十四日の夜に部落の青年達は各家から集めた藁をもって集まり、大きな『わらじ』『足なか』や縄を編むのである。履き物はからげて一番近い荒神か地蔵のところにおかれる。縄が編み終わると、竜のように巻かれ、それに線香が刺される。子供たちが集まってお経のもじりをつぶやき、終わると綱曳きをする。勝った側は豊作になるといわれるが、実際はどっちの側にも勝敗はない。子供たちは数時間も曳きまわり、大声をたてる」。

「この晩から月は次第に小さくなるが、これは竜に呑まれているためとの伝説がある。人類を救わんがために、このように竜に呑まれるとされる。この晩、月の出が早ければ、小麦の種蒔きを早くせねばならぬし、おそければ、おくれて蒔かねばならない」。

足中《あしなか》は、かかと部分半分がないわらじの一種。月にちなむ動物と言えばウサギだが、私は縄を竜のように巻くことや、竜の伝説は初めて知った。

「すすきとお藷が月に供えられる。お藷は放屁をもらすが、沢山煮られ、行儀の正しい花嫁も食べる」と楽しい描写の後、さらに「稔《みの》りの月の歌」という愉快な歌が続く。

「十五夜晩に　ぼぼせんものは　先の世で　鬼が杵つく　アレ　杵つく　ヨイヨイ」。

「ぼぼ」「杵」は説明するまでもない。この猥歌が十五夜に歌われていたのか、秋の酒の席の歌か、状況は分からない。今は歌う人はいない。

現在の月見は、合併後の覚井、阿蘇、屯所、寺池の四行政区ごとに、子ども会主催で行われる。寺池区は覚井区に加わる形で参加する。それぞれ土日の都合のいい日に行う。

十五夜の月見で手作りの綱の中に入って拝む子ども（覚井部落、筆者撮影）

覚井、阿蘇では男性がワラを集め、綱を綯《な》う。綱は『須恵村』の記述通り「竜のように巻かれ」るが、「線香が刺される」ことはなくなった。

十四歳の子がいれば綱の中に入る習慣がある。月に向かって手を合わせ、拝み終わると子どもたちの綱引き、そして宴会だ。

月末か月初めに「蚕ご供養」がある。蚕の霊を追悼するとともに蚕の成育期が無事に終わった祝い。一九三六年からは二つの養蚕組合が合同で式と宴会を開くようになったという。今はない。

九月

十六日は一月と九月年二回の「伊勢講」だ。

新暦の十月二十七日に村社である諏訪神社の祭りが行われる。夫妻が須恵村で最初に参加した祭りだ。「地方最大の祭りで、須恵村が『村』として営む唯一のものである。国旗が出され、作業はやらず、お宮にみんな参詣し、どの家でも赤飯がたかれる。昔は各家では大饗宴が開かれ、御馳走してお客が招待された。……午前はお宮で式があり、午後には神主の家で名士が招待されて宴会がある。……前夜お宮で神主たちの神楽があげられる」。

現在は、二十七日に参る村人は少なく、「名士」の参詣、宴会に留まる。ただ、前夜祭には焼き鳥や焼きソバなどの店が出るので、子ども連れでにぎわう。神楽も続いている。

そして、秋の彼岸（太陽暦で九月二十一日）。エンブリーが「秋の彼岸の一週間は、球磨の三十三の観音堂で、巡礼に茶や豆の接待をする」と紹介している「相良《さがら》三十三観音巡り」がある。

「観音堂のある各部落には組の組織が行われているが、この場合に部落は七つの組に分かれていて、彼岸の中の一日をそれぞれの組で接待するのである」。

現在は、春は中日の一日だけだが、秋は一週間ぶっ続けなので、七組が交替するのだ。

「一九三五年には須恵村から巡礼に出るものは誰もいなかったが、以前にはいろんな人がでかけた。一団をなしていくのが普通であるが、徒歩のほか自転車で行くものもある。堂につくと観音に額《ぬか》づいて賽銭を上げ、御詠歌を唱える。……概していえば巡礼者の数は毎年減少していく」。

エンブリーは観音巡りの由来についてこう記している。

「藩政時代に相良侯は、球磨のあちこちに三十三の観音堂を設立するように決めたといわれ、これを巡礼が彼岸の一週間に一廻りするのであった。一説には、藩主が彼岸の間に家来を巡礼に変装させて収穫前の米の状態を視察して各村がどれだけ領主の倉庫に貢納しうるかを予測するために、この慣行が採られたのに由来するともいう」。

農民が米を隠さないよう、相良藩がスパイするのが三十三観音巡りの狙いだったという説だ。

あさぎり町教委の専門家によると、相良藩の浄土真宗禁宗、幕府のキリシタン禁制が理由ともいう。「一向一揆が怖く、そちらに走らないように、地元に昔からある観音様のようなものを信仰しなさいと、相良藩の重鎮の井口武親《いぐちたけちか》、美辰《よしたつ》が球磨郡を回ってご詠歌を作った。真宗は隠れ真宗になったが、藩の家老にも真宗がいて、村人を密かに集め念仏を唱えていた。だから一層信仰心が厚い。観音巡りは、藩の政治の安泰を狙うとともに人々の楽しみでもあった」とのことだ。観音堂ごとに二首ずつあるご詠歌には、必ずその地名が盛り込まれている。今は部落の人々に支えられ存続している。

「あさ観音に　ひる阿弥陀　よっ（夜）ころ地蔵に　ゆう薬師」。

「六月堂」のお参りの時間を示すことわざを引きながらエンブリーは、「上手部落では阿弥陀、地蔵、観音の祭りは一緒である。……当番の組は、特定の日に部落の阿弥陀、地蔵、観音に供え物をする。蚕で特に忙しくない都合のよい日に、部落では組の一人の家に集まって会合を開く。この会合は『六月堂』とよばれ、実際の祭りの日とは、別の集まりである」と書いている。しかし現在、上手の「六月堂」は観音祭りだけになった。

また、「黒肥地村には安産に特に霊験があるといわれている観音があり、彼岸の中日には付近の村からここに参詣に来る者が多い」と、隣の多良木《たらぎ》町にある栖山《すやま》観音にも触れている。

この栖山観音巡礼がエラの『女たち』にも登場する。三十三観音巡りではなく、十月十四日にエラら須恵村の女性四人が物見遊山の小旅行。須恵から栖山観音まで今では車で十五分ほどだが、「栖山観音への旅をついにやり通した」という表現から、十一月の離村を前に一日がかりの大イベントだったことが分かる。

到着すると、併設してある稲荷神社と権現堂で柏手を打った後、観音寺に参る。立派な千手《せんじゅ》観音が祀られている。「彼女たちは蝋燭に火をともし、御神酒を注いだ。藤田さんは、登る途中で買った煎餅《せんべい》のうち二つを置いた。その一つが観音様の後ろに落ちたので、彼女は心配したが、しかし加藤さんは次のようにいって、彼女を安心させた。『それでよかと。観音様が貴女のお供物《そなえもの》ば直接受け取ったちゅうことばい』。この種の擬人化はいつも行われた。藤田さんが井戸で手を洗うときにも、『ごめんね、水神様。水ば汚してしもうて』という」。

栖山観音に拝んだ後は、例によって宴会である。「私たちは大いに飲み、御神酒二本と藤田さんの大きな瓶の半分を空けてしまった。……彼女たちは、観音様は自分のおかげで、私たちがこんなに楽しい時を過ごしているのを見て、大変うれしいに違いない、と決めこんでいた。……食べ物はすべて食べられ、焼酎はすべて飲み尽くされ、私たちは帰路についた」。

現在の栖山観音は熊本県の重要文化財に指定された名所。須恵と同じく組によって運営されている。

彼岸の中日と明けの日に、平山部落の人は深田村の北嶽神社に参詣するが、「北嶽は実は神社なのである」。言うまでもなく「彼岸は仏教上の行事」である。

二十五日は「天神さんの日」。「天神さん」は菅原道真を祀る覚井の天満宮のことである。「どの人も焼酎の代わりに十五銭ずつ寄付し、またお供えをするためにお宮に集まる。……村の女たちはなお旧暦の日にお宮に参詣し、焼酎を供え、それからお宮か個人の家かで宴会が催される」。元々は旧暦の九月二十五日だったが、エラのノートには、夫妻が須恵村に居を構える直前の一九三五年十月二十五日に祭りが始まったことが記されている。公式の祭りと、女たちの参詣と、同じ一つの祭りでもまだ新旧暦が混在しているところが時代を表わしている。

覚井では天神祭りとして今も継承されており、天満宮で十月二十五日以前の土曜か日曜日に行う。ぬしどり二人が指示役で、六十歳前後以上の十人ほどが集まって朝から注連縄《しめなわ》作り。注連縄用に丈が長い緑米が使われる。お祓いの後、神殿で直会である。

十月

九、十、十一日は人吉の青井阿蘇神社の祭り。十二日は多良木の恵比寿祭り、そして十五、十六日は免田の八幡様の盛大な祭りがある。これら三つの祭りは全て新暦で行い、須恵村からもたくさんの人が出掛ける。これらは今もそのまま継承されている。

十一月

「七日か八日頃に『とりこし』がある」。浄土真宗の「お取り越し」のことである。「深田の寺から僧侶が部落のある家に来て、部落の昔の先祖をまつり、それから小さな宴会が開かれる。部落によっては(例えば覚井)行われていない。……『番帳』はない。……二十一日から二十八日は『御正忌《ごしょうき》』である」とある。『須恵村』の別の箇所には、二十一〜二十八日に行われるのは「報恩講」となっている。「お取り越し」「報恩講」「御正忌」の記述が混在しているので、簡単に整理しておこう。

『須恵村』にある「深田の寺」の和尚によると、「報恩講は、真宗西本願寺派では一月の九日から十六日まで法事(東本願寺派は十一月二十一〜二十八日)、うちの寺では引き寄せて七日から十日まで。しかし年明け早々の法事を避け、十一月十五日から引き寄せて始まることが多い。十二月三十一日まで部落ごとに行う。ご正忌は年明けの法要」とのこと。「お取り越し」とは、この「引き寄せて」行う、つまり前倒しの報恩講のことだ。親鸞の正忌(祥月命日)は陰暦十一月二十八日。明治の改暦後、西と東で新旧別々になったらしい。元々、報恩講そのものは、真宗に限らない。

当時は檀家が少なく行われていなかったという覚井も含め、報恩講は須恵のほとんどの部落で現在も十一月下旬から十二月にかけて行われている。参加者は部落全員ではなく、真宗の檀家だけである。しかし信者が多い川瀬の報恩講の講組は観音祭りなど他の行事と同じ組だ。真宗という特定の宗派の法事だが、信者が多い須恵では、これもまた酒宴を通じた部落のコミュニケーションの場となる。

十二月

十五日には「師走忘れ」の忘年会が開かれる。今は部落ごとに決まった忘年会はない。

月末にかけては消防の夜警。「これは『組』組織で、三、四人毎晩夜番に出る」。

「大晦日に正月用の餅がつかれる」。今は餅つきをする家も減った。農家の知人は「年末は三十日に餅つきする。二十九日は二重苦なのでつかない。以前は親戚分と役場の門松も全部作っていたが、今は弟の分と二軒分だけ。不幸があった年は作らない」という。

おわりに

エンブリー夫妻が須恵村《すえ》に滞在し調査することになったのは、幾つかの偶然が重なった結果だった。そして私もまた、「何か」に誘われるように須恵にやって来た。導きは、エンブリー夫妻であり、ブータンであり、友人たちの存在であり、新聞記者という経験や環境だった。中でも幾つかのプライベートな偶然、特に二人の畏友が須恵村に縁があることが大きかった。

まず、エンブリー夫妻のことを再認識させてくれた中村英隆さん（元国立国会図書館専門委員）。私がGNH（国民総幸福）政策を進めているブータンを初めて旅した二〇〇七年ごろ、中村さんとブータンの話をする中で、今のブータンとどこか似ている『須恵村』のことが話題になった。彼が「ふるさと」として話すのが、子どものころ住んだ多良木町《たらぎ》であり須恵村のことだった。しかも彼は学生時代に社会学を学び、『須恵村』に深い関心を寄せていたという。私はすぐに『須恵村』と『女たち』を読み、心を動かされた。八十年の時を隔ててブータンと最も似通っているのが、助け合いであり「協同」であること、それが社会を形作り、たとえ貧しくても人々の幸せの源にあるという思いが次第に深まっていった。

さらに、ブータンへの旅を共にした文化人類学者で環境運動家の辻信一さん（明治学院大学教授）が、実は『女たち』の共著者ロバート・スミス教授の教え子だと聞いた時は、大げさでなく運命を感じたものだ。それは二〇一一年五月、三度目のブータン訪問でのこと。古都プナカのホテルの庭でのんびり話し込んでいる時だった。私が、須恵に短期移住する計画があることを伝えると、辻さんは「えーっ、ほんと?」と驚いた。高校卒業後に日本を脱出して北アメリカで学んでいるとき、当時コーネル大学のスミス教授から招かれたと言うのだ。辻さんは当然『女たち』にも親しみ、その面白さを巡って話は弾んだ。ここでも須恵とブータンが重なった。「ぜひ須恵の調査を」と勧める辻さんの激励が、私の計画を動かぬものにした。

須恵に対して、忘れ得ない思い出を持つ二人の友人。彼らと出会わなかったら、私が須恵に導かれることは恐らくなかっただろう。二人に、そしてこの偶然に感謝するほかない。

三十数年、新聞社が私の仕事場だった。記事を書くために記者になった。私は、生まれ故郷の田舎町と家を捨て、個人の自由を求めた。子どもたちは皆別々の土地で生まれ、十数回の転勤は、子どもたちに「ふるさと」という言葉を刻まなかった。古い因習や家や家業から逃れ、手に入れたものは何だったのか。時代の変化や豊かさに伴って人々が得たものが、失ったものを上回っているとは必ずしも言えない。

そこから膨らむふるさとの記憶をまとった想像力が、須恵に対する私の関心の源とも言える。私のアプローチは、ごく当たり前のことに対する過剰な思い入れかもしれない。幻かもしれない。幸か不幸か、人類学者でも民俗学者でもない私の須恵に関する記述は極めて個人的なものとも言える。故郷と異郷、定着と漂泊、現実と夢、内と外の中間であいまいに漂う私的なつぶやき。

思い返すのは、エンブリーが亡くなったのが、ふるさとニューヘイブンだったことだ。エンブリーの人生もまた、モントリオール、シカゴ、須恵、トロント、ハワイ、ワシントン、東南アジアと、仮寓の日々だった。エンブリーがそのことをどう考えていたか、「墳墓の地で死ぬ」という意識がエンブリーにあったかどうか、それは分からない。たとえあったとしても、帰郷を準備するには四十二歳は早すぎる。ふるさとでの死は偶然だが、ここでも導かれる何かがあったと思うほかない。

「八十年前のムラ共同体について書いても、単なるノスタルジーや懐古趣味にすぎない。昔は良かった、と言っても何も生まれはしない」、「戦前の封建的社会・制度や戦争に利用された全体主義的な共同体思想を亡霊のように甦らせようとしているのではないか」、「都市生活者による単なる田舎礼賛」といった受け止め方があるかもしれない。忌憚のないご意見を聞かせていただきたい。

お世話になったたくさんの方に対するお礼が遅くなった。第一にあさぎり町須恵地区の愛甲スミ、愛甲利孝、伊津野幸一、岩崎誠、北川武、久保田久男、西野啓介、前田京子各氏をはじめ多くの方々、それに米多等・前須恵小学校校長には日常的な話し相手になっていただいた。愛甲一典町長、北川賢次郎氏をはじめ町役場の方々には図書館利用や資料提供などで便宜を図っていただいた。「和綿の里づくり会」メンバーとの地域づくりの模索は今も続く。さらに牛島史彦・九州女子大学教授、ハワイ大学図書館のパトリシア・ポランスキーさんをはじめ貴重な情報をいただいた研究者、励まし続けてくれた友人たちにも感謝したい。この本の出版を勧めてもらい、また多くの助言をいただいた忘羊社の藤村興晴氏にはお礼の言葉もない。

最後に、現在の須恵の人々について強調しておきたいことがある。それは、年寄りたちが八十年を経てなおエンブリー夫妻の記憶を留め、尊敬の念を持って話す、その話しぶりである。それは、夫妻の書物や当時の写真が残っている幸運によって、言わば、八十年前の須恵と会話ができる幸運によって支えられている。例えば、私のような外部の取材者、あるいは多くの研究者の来訪に直ちに反応してくれる須恵の人々との交流によってそのことが再認識される。

当時のことを覚えているお年寄りが少なくなるにつれ、エンブリー夫妻に対する興味が失われて行くことは避けられないかもしれない。だが今はまだ、須恵に暮らす人々のアイデンティティに少なからず影響を与えていることは確かだ。エンブリー夫妻を誇りに思い、須恵にしかない「はじあい」の精神、夫妻が描いた「協同」を忘れないようにしようという思いは、須恵の人々に今も強く刻まれている。このことは、今と未来の須恵にとって意外に重要なことかもしれない。この本では一部しか紹介できなかったが、当時の貴重な記憶の遺産は、未来への贈り物でもある。

二〇一六年十一月二日　エンブリー夫妻が須恵村に居を構えて八十一年、また離村から八十年の日に

［著者］
田中一彦（たなか・かずひこ）
1947年、福岡県瀬高町（現みやま市）生まれ。京都大学経済学部卒。新聞記者を経て、2011年から2014年まで熊本県あさぎり町に単身移住し取材。著書に『日本を愛した人類学者　エンブリー夫妻の日米戦争』（忘羊社）、共著に『知ってはならないパリ』（文芸社）『食卓の向こう側』『君よ太陽に語れ』（以上西日本新聞社）がある。日本ＧＮＨ学会常任理事。

忘れられた人類学者《ジャパノロジスト》
エンブリー夫妻が見た〈日本の村〉

2017年３月１日　初版第１刷発行
2019年５月15日　初版第３刷発行

著　者　田中一彦《かずひこ》
発行者　藤村興晴
発行所　忘《ぼう》羊《よう》社《しゃ》
装　幀　俣野裕三
〒810-0074　福岡市中央区大手門1-7-18
電　話 092-406-2036　ＦＡＸ 092-406-2093
印刷・製本　シナノ・パブリッシングプレス